中央高校基本科研业务费专项基金项目（编号：200
中国社会福利基金会城乡发展基金资助项目（编号：(

高铁时代的城市发展与规划

张文新　　杨春志　　朱　青　著

中国建筑工业出版社

图书在版编目（CIP）数据

高铁时代的城市发展与规划 / 张文新，杨春志，朱青著.—北京：中国建筑工业出版社，2017.3
ISBN 978-7-112-20623-0

I.①高… Ⅱ.①张…②杨…③朱… Ⅲ.①高速铁路—影响—城市发展—研究—中国②高速铁路—影响—城市规划—研究—中国 Ⅳ.①F299.2②TU984.2

中国版本图书馆CIP数据核字（2017）第057564号

　　本书对目前国内外高铁对城市发展的影响的有关研究文献进行了全面系统的综述，系统分析总结了国外高铁建设对城市发展的影响，探讨了我国高铁建设对城市商业、旅游、城市空间结构、城市土地利用与房地产开发等方面的影响，提出高铁时代我国城市规划与建设的相关对策。
　　本书可供政府管理部门相关人员、城市规划机构相关人员、房地产开发企业相关人员等有关人员阅读使用。本书也可作为科研院所相关研究人员和大专院校经济、土地管理、房地产、城乡规划等相关专业师生的参考资料。

责任编辑：焦　扬　陆新之
责任校对：王　瑞

高铁时代的城市发展与规划
张文新　杨春志　朱　青　著
＊
中国建筑工业出版社出版、发行（北京海淀三里河路9号）
各地新华书店、建筑书店经销
北京京点图文设计有限公司制版
大厂回族自治县正兴印务有限公司印刷
＊
开本：787×1092毫米　1/16　印张：12　字数：236千字
2017年12月第一版　2017年12月第一次印刷
定价：39.00元
ISBN 978-7-112-20623-0
　　　（30287）

前言

  纵观城市发展史,交通工具的改变是城市兴衰的重要因素。从古老的驿站、内河码头到海港城市,城市的形态与功能被人类交通方式的改变不断重新塑造。高速铁路作为现代化的交通运输设施,以其运量大、成本低、速度快等特性显著优于其他运输设施,对城市发展产生巨大影响。由于快速准时等特点,高速铁路很大程度上提高了沿线城市的可达性,促进了城市的发展。1964年日本建成世界上第一条高铁,后来法国、德国等国家高速铁路相继建成通车,高速铁路对这些国家的城市发展影响巨大。我国近年来高速铁路发展迅速,目前京津高铁、京沪高铁、沪杭高铁、郑西高铁、京广高铁等已建成通车,中国正逐渐进入"高铁时代",高速铁路对我国城市发展的影响开始显现,但目前有关研究还比较薄弱,需要加强研究。

  目前中国处于高速铁路扩展期,高速铁路作为城市建设和城市发展的新引擎,对拉动城市发展、扩展城市功能、提升城市活力、创造城市门户环境等方面起到重要作用。本书探讨了我国高铁建设对城市商业、旅游、城市空间结构、城市土地利用与房地产开发等方面的影响,提出高铁时代我国城市规划与建设的相关对策。主要内容如下:

  (1)对目前国内外高铁对城市发展的影响的有关研究进行了全面系统的综述。国外学者对高速铁路的影响研究较多,主要集中在高速铁路对城市可达性、城市产业发展、城市人口和就业增长、城镇体系、城市空间结构的影响研究等方面。目前国内的相关研究主要集中在高铁对城际出行、城市可达性、城市空间结构的影响研究等方面。

  (2)系统总结了国外(日本、法国、德国等)高速铁路对城市发展的影响,探讨了我国大陆和台湾地区高速铁路的发展历程及其对城市发展的影响。

  (3)通过总结1000余份调查问卷,利用GIS及社会统计方法,从出行交通方式、出行强度、出行需求、出行时空分布及出行空间感知五个方面,分析归纳出在高铁影响下,京津城际出行行为的特征及其不同社会经济属性的变化,研究发现京津高铁改变了原有京津城际交通的分布结构,成为城际间主要交通方式。高铁加强了京津城际出行的强度,使得两个城市联系更加紧密,同时也增加了人们城际出行的需求,部分人群产生了职住分离的意愿。

(4)以长三角地区的南京、苏州、上海和杭州四个城市作为研究对象,通过对城际可达性变化的研究并结合针对旅客的消费问卷调查,分析了高速铁路对四个城市不同类型消费空间的影响。引入消费空间场强公式,探讨了城际高速铁路开通前后长三角地区消费空间的重构,即四个城市在长三角区域的消费吸引力变化。结果表明:高速铁路对城际文化娱乐、休闲消费空间有较大影响,对实物商品消费空间影响不大;苏州和杭州在区域中的文化娱乐休闲消费场强上升。

(5)通过350余份调查问卷,利用社会统计分析方法,从游客旅游目的地、游客交通方式及其线路选择、旅游次数、旅游范围、旅游停留时间、客流量等方面,分析了高速铁路影响下南京市旅游客流现状及其变化。结果表明:高速铁路增加了游客出游时交通方式及其线路的选择,扩大了旅游范围,增加了游客旅游次数,减少了部分游客的旅游停留时间,并不必然带来旅游客流量的增加。

(6)分析了高速铁路对城市土地利用、房地产开发和城市空间结构的影响。高速铁路站点地区成为城市房地产开发新的热点,高速铁路推动了部分站点地区房价的上升;高速铁路带动了城市空间的重构。

(7)探讨了高速铁路站点地区的规划与建设问题。借鉴节点—场所模型分析了我国高铁站点地区的发展机制;分析了不同利用主体对高铁站点地区发展的影响。

(8)探讨了高铁时代我国城市规划的有关对策。

本书是集体合作研究的结晶。第一章由张文新、杨春志、侯雪撰写;第二章由朱青、张文新、杨春志、路青撰写;第三章由朱青、宋文杰、韦新宇撰写;第四章由张文新、侯雪、孙琳撰写;第五章由张文新、吕国玮、杨春志撰写;第六章由张文新、刘欣欣、孙方撰写;第七章由朱青、张文新、朱月梅撰写;第八章由杨春志、侯雪、刘忠梅撰写;第九章由杨春志、侯雪、朱青、宋文杰、孙方撰写;第十章由朱青、韦新宇、张文新撰写。全书由张文新、杨春志、朱青统稿。北京师范大学城市与区域规划研究所博士研究生张伟、刘苏、王小敏等,硕士研究生丁楠、李琴、陈鑫弘、闫雅梅、朱丹彤、徐冉、史煜瑾等参与了相关调查研究,在此表示感谢。

本书得到中央高校基本科研业务费专项基金、中国社会福利基金会城乡发展基金的资助。中国建筑工业出版社的焦扬编辑为本书的出版、编排做了大量工作,在此一并致谢。

作者

2017 年 3 月

目 录

第一章 高速铁路对城市发展的影响国内外研究进展 ……………………… 1

一、国外研究进展 ………………………………………………………… 1

  （一）高铁对城市可达性的影响研究 ………………………………… 1

  （二）高铁对城市产业发展的影响研究 ……………………………… 2

  （三）高铁对城市就业和人口发展的影响研究 ……………………… 2

  （四）高铁对城镇体系的影响研究 …………………………………… 3

  （五）高速铁路对城市空间结构的影响研究 ………………………… 3

二、国内研究进展 ………………………………………………………… 4

  （一）高铁对城际出行的影响 ………………………………………… 4

  （二）高铁对城市交通与可达性的影响 ……………………………… 4

  （三）高铁对城市社会经济发展的影响 ……………………………… 5

  （四）高铁对城市空间结构的影响 …………………………………… 6

三、研究进展评述 ………………………………………………………… 6

  （一）研究内容 ………………………………………………………… 6

  （二）研究方法 ………………………………………………………… 7

  （三）研究视角 ………………………………………………………… 7

第二章 国外高速铁路对城市发展的影响 ………………………………… 11

一、国外高速铁路发展概况 ……………………………………………… 11

  （一）第一次浪潮 ……………………………………………………… 11

  （二）第二次浪潮 ……………………………………………………… 11

  （三）第三次浪潮 ……………………………………………………… 11

二、国外高速铁路对城市发展的影响 …………………………………… 11

  （一）日本 ……………………………………………………………… 11

  （二）法国 ……………………………………………………………… 21

  （三）德国 ……………………………………………………………… 25

第三章 我国高速铁路对城市发展的影响 ………………………………… 27

一、我国大陆高速铁路发展概况 ………………………………………… 27

（一）我国高速铁路发展的历史脉络 ······· 27

（二）我国高速铁路发展现状 ······· 29

（三）我国高速铁路发展展望 ······· 32

（四）我国高速铁路发展特点 ······· 33

二、我国大陆高速铁路对城市发展的影响 ······· 34

（一）高铁对我国大城市发展的影响 ······· 35

（二）高铁对我国中小城市发展的影响 ······· 40

三、我国台湾地区高速铁路发展及其对城市发展的影响 ······· 46

（一）台湾高铁的发展概况 ······· 46

（二）台湾高铁对城市发展的影响 ······· 46

四、高速铁路的同城化效应 ······· 48

（一）同城化的概念 ······· 48

（二）同城化的内涵 ······· 49

（三）交通与同城化 ······· 49

（四）高速铁路的同城化效应 ······· 50

第四章　高速铁路对我国城际出行的影响 ······· 54

一、高速铁路对城际出行的影响机理 ······· 54

（一）高速铁路改变城际出行的可达性 ······· 54

（二）高速铁路具有比较优势 ······· 55

（三）高速铁路影响乘客的出行选择 ······· 55

（四）高速铁路适应城际客流特征 ······· 55

二、案例分析：京津高速铁路对城际出行的影响分析 ······· 55

（一）研究区概况 ······· 55

（二）数据来源与数据处理 ······· 56

（三）城际出行行为分析 ······· 57

（四）主要结论 ······· 65

第五章　高速铁路对我国城市商业发展的影响 ······· 68

一、高速铁路对城市商业发展的影响机理 ······· 68

（一）商业本身的属性和区位特点 ······· 68

（二）高速铁路可达性的提升对城市商业产生重要影响 ······· 68

（三）高速铁路站点地区建设推动商业集聚 ······· 69

二、案例分析：高速铁路对长三角地区城市商业空间的影响 ······· 69

（一）研究区概况 ······· 69

（二）数据来源与研究方法 ……………………………………… 69

（三）城际可达性与城际消费空间的关系 ……………………… 72

（四）高速铁路运行后消费空间的重构 ………………………… 75

（五）结论与讨论 ………………………………………………… 76

第六章　高速铁路对我国城市旅游业发展的影响 ……………… 78

一、概况 ……………………………………………………………… 78

二、国内外研究现状综述 …………………………………………… 79

　　（一）国外研究现状综述 ……………………………………… 79

　　（二）国内研究现状综述 ……………………………………… 80

三、高速铁路对城市旅游业发展的影响机理 ……………………… 82

　　（一）旅游系统的要素构成 …………………………………… 82

　　（二）高铁对旅游需求系统的影响 …………………………… 82

　　（三）高铁对旅游供给系统的影响 …………………………… 83

　　（四）高铁对旅游发展的影响机理 …………………………… 83

四、高速铁路对城市游客旅游行为的影响分析 …………………… 84

　　（一）研究区概况 ……………………………………………… 84

　　（二）数据来源与数据处理 …………………………………… 85

　　（三）高铁对南京市旅游客流行为的影响分析 ……………… 86

　　（四）主要结论 ………………………………………………… 90

五、高速铁路对城市旅游客流的影响分析 ………………………… 91

　　（一）研究方法 ………………………………………………… 91

　　（二）高速铁路对南京市旅游客流的影响 …………………… 91

　　（三）高速铁路对武汉和长沙市旅游客流的影响 …………… 93

　　（四）高速铁路对西安和洛阳旅游客流的影响 ……………… 96

　　（五）高速铁路对杭州旅游客流的影响 ……………………… 98

　　（六）主要结论 ………………………………………………… 100

第七章　高速铁路对我国城市房地产业的影响 ………………… 105

一、高速铁路对城市土地利用和地价的影响 ……………………… 105

　　（一）高速铁路对城市土地利用的影响 ……………………… 105

　　（二）高速铁路建设对城市土地价格的影响 ………………… 107

二、高速铁路对城市房价的影响 …………………………………… 108

　　（一）高速铁路对房产价格影响研究方法 …………………… 108

　　（二）高速铁路对房价的影响 ………………………………… 109

三、案例分析: 天津西站对天津城市土地利用和房地产开发的影响 ········ 110
　　（一）研究区概况 ·················· 110
　　（二）天津西站交通可达性的变化 ·········· 112
　　（三）天津西站对天津城市土地利用和房地产开发的影响 ···· 114

第八章　高速铁路对我国城市空间结构的影响·············· 118
一、高速铁路对城市空间结构的影响机理·················· 118
　　（一）高速铁路对城市空间发展的效应 ·········· 118
　　（二）高速铁路引起城市空间结构变化的过程 ········ 120
二、高速铁路引导下城市空间结构的变化················· 120
　　（一）强化城市原中心和促进新的城市中心的产生 ····· 120
　　（二）高铁站点的"点—轴"模式促进城市发展轴的形成 ··· 121
　　（三）高速铁路影响站点周围土地利用结构 ········ 121
三、案例分析: 高速铁路对天津市城市空间结构的影响 ········ 122
　　（一）催化城市新中心的产生 ············· 122
　　（二）改变土地利用结构 ··············· 122
　　（三）引导天津城市空间轴的形成 ··········· 123
　　（四）提升天津的城市空间形象 ············ 123

第九章　我国高速铁路站点地区的规划与建设············ 125
一、国内外高速铁路站点地区研究现状·················· 125
　　（一）国外研究概况 ················· 125
　　（二）国内研究概况 ················· 129
二、高铁站点发展机制分析框架·················· 132
　　（一）"节点—场所"模型 ·············· 132
　　（二）高铁站点节点功能的发展 ············ 133
　　（三）高铁站点场所功能的发展 ············ 135
三、不同利益主体对高铁站点地区发展的影响·············· 135
　　（一）政府性主体对高铁站点地区发展的作用机制分析 ··· 136
　　（二）市场性主体对高铁站点地区发展的作用机制分析 ··· 139
　　（三）社会性主体对高铁站点地区发展的作用机制分析 ··· 141
四、高铁站点地区发展的动力机制与发展类型············· 143
　　（一）高铁站点地区发展的动力机制 ·········· 143
　　（二）高铁站点地区的发展类型 ············ 145
五、高铁站点地区规划评价——以长三角地区为例············ 147

（一）研究方法 ·· 147

（二）研究区域与对象 ·· 149

（三）长三角区域高铁站点地区规划现状 ···················· 149

（四）长三角地区高铁站点节点功能和场所功能测算 ·········· 153

（五）长三角高铁站点地区规划评估与分析 ·················· 155

第十章　高铁时代的城市规划对策··································· 163

一、高铁时代对城市规划的要求····································· 163

（一）宏观层面对城市规划的要求 ·························· 163

（二）中观层面对城市规划的要求 ·························· 164

（三）微观层面对城市规划的要求 ·························· 165

二、高铁时代城市规划对策··· 165

（一）充分发挥高铁效应，促进我国新型城镇化进程 ·········· 165

（二）加强交通规划和空间规划的联系，完善区域规划和

　　　城镇体系规划 ······································ 166

（三）找准城市定位，城市间协同规划 ······················ 166

（四）根据高铁对不同城市影响的差异性，提出有针对性的规划对策··· 166

（五）根据变化的城市空间结构合理布局，加强城市空间规划 ······· 167

（六）做好城市交通系统对高铁站点的衔接 ·················· 167

（七）高铁站点周边地区进行混合多功能的开发 ·············· 167

附录 1. 京津城际高铁对城际出行行为的影响研究调查问卷 ··············· 170

附录 2. 高铁对南京城市旅游的影响调查问卷 ··················· 174

附录 3. 高铁站点地区调查问卷与访谈 ··················· 177

第一章 高速铁路对城市发展的影响国内外研究进展

每一次交通运输技术和方式的突破都深刻地影响着城市的发展和城市空间的演变。19世纪初英国最先开始"铁路时代",铁路的建设使获取丰富的资源和广阔的市场变得更加容易,带动工业与商业的发展和人口的集聚,促进了城市的发展和城市化进程。我国因为铁路的兴建而发展起来的城市比较多,如石家庄、郑州、株州、柳州、阜阳、蚌埠等,这些城市所在地区原来是一些小村庄或小镇或农地,因为铁路建设设立火车站,从而得到飞速发展形成城市,常被称为"火车拉来的城市"。

高速铁路与传统普通铁路不同,以旅客运输为主,速度更快,运量更大,能带来大量的人流、资金流和信息流,对城市发展产生巨大的影响。自1964年世界上第一条高速铁路日本东海道新干线开通以来,高速铁路对城市发展的影响得到广泛关注,学术界对此进行了大量研究,大致可以划分为两个阶段。

(1)20世纪90年代中期以前,研究主要关注亚洲的日本,研究内容主要集中在两个方面:一是探讨高铁建设的决策问题,包括投资线路的选址及成本投入与收益;二是高铁发展的社会经济作用。

(2)20世纪90年代以后,高速铁路的发展进入了一个新的时期,很多国家都致力于提升铁路交通的质量,尤其是大范围发展高铁,包括欧洲的众多国家以及亚洲的韩国、新加坡、中国乃至非洲的南非,研究内容也逐渐丰富,主要包括高速铁路的选址及发展的决策,高铁的运营模式及其与其他交通方式的融合,高速铁路对其他交通方式如航空、公路出行的影响,关注最多的是高速铁路对城市与区域发展的社会经济影响。

一、国外研究进展

国外关于高速铁路对城市发展的影响研究起步较早,现有研究主要集中在高铁对出行时间的节约、对城市发展的影响、对城镇体系的影响等方面。

(一)高铁对城市可达性的影响研究

可达性是衡量交通网络结构与分布的一种重要指标,提高可达性是交通基础设施投入影响城市或区域经济发展的一种重要方式。高铁最直接的影响是引起可达性的变化,其次是通过区域可达性的变化间接影响个体消费者、生产者的区位选择偏好,引起劳动力、资本、信息、技术等生产要素在空间上的流动,进而影响整个城市或区域的人口、就业、产业发展、土地利用、城镇体系等的变化。José M.Urena 等从国家、区域、地区三个尺度上研究了高铁对大中型城市可达性的影响[1]。一些学者认为中心大城市及设站城市的可达性将比外围区域提高更多，也从中获益更多[2]。高铁的出现极大地缩短了旅行时间、提高空间可达性，成为区域和城市空间发展与演化的重要动力[3]。高铁交通走廊的出现，进一步提高现有都市区之间的可达性，强化沿线城市和城市地区之间的相互作用[4]。在国家和区域层次，高铁有效缩短大都市区和大城市间的时间距离和不同规模城市之间的功能距离，改善各大城市及都市区的连接性[1]。

（二）高铁对城市产业发展的影响研究

Harman R. 认为高铁以客运为主，对于大宗货物的运输能力较小。因此，高铁对第一、第二产业影响较小，主要对第三产业产生影响，包括商务及办公、咨询、商业和贸易、休闲娱乐、旅游等[5]。Hirota R. 探讨了日本东海道新干线对沿线城市产业发展的影响，发现有新干线站点的城市在工业部门、建筑部门、零售及批发部门的就业增长率高于未设站点城市，高出 16% ~ 34%[6]。高铁引起交通成本降低、时间节约，引导商业活动、劳动力向高铁沿线主要城市及城市中心布局[7]。高铁的开通提升优化了城市的产业功能，商务、金融等高端服务业迅速发展。高铁枢纽建设促进了办公楼和宾馆的开发、地区商业零售业的集聚以及整体土地价值的提高[8]。高速铁路的引入会导致专业会议、商业和技术咨询公司、旅游等经济活动，由大都市向中间城市转移[1]。

高铁对城市或区域经济增长的刺激作用可分为两种：一是催化作用，当某一区域与高铁相连时，会吸引新的活动到这个城市区域，引发新的经济活动到此区域，带动城市发展；二是促进作用，高铁会带动发展新的基础设施，促进现有产业的进一步发展[6, 9]。高铁的便利性大大增加了人与人面对面交流的机会，有利于知识创造与商务交流，促进知识经济与商业、服务业等第三产业的发展，促进产业结构转型[10]。

（三）高铁对城市就业和人口发展的影响研究

高铁营运后城市可达性的提高将促进人口流动、创造大量的就业机会，并带动沿线城市人口增长。一方面，高铁通过改善站点所在城市或城市中心的可达性，提高劳动生产率和劳动力价值，并激励企业创造更多的就业机会；另一方面，更高的薪资水平和更加方便的通勤吸引就业人口进入当地劳动力市场。通过通勤服务的改善，吸引更多的劳动力进入本地市场[8]。日本上野新干线和东北新干线 1975 至 1985 年间第三产业各部门劳动力人数的平均增加值表明，新干线站点是沿线设站城市人口增加的主要原因，而高速公路强化了这一机制：在只有新干线车站的地区该值高于平均增加值 0.4%，而在既有高速公路又有高铁车站的地区高出 2.8%，而在没有高铁车站及高速公路的区域，这一指标低于平均值 3.6%[11]。Brotchie J. 研究指出有新干线车站的城市人口增长率比没有设立车站的城市平均高出 22 个百分点,高速铁路的引入对人口增长具有正向作用[12]。Nakamura 等将新干线沿线 10 个行政区(6 个设站,4 个未设站)的人口增长与全国平均水平进行了对比,通过对日本的东北、上越新干线所经区域 1975 和 1985 年的人口研究表明,设置新干线站点是一个城市人口增加的基本原因,发现其中 3 个设站城镇的人口增长率高于全国平均水平,未设站的城镇均不超过全国平均水平[11]。Amano 等对比了新干线沿线 2 个设站城市与其周围 4 个未设站城市的人口和就业增长水平,设站城市的年均就业增长率(1.8%)比未设站城市(1.3%)高 0.5 个百分点[13]。Kwang Sik Kim 研究指出,首尔—釜山高铁线建成后,韩国首都地区人口重心、就业重心都沿高铁线方向向西南移动,但人口分布更趋于集中,而就业机会和经济活动则趋于分散[14]。

(四)高铁对城镇体系的影响研究

高铁对沿线区域内不同规模大小、不同发展水平的城市有着不同的影响。部分研究认为高铁将促进各种经济资源向区域内规模较大、全球化程度高、对外联系紧密的中心城市聚集,而损害小城市的发展机会。高铁停靠频率低、难以或没有发展多种服务业的小城市则可能受到负面影响,法国 TGV 沿线城市的发展较好地说明了这一状况[1]。高铁沿线的中小城市只有采取积极主动的政策措施,才能充分把握高铁所带来的各种机会。高铁有效缩短城市间的时间距离和不同规模城市之间的功能距离,进而影响区域城市系统的平衡和层级[15]。高铁对城镇体系的影响存在两个方向的作用:一方面交通枢纽城市和大城市具有先发优势并拥有更多的发展机会,高铁将强化这些城市已有的等级地位。另一方面高铁连接的城市之间的激烈竞争将刺激这些城市集中发展其比较优势,进而推动横向水平城市网络的形成[16]。对欧洲的研究表明,高铁引起了欧洲城镇体系的进一步极化,顶端城市的优势地位得到强化,城市间专业分工得到进一步发展,形成了成熟的城市网络[17];中小城市发展取决于在交通网络中的地位以及与区域的交通联系[18],而未进入高铁网络的边缘地区城市则会变得更加落后[19]。对日本的研究表明,新干线给日本城镇体系带来了双面影响,既在一定程度上提升了区域发展的集聚效应,同时也有利于要素从偏远地区向发达地区流动[20]。

(五)高速铁路对城市空间结构的影响研究

许多实证研究表明,高铁对城市空间发展有着强烈的推动作用,成为城市空间结构重组的结构性要素。高铁新站点的建设或原有站点的改造升级具有促进城市空间结构、经济结构重建的潜力。高铁对城市的影响不局限于站点区域,其建设通常伴随着大量的城市新建和更新项目,对站点所在城市整体空间、功能结构有着重要意义,是城市空间发展与空间结构调整、重构的动力和机遇。高铁车站能够引导城市特定功能聚集,强化或催生综合功能中心,成为城市空间增长极[21]。高铁能够引导城市空间资源进行再分配,促进城市多中心结构的形成。高铁对城市空间结构的影响既可能发生于城市局部地区，如西班牙莱里达（Lleida）、莱昂（Leon）等城市；也可能对城市整体空间结构产生影响，如西班牙萨拉戈萨（Zaragoza）、布尔戈斯（Burgos）等城市，城市区位条件、规模等是其中的重要影响因素[22]。欧洲高铁建设大多通过对老站改造，带动了城市空间再开发，强化了城市既有中心的发展[23]。城市边缘车站地区若要取得良好的发展，需要更便利的交通联系和更好的规划政策扶持，才能在郊区形成新的城市中心[24]。对于在城市边缘区新建的高铁车站，与城市中心区便捷的交通联系、合理分工等尤为重要[8]。

二、国内研究进展

我国高速铁路的建设相对较晚，国内关于高速铁路对城市发展的影响研究起步于 21 世纪初期。我国早期的研究主要是关于高速铁路对城市发展影响的预测性研究，例如胡天军等预测京沪高铁的建成将促进沿线第三产业的发展[25]；董焰[26]、黄琼[27]预测珠三角城际高速铁路的建成将改善城市交通结构和城市布局结构、推进城乡一体化进程；刘金方等指出高速铁路的建成将加快京津冀区域物流合作，提升城市功能和竞争力[28]。2008 年 8 月我国真正意义上的第一条高铁——京津城际高铁开始运行，随后武广、郑西等高铁相继开通运行，一些学者开始对高铁的实际影响开展研究，主要集中在高铁对城际出行的影响、对城市交通与可达性的影响、对城市社会经济发展的影响以及对城市空间结构的影响等方面。

（一）高铁对城际出行的影响

高铁对居民的出行方式产生巨大影响，包括改变现有出行方式、诱发新的交通出行等。侯雪、刘苏等对京津城际高速铁路对城际出行行为的影响进行了问卷调查与统计分析，总结了高铁出行的基本特点[29]。刘健、张宁运用模糊聚类模型，对京津城际高铁建成前后的旅客出行行为及选择偏好影响因素进行实证分析，认为城际高铁能够通过提升城际间的旅客通行能力，释放和激发商务、探亲、旅游等多种活动需求，从而加深城际间的经济和情感互动联系[30]。吴康、方创琳等对京津城际高速铁路影响下的跨城流动空间进行了研究，认为现阶段城铁交通主要为商务出行流和休闲旅游流，城际高铁某种程度上缩短了时空距离，但对居住地点和工作空间的迁移改变有限[31]。冯英杰、吴小根等基于 449 份问卷调查资料，研究高铁开通后南京城市居民的出游行为变化及其对高铁旅游响应的群体性差异特征。研究结果表明高速铁路对城市居民的出游时间、出游方式、出游距离、出游地点、出游频率等都产生了重要影响[32]。

（二）高铁对城市交通与可达性的影响

在城市交通与可达性影响方面，丁金学、金凤君等认为高铁对小城市机场的影响要大于对大城市机场的影响，对中间地带城市机场的影响要大于对两端城市机场的影响[33]。王姣娥等认为高铁的服务市场主要集中于东中部地区的经济走廊，航空在西部地区具有竞争优势，城市密集地区、大城市地区、经济走廊将成为两者竞争的主要市场[34]。赵丹等指出高速铁路将全面提升长三角区域可达性水平，大大缩短城市之间的时空距离[35]。冯长春等运用加权平均旅行时间研究高铁时代中国省际可达性及空间格局[36]。蒋海兵等认为高铁从整体上提高了区域公路可达性水平，极大地缩短中心城市间的时间距离[37]。吕国玮等对天津市塘沽火车站开通高铁前后的可达性进行了比较研究，认为高速铁路、区域公路网络及普通火车停靠车次的变化对高铁站点的可达性均产生影响[38]。杨伟奇选取最短平均旅行时间、加权平均旅行时间及经济潜力3个指标，分析成绵乐高铁通车后，成都、德阳、绵阳、眉山、乐山5个沿线城市可达性的变化。研究结果显示，成绵乐高铁开通使沿线城市整体可达性得到明显改善，缩短了城市间的时间距离，有利于促进研究区经济南北均衡协调发展[39]。关伟、罗智霞认为高铁对辽宁省各地级市的省内及区内可达性有较大的提升作用，随着省内、区内可达性水平的提高，各地级市之间以及各地级市与京、津、冀、晋、内蒙古、黑、吉七省（区、市）的经济联系强度有大幅度提升[40]。

（三）高铁对城市社会经济发展的影响

在城市社会经济发展的影响研究方面，王丽等总结评析了国内外关于高铁对高铁站点区、所在城市、区域三个空间层次的影响的理论和实证研究[41]。汪德根等对国外关于高铁对城市旅游的影响研究进行了系统分析和总结[42]。陈彦等对国外地理学者关于高速铁路对客运市场、区域经济和空间结构的影响研究进行了梳理和总结[43]。王辑宪等指出高铁的发展对中国城市社会经济与空间演变带来的影响不仅不同于其他已经发展了高铁的国家，如法国、德国、日本，而且其影响会更加深远[44]。姚士谋等认为高速铁路将使我国三大都市圈建成为新型工业与现代服务业的示范区，在生产要素、人才、资金与文化科学等方面的集聚功能更强[45]。于涛等认为我国高铁站点的区位选择通常位于城市边缘地带，一定程度上推动了中国城市的郊区化进程[46]。冯长春等认为基于城际轨道交通流功能联系的珠江三角洲地区具有较高的功能多中心性，东西两翼城市间缺乏有效的城际轨道交通功能联系，对于珠三角城市区域功能多中心产生严重的消极影响[47]。张萌萌、孟晓晨分析了高速铁路对中国城市市场潜力的影响[48]。王姣娥等分析了高速铁路对中国城市空间相互作用强度的影响[49]。覃成林等认为高速铁路通过提高城市可达性影响城市人口增长，我国高速铁路网络引起城市人口向高速铁路沿线城市集聚[50]。龙茂乾等认为高铁加强了中心城市与普通城市之间的联系，但会带来中心城市产业的进一步极化发展还是使中心城市更好地带动普通城市产业的发展，是值得进一步探讨的问题[51]。宋文杰等认为高铁导致了大城市第三产业的空间极化发展，但对第二产业有大城市与中小城市分工合作、均衡发展的促进作用[52]。

（四）高铁对城市空间结构的影响

城市空间结构是城市要素在空间范围内的分布和组合状态，是城市经济结构、社会结构的空间投影，是城市社会经济存在和发展的空间形式。高铁作为一种运量大、安全性好、舒适方便、快捷的交通方式，在提高城市可达性的同时，成功吸引了商务办公、居住等城市活动，丰富了城市功能，进而影响着城市空间结构的形成和发展。舒慧琴等认为高速铁路站点从单一的功能性"容器"，逐步转变为城市发展的新型空间[53]。石海洋等指出由于高铁枢纽"触媒效应"的不断发酵，使资本、人才、技术等在内的各种生产要素在以高铁站点区为核心的城市空间范围内不断积聚，成为引领地区发展的重要增长极。同时，高铁站点引发城市基础设施进一步完善，加快城市旧城区更新改造，推动城市中心多元化发展，进而对城市空间结构产生重大影响[54]。姚涵等以可达性、区位和土地地租为基础，以高铁站点与城市间的区位、交通、规模、功能关系为核心，总结了沿线设站城市的四种典型空间发展模式[55]。焦敬娟等采用加权度中心性和社区结构模型，对高速铁路建设对城市等级和集聚性空间格局及演化的影响进行了分析[56]。

三、研究进展评述

综上所述，国外关于高铁对城市发展的影响研究开始于20世纪60年代中期，国内的研究多集中在2000年以后。国外高铁对城市发展的影响研究多使用经济学、交通运输学的相关理论，采取实地调研、访谈及建模分析等方法，主要关注高铁对沿线城市间通勤、城市发展、城镇体系等影响的研究。国外的研究一直强调相关利益主体和城市背景的重要性。国内的研究起步较晚，但随着高速铁路在我国各区域内的建设和运营，我国高速铁路对城市发展影响的研究日益增多。国内对高速铁路影响研究多使用区域经济学、城市规划学、经济地理学等相关理论和方法。总的来说国内外的研究涉及范围广泛，成果丰富，但也存在一些问题。

（一）研究内容

从研究内容来说，国外的研究多为单个案例的深入分析，缺少对不同城市群范围内的区域高铁交通的横向对比和特征、规律的总结。国内很多研究都是对国外案例的借鉴，研究区域多集中于东部发达地区的城市，对中西部地区的城市发展影响研究较少。

目前国内外对高铁的效益评价主要考虑经济效益，社会效益的评价有待加强。高铁建设不但带来经济效益，也带来广泛的社会效益。目前许多的高铁都处于亏损状态，但其社会效益却十分巨大。社会效益包括节省时间、提高舒适度、减少占地面积、节省能源与减少空气污染、促进地区之间的文化交流等。

目前国内外对高铁的正效应研究较多，负效应研究较少。高铁的开通运营，既带来正面效益，也带来一些负面影响；既会带动一些城市的崛起，也可能会使某些城市衰落。高铁是一把"双刃剑",高铁的开通运营会给沿途城市带来发展机遇,但也会带来当地生产要素流失、导致衰落的危机。高铁加速了城市间生产要素的流动,也意味着资金、人才、信息会向发展环境更优越、行政效能更高的经济高地聚集,而经济发展的漏斗区即中小城市将面临人才、企业流失的窘境。当前,高铁给沿途城市带来的正面效应和机遇受到重视,而对其负面效应没有给予足够的关注。

(二)研究方法

从研究方法来说,国外对区域高铁交通的影响评价方法进行了较多探索,但对区域高铁交通的空间特征,如规模和空间布局的方法探讨相对较少;国外的研究大多数都是基于经济计量方法进行分析。国内的研究方法大多是宏观的定性分析、问卷调查和简单的定量分析,缺少模型的建构和深入定量的研究,未来需要加强定量分析与影响机制研究。

目前国内外关于高铁对城市发展的影响存在许多分歧和不同观点,一方面是因为高速铁路对城市发展的影响十分复杂,短期和长期的影响机制不尽相同;另一方面主要是由于研究方法的不同。在研究方法上,未来需要进一步加强理论依据和评价标准的探讨。

(三)研究视角

从研究角度来说,目前国内外的研究注重宏观影响,轻微观影响研究。研究多注重对沿线城市社会经济的宏观影响,对企业的微观影响研究较少。

目前国内外的研究主要关注的是高速铁路对城市发展影响的方方面面,但却忽略了"人"在其中的作用。高速铁路的建立为居民提供了一种新的出行方式,政府期望通过高铁加强区域内城市的联系,提升城市形象;投资商希望借助高铁这一新的促进剂,创造新的经济增长点。但是目前国内外的研究,忽略了高铁与主体"人"的影响,往来的客流是城市间沟通的纽带,相关利益主体的决策及行为更是体现和影响城市发展变化方向的明显要素,因此今后的研究应从实证的角度,重视研究高铁与人们出行行为的互馈机制。

参考文献:

[1] Ureña, J M. Menerault P, Garmendia. M. The high-speed rail challenge for big intermediate cities: A national, regional and local perspective[J]. Cities, 2011, 26(5): 266-279.

[2] Levinson. D M. Accessibility impacts of high-speed rail[J]. Journal of Transport Geography, 2012, 22(2): 288-291.

[3] Spiekermann K, Wegener M.The shrinking continent: new time-space maps of Europe[J]. Environment and Planning B: Planning and Design, 1994. 21(6): 653-673.

[4] Pagliara F, Sussman J, de Abreu E Silva J, et al. Megacities and High Speed Rail

systems: which comes first[R]. MIT ESD division, 2012: 12-13, 33-40.

[5]   Harman R. High Speed Trains and the Development and Regeneration of Cities[R]. London: Greengauge 21, 2006: 10-16.

[6]   Hirota, R . PRESENT SITUATION AND EFFECTS OF THE SHINKANSEN[J]. International Seminar on High-Speed Trains, Paris, 1985, 3.

[7]   Greengauge R., High Speed Rail in Britain: Consequences for employment and economic growth[R]. 2010: 2-3.

[8]   Sands B. The Development Effects of High-Speed Rail Stations and Implications for California[R]. University of California Transportation Center Working Papers, 1993.

[9]   Vickerman R.High speed Rail in Europe: Experience and Issues for Future Development.The Annals of Regional Science.1997, 31 (1): 21-38.

[10] Chen C L, Hall P. The wider spatial-economic impacts of high-speed trains: a comparative case study of Manchester and Lille sub-regions[J]. Journal of Transport Geography, 2011, 24 (4): 89-110.

[11] Nakmura H, Ueda T.The Impacts of the Shinkansen on Regional Development[C]. the Fifth World Conference on Transport Research, Yokohama, 1989, Vol.III, Ventura, California: 5-9.

[12] Brotchie J. Fast Rail Networks and Socio-economic Impacts[M]. Cities of the 21th Century: New Technologies and Spatial Systems. 1991.

[13] Amano, Kozo, Dai Nakagawa. Study on Urbanization impacts by New Stations of High Speed Railway[C]. //Conference of Korean Transportation Association. Dejeon City, 1990.

[14] Kim K S. High-speed rail developments and spatial restructuring-A case study of the Capital region in South Korea[J]. Cities, 2000, 17 (4): 251-262.

[15] Pol P M J. The Economic Impact of the High-Speed Train on Urban Regions[C].ERSA Conference Paper from European Regional Science Association, 2003: 9.

[16] Loukaitousideris A, Cuff D, et al. Impact of High Speed Rail Stations on Local Development: A Delphi Survey[J]. Built Environment, 2012, 38 (1): 51-70.

[17] Sasaki K, Ohashi T, Ando A. High-Speed Rail Transit Impact on Regional Systems: Does the Shinkansen Contribute to Dispersion?[J]. Annals of Regional Science, 1997, 31 (1): 77-98.

[18] Peter M. J. Pol. The Economic Impact of the High-Speed Train on Urban Regions[J]. European Regional Science Association, 2003.

[19] Greengauge R., High Speed Trains and the Development and Regeneration of Cities[R], 2006: 15.

[20] Janic Milan. A model of competition between high speed rail and air transport[J]. Transportation Planning and Technology, 1993 17 (1): 1-23.

[21] Bertolini, L. Nodes and places：complexities of railway station redevelopment [J]. European Planning Studies, 1996. 4（3）: 331-345.

[22] Wolffram M. Planning the integration of the High-Speed Train–A discourse analytical study in four European regions [D].University of Stuttgart, 2003：50-60.

[23] Bertolini, L, Curtis C, Renne J. Station Area projects in Europe and Beyond：Towards Transit Oriented Development?[J]Built Environment, 2012, 38（1）: 31-50.

[24] Todorovich P, Schned D, Lane R. High Speed Rail：International Lessons for U.S. Policy Makers[R]. Cambridge, MA：Lincoln Institute of Land Policy, 2011.

[25] 胡天军，申金升 . 京沪高速铁路对沿线经济发展的影响分析 [J]. 经济地理，1999，19（5）: 101-104.

[26] 董焰 . 珠三角城际快速轨道交通网建设的重要意义 [J]. 综合运输，2003，（11）: 22-25.

[27] 黄琼 . 城际轨道交通与珠三角大都市带经济发展研究 [D]. 广州：暨南大学经济学院，2006.

[28] 刘金方，蒋秀兰 . 高速铁路对京津冀地区物流发展的影响分析 [J]. 商业现代化 2007（8）: 126-127.

[29] 侯雪，刘苏，张文新 . 高速铁路对城际出行行为影响研究 [J]. 经济地理，2011，31（9）: 1573-1579.

[30] 刘健，张宁 . 基于模糊聚类的城际高铁旅客出行行为实证研究 [J]. 交通运输系统工程与信息，2012，12（6）: 100-105.

[31] 吴康，方创琳，赵渺希，陈晨 . 京津城际高速铁路影响下的跨城流动空间特征 [J]. 地理学报，2013，68（2）: 159-174.

[32] 冯英杰，吴小根，刘泽华 . 高速铁路对城市居民出游行为的影响研究——以南京市为例 [J]. 地域研究与开发，2014，33（4）: 121-125.

[33] 丁金学，金凤君，王姣娥，刘东 . 高铁与民航的竞争博弈及其空间效应 -- 以京沪高铁为例 . 经济地理 [J].2013，33（5）: 104-110.

[34] 王姣娥，胡浩 . 中国高铁与民航的空间服务市场竞合分析与模拟 [J]. 地理学报，2013，68（2）: 175-185.

[35] 赵丹，张京祥 . 高速铁路影响下的长三角城市群可达性空间格局演变 [J]. 长江流域资源与环境，2012，21（4）: 391-398.

[36] 冯长春，丰学兵，刘思君 . 高速铁路对中国省际可达性的影 [J]. 地理科学进展，2013，32（8）: 1187-1194.

[37] 蒋海兵，张文忠，李业锦 . 京沪高铁影响下的区域公路可达性空间分异特征研究 [J]. 华东师范大学学报（自然科学版），2014，（1）: 68-79.

[38] 吕国玮，杨金竹，杨春志，张文新 . 基于公路网及列车时刻表的高铁站点可达性研究 以天津市塘沽站为例 [J]. 城市发展研究，2014，21（4）: 53-58.

[39] 杨伟奇.成绵乐高铁对沿线城市可达性影响研究 [J].贵州师范大学学报（自然科学版），2016，34（4）：17-23.

[40] 关伟，罗智霞.高速铁路建设对辽宁省城市可达性及经济联系的影响 [J].辽宁师范大学学报（自然科学版），2016，39（3）：418-423.

[41] 王丽，曹有挥，姚士谋.高速铁路对城市空间影响研究述评 [J].长江流域资源与环境，2012，21（9）：1073-1079.

[42] 汪德根，陈田，李立，章鋈.国外高速铁路对旅游影响研究及启示 [J].地理科学，2012，32（3）：322-328.

[43] 陈彦，孟晓晨.高速铁路对客运市场、区域经济和空间结构的影响 [J].城市发展研究，2013，（20）：4：119-124.

[44] 王缉宪，林辰辉.高速铁路对城市空间演变的影响：基于中国特征的分析思路 [J].国际城市规划，2011，26（1）：16-24.

[45] 姚士谋，程绍铂，吴建楠.高铁时代我国三大都市圈发展路径探索 [J].苏州大学学报，2011，（4）：93-98.

[46] 于涛，陈昭，朱鹏宇.高铁驱动中国城市郊区化的特征与机制研究—以京沪高铁为例 [J].地理科学，2012，32（9）：1041-1045.

[47] 冯长春，谢旦杏，马学广，蔡莉丽.基于城际轨道交通流的珠三角城市区域功能多中心研究 [J].地理科学，2014，34（6）：648-655.

[48] 张萌萌，孟晓晨.高速铁路对中国城市市场潜力的影响 -- 基于铁路客运可达性的分析 [J].地理科学进展，2014，33（12）：1650-1658.

[49] 王姣娥，焦敬娟，金凤君.高速铁路对中国城市空间相互作用强度的影响 [J].地理学报，2014，69（12）：1833-1846.

[50] 覃成林，朱永磊，种照辉.高速铁路网络对中国城市化格局的影响 [J].城市问题，2014，（9）：9-15.

[51] 龙茂乾，孟晓晨.高速铁路城市联系职能研究 -- 基于京广高铁调研数据的实证 [J].人文地理，2015，（3）：89-96.

[52] 宋文杰，朱青，朱月梅，孔翠翠，史煜瑾，顾永涛，高铁对不同规模城市发展的影响 [J].经济地理，2015，35（10）：57-63.

[53] 舒慧琴，石小法.东京都市圈轨道交通系统对城市空间结构发展的影响 [J].国际城市规划，2008，（3）：105-109.

[54] 石海洋，侯爱敏，吉银翔，王立新.触媒理论视角下高铁枢纽站对城市发展的影响研究 [J].苏州科技学院学报（工程技术版），2013，26（1）：55-59

[55] 姚涵，柳泽，刘晓忱.高速铁路影响下城市空间发展的特征、机制与典型模式——以京沪高速高铁为例 [J].华中建筑，2015：7-13。

[56] 焦敬娟，王姣娥，金凤君，王涵.高速铁路对城市网络结构的影响研究——基于铁路客运班列分析 [J].地理学报，2016，71（2）：265-280。

第二章　国外高速铁路对城市发展的影响

一、国外高速铁路发展概况

世界高速铁路的发展经历了三次浪潮。

（一）第一次浪潮

世界上最早建设的高速铁路是日本的新干线，于1964年正式营运。此后，法国、意大利、德国纷纷修建高速铁路。1972年继东海道新干线之后，日本又修建了山阳、东北和上越新干线；20世纪80年代法国修建了东南TGV线、大西洋TGV线；意大利修建了罗马至佛罗伦萨线。1964年～1990年，以日本为首的第一代高速铁路，标志着世界高速铁路建设的第一次浪潮。这一时期的高铁首先诞生于人口稠密、城市密集的地区，推动了沿线地区经济的均衡发展，促进了房地产、工业机械、钢铁等相关产业的发展，降低了交通运输对环境的影响程度，铁路市场份额大幅度回升，企业经济效益明显好转，成为铁路这一"夕阳产业"的转机。

（二）第二次浪潮

1990年至20世纪90年代中期，法国、德国、意大利、西班牙、比利时、荷兰、瑞典、英国等欧洲大部分发达国家，大规模修建国内或跨国界高速铁路，欧洲高速铁路网络逐渐形成。这一时期建设的高铁满足了这些国家能源、环境、交通政策的需要。

（三）第三次浪潮

20世纪90年代中期以来，在韩国、中国台湾、中国大陆、美国、澳大利亚等世界范围内掀起了建设高速铁路的热潮。体现为二，其一是修建高速铁路得到了各国政府的大力支持，且有全国性的整体修建规划支撑，按照规划逐步实施；其二是修建高速铁路的经济社会效益得到了广泛的赞同，修建高速铁路带来节约等多方面的社会效益，包括节约能源、减少土地使用面积、减少环境污染等等，同时促进沿线地区经济发展，产业结构升级调整等。

二、国外高速铁路对城市发展的影响

（一）日本

1、日本新干线发展的背景和历程

1）日本新干线的界定

日本的新干线是由JR（Japan Railway）集团旗下东日本旅客铁道（JR东

日本）、东海旅客铁道（JR 东海）、西日本旅客铁道（JR 西日本）、九州旅客
铁道（JR 九州）构成的日本高速铁道系统,分别建成于不同的时期（见表 2-1）,
新干线连接了日本主要城市和地区（图 2-1）,为这些城市和地区的发展提供
了良好的条件。日本《全国新干线铁道整备法》,将新干线铁道定义为在主区
间内列车行驶速度 200km/h 以上的干线铁道。除此之外,"山形新干线"以及"秋
天新干线"也被称为"迷你新干线"。其列车时刻表也按照新干线的模式记载。
但是这些列车的最高行驶速度只有 130km/h,不符合《全国新干线铁道整备法》
中所述定义[1]。

日本新干线一览表　　　　　　　　　　　　　表 2-1

名称	起点	终点	实际距离	运营距离	开业时间	运营公司
東北新幹線	東京駅	新青森駅	674.9km	713.7km	1982 年 ~ 2010 年	JR 東日本
上越新幹線	大宮駅	新潟駅	269.5km	303.6km	1982 年	JR 東日本
北陸新幹線	高崎駅	長野駅	117.4km	117.4km	1997 年	JR 東日本
東海道新幹線	東京駅	新大阪駅	515.4km	552.6km	1964 年	JR 東海
山陽新幹線	新大阪駅	博多駅	553.7km	622.3km	1972 年 ~ 1975 年	JR 西日本
九州新幹線（鹿児島ルート）	博多駅	鹿児島中央駅	256.8km	288.9km	2004 年 ~ 2011 年	JR 九州

图 2-1　日本新干线路线图

2）新干线的建设

《全国新干线整备法》第 4 条规定新干线建设规划由国家来决定 [2]。"日本国有铁道"（国铁）时代，东海道新干线作为最初的新干线路线于 1964 年（昭和 39 年）10 月 1 日开始营业。除东海道新干线之外，山阳新干线和东北新干线均由"国铁"完成主体建设。而上越新干线则是由"日本铁道建设公团"负责建设。继中曾根康弘内阁实施政治改革后，1987 年开始日本对国有铁路进行了彻底改革，同年的 4 月 1 日将其分割成六家客运公司和一家货运公司，实行民营化管理，这些公司统称 JR。分割后，新干线被 JR 西日本、JR 东日本和 JR 东海道三家公司分管，从而大大提高了效率。国有铁路改革对日本来说是一次极为重要的改革，经过多年的努力，现在不论政府还是国民都认为改革是成功的 [3][4]。

3）新干线的历史

日本最初的铁道可追溯到明治时代（20 世纪初），当时由于铁道规格受限，无法像欧美的铁道一样高速运营。日本高速列车的开发最早则可追溯到二战时期，贯通日本势力下的"伪满洲国"的"南满洲铁道"是由日本的资本和技术来运营的，是日本制造的最早的高速铁道。1934 年，"满铁"公司设计研发的流线型蒸汽客运列车在大连—长春之间开始运行，最高时速可达 120km/h[5]。

与此同时，日本民间虽无法实现大规模城市间电车的建设，但是修建了一系列中近距离的城市间电车，如新京阪铁道、阪神急行电车、参宫急行电车、阪和电气铁道，都是引用美国技术修建而成。

19 世纪 30 年代，随着中日战争激化，从日本向中国运输的各种物资也激增。在这种历史背景下，东海道、山阳本线的运输量大大增加。这时"铁道省"内部设立了"铁道干线调查会"，探讨强化主要干线的运输能力。1939 年，作为增强运输能力的重要手段，日本政府颁布了"弹丸列车计划"。按照计划，在东京和下关之间修建不同于东海道和山阳本线的新的"广轨新线"，最高时速 200km/h。实现东京—大阪之间 4 小时、东京—下关之间 9 小时通勤 [6]。这时，"广轨新线"或"新干线"已经成为内部工作人员称呼新的干线设施的名词。"新干线"一词也是起源于此。

1941 年 12 月，随着太平洋战争的爆发，铁路工程也进入了蓬勃发展建设的时期。此时"日本坂隧道"和"新丹那隧道"的工事也在大力推进。1942 年，"东山隧道"也相继开工，但是最终由于太平洋战场的恶化而不得已中断 [7]。但是已建成的线路在此后的东海道新干线建设中发挥了重要意义。"弹丸列车计划"的技师们所居住的静冈县田方郡函南町也改名为"新干线"。

太平洋战争结束后数年间，包括铁道系统在内，日本全国陷入混乱，百废待兴。1950 年以后，日本开始了真正意义上的战后复兴，城市间的铁道运输的需求量急剧增加。旧日军的研究部门和军需企业的技术人员，随着战争结束也失去了工作机会。国铁积极为这些技术人员提供工作机会。高速行驶的车辆的振动和空气动力特性方面的研究都因为旧日军出身的技术人员的参与而得到显著进展[8]。

1953 年以后，随着从欧美引进先进技术以及日本国内生产技术的开发，电车开始了高性能化。这个过程包括对行驶过程中产生的振动的抑制、乘客舒适度的改善和高速行驶所必需的驱动方式、新型列车的研发。新型列车不只是对列车底盘进行了改良，顶棚也更换为可以分散应力的"全金属制轻量车体"。为了提高加速度，列车搭载的发动机采用"全电动车方式"。相应地采用"电磁直通刹车机构"来实现高速度下的紧急刹车[9]。从 1953 年起，仅仅数年间这种新型列车就被投入使用并得以普及。

这种高速性、加减速性能优秀的"新性能电车"在 1954 年以后，被"大手私铁"大量投入现实应用，并获得了显著的技术性进步。国铁也趁着高性能电车开发的潮流，于 1957 年开通了新型通勤电车。同年，"小田急电车"完成的低重心、连接结构流线型电车 3000 形"SE 车"，最高时速可达到 145km/h。1957 年，国铁从"小田急"借入 SE 车并在东海道本线试验行驶，达成了当时狭轨铁道世界最高速度的记录[10]。同年 5 月 30 日，铁道技术研究所所长篠原武司在铁道技术研究所创立 50 周年纪念时发表《东京—大阪间 3 小时的可能性》的演讲[11]。当时，欧美把飞机和高速道路作为运输的主要手段，而铁道则被认为是落后于时代的交通工具。日本也受到这种思潮的影响，在国铁内部有相当一部分人对"新干线计划"持怀疑态度。但在先进技术的支持下，"新干线计划"于 1958 年得以通过。1959 年 4 月 20 日正式开始施工。工程总预算从初定案修改到 3800 亿日元。工程进行过程中，由于当时日本地价飞涨，导致建设成本大大增加。1961 年 5 月 1 日，国铁为了支持新干线建设，从世界银行融资 8000 万美元（当时 1 美元兑换 360 日元）。虽然直到 1981 年日本才还清融资债务，但是这笔资金确保了新干线工程无中断顺利完工。

1964 年 10 月 1 日，在东京奥林匹克运动会举办之际，东海道新干线开始营业，开业当初最高时速达 200km/h。继东海道新干线，为了改善山阳本线的运输能力，1967 年山阳新干线以东海道新干线的延伸的形式而开始施工。1972 年 3 月 15 日冈山站开业，1975 年 3 月 19 日博多站开业。与此同时，朝东北方向延伸的新干线——东北新干线和上越新干线也于 1971 年开始施工。1974 年，作为与建设中的成田机场的重要衔接路线，成田新干线也开始建设。东北新干线和上越新干线于 1982 年暂定从"大宫"起发。1985 年，由于迟迟未果的东京都心的土地回收成功解决，东北和上越地方的铁道得以大规模扩大合并。但是，随之带来的新干线建设费用也急剧增加，国铁财政面临空前的危机[11]。

2、新干线对沿线城市发展的影响

1）对城市社会经济发展的影响

新干线的建设对沿线城市的社会经济发展起到了巨大的作用。昭和 30 年代（1955 年～1964 年）担负着日本运输重任的东海道本线（表 2-2），由于运输量的增大而显现出运输能力的慢性不足，成为日本经济发展的障碍。为了克服这一课题，以时速 200km/h 的高速运行的东海道新干线开始建设。1964 年，东京—大阪之间实现了 4 小时（次年减小到 3 小时 10 分钟）到达的大运量高速运输系统。

东海道新干线及其沿线城市　　　　　　　表 2-2

站名	行政所属	都道府县的人口	城市名	城市人口	城市面积（平方公里）	城市人口密度
東京	東京都	13,186,562	東京	13,186,562	2,188.67	6,024.92
品川	東京都	13,186,562	東京	13,186,562	2,188.67	6,024.92
新横浜	神奈川県	9,059,616	横浜市	3,691,693	437.38	8,440.47
小田原	神奈川県	9,059,616	小田原市	197,733	114.09	1,733.13
熱海	静岡県	3,752,592	熱海市	39,132	61.61	635.16
三島	静岡県	3,752,592	三島市	111,709	62.13	1,797.99
新富士	静岡県	3,752,592	富士市	253,950	245.02	1,036.45
静岡	静岡県	3,752,592	静岡市	714,513	1,411.85	506.08
掛川	静岡県	3,752,592	掛川市	115,807	265.63	435.97
浜松	静岡県	3,752,592	浜松市	798,924	1,558.04	512.78
豊橋	愛知県	7,420,215	豊橋市	376,058	261.35	1,438.91
三河安城	愛知県	7,420,215	安城市	179,681	86.01	2,089.07
名古屋	愛知県	7,420,215	名古屋市	2,266,517	326.43	6,943.35
岐阜羽島駅	岐阜県	2,073,333	羽島市	67,045	53.64	1,249.91
米原	滋賀県	1,414,398	米原氏	39,697	250.46	158.5
京都	京都府	2,632,496	京都市	1,473,416	827.9	1,779.70
新大阪	大阪府	8,865,448	大阪市	2,670,579	223	11,975.69

　　新干线的运输量与国内生产总值（GDP）一致，并急剧增加，直到到达稳定成长期为止。随着泡沫经济的爆发，新干线的运输量也呈现波动变化。随着东京临海副都心的建设，品川站的开业，新干线运输状况恢复景气[12]，这个现象说明新干线的建设与日本的经济成长紧密相关。

　　新干线推动着日本的城市化进程，并在高效率的经济社会系统的形成上起到了重要作用，"东海道巨大城市带"成为日本国土的大动脉。新干线沿线地区的城市建成区的人口以及制造品的发货率等大大超出全国平均水平，成为经济发展的原动力[13]。在高速交通时代，新干线促使 2～3 小时的 500～700km

的通勤圈成为现实。和以往相比，尤其是在东京—新大阪间，旅客的出行手段主要偏向于乘坐新干线，而不是乘坐飞机。

2）新干线推动了新的国土的形成

在经济全球化日益发展的时代，新干线推动了利于经济发展的国土形成，日本为了保证竞争活力以及国民生活水平，必须在国际经济发展竞争中占据重要位置。然而，从综合国际竞争力排名来看，日本自 2002 年以来一直后退并徘徊在第 30 名左右。为了增强日本的经济竞争力，促进经济发展的因素必须在国土形成规划中得以体现。从国土形成角度来看，新干线对日本国土的重塑产生了巨大的影响。从结果来看，其巨大影响促使了广大市场圈的形成、应灾能力强的国土形成以及坏保型国土的形成。

（1）广域市场圈的形成

新干线系统的不断完善使得首都圈（东京都市圈）、名古屋圈和关西圈 3 大都市圈实现相互 1 小时经济圈。沿线地区的人口约 7100 万人（占全国人口的 56%），国内生产总值约 200.7 万亿美元（2005 年数据，占全国 GDP 的 57%），形成以通勤、通学和购物等日常生活圈为主体的巨大经济圈。

该地区的人力资源、物资、资金和信息交互形成了具有国际竞争力的巨大经济圈。巨大经济圈不仅加强了自东京都到大阪府之间的沿线 9 个都府县之间的联系，并向外部延伸，使得 3 大都市圈一体化，形成了总长 500km 的东海道巨大都市带。此外，自山梨县到长野县的沿线地区山地游览胜地的丰富的观光资源，使这些新干线沿线地区成为日本建设国际竞争力的示范区域。这些成功离不开由于新干线的建设而实现的东京和大阪 1 小时经济圈。

另一方面，为提高国际竞争力，必须发展附加值高的产业。其核心是发展知识集约型产业。为了增强附加值高的产业的竞争力，人与人的信息交换变得尤为重要，其中面对面（face-to-face）的交流更不可或缺。人与人的活跃交流离不开高速运输方式。而新干线正是满足这些需求的运输方式，它也成为提高产业国际竞争力的重要基础。随着新干线高速交通系统的不断完善，东海道巨大都市圈之间的联系不断加强，有效分担了首都机能，避免了东京都"一极集中"、"一家独大"的缺点 [14]。另外，自然、历史和文化等资源丰富的地区间的高速交通使得新干线沿线更具魅力，成为新的潜在观光资源。

（2）安全国土的形成

日本是一个台风、地震灾害频发的国家。为了形成应灾能力强的国土构造，就要尽量避免灾害来临时干线交通的瘫痪。确保交通系统的信赖性和安全性成为新干线建设过程中所面对的重要课题。

为了确保交通的多重化，必须确保其冗长度（余裕）。东海道山阳新干线在面对"阪神淡路大地震"时，花费了 3 个月时间才完全恢复正常运行。由于飞机、道路交通所能代替分担的运输量极其有限，新干线系统一但瘫痪，很难有能代替其运输能力的交通手段。

日本国土东西向的交通量主要由东海道新干线和东海道线一同分担，每天约有 23 万人；东名（东京—名古屋）高速道路和国道 1 号线每天约有 12 万人使用；包含其他形式的交通所分担的客流量，每天东西向约有 59 万人在移动[15]。因此，为了实现应灾能力强的国土构造，多重交通网络的构建必不可少。如今东海道新干线已成为每天约 36 万人使用，每年大约 1 亿 3000 万人次使用，列车车次每天超过 280 次的国家大动脉。这条大动脉在面对重大自然灾害时必须保持其运输的正常进行。因此在国土规划当中，以新干线作为新的国土轴的骨干，形成了"中央国土轴"。

（3）环保型国土的构建

能源和环境问题成为 21 世纪人类所面临的最大课题，其中特别是由二氧化碳的排放所引起的全球变暖。在各种交通方式中，汽车的二氧化碳排放量所占的比例最高。随着新干线系统的不断完善，日本的交通结构也由二氧化碳排放量高的汽车交通升级为二氧化碳排放量低、能源利用效率高的铁道交通。

一般使用铁道交通 1 人公里运输所耗费的能源是飞机运输所消耗能源的 1/4、乘汽车所消耗能源的 1/6。另外，使用铁道交通 1 人公里运输所排放的二氧化碳量是飞机所产生的 1/6、乘汽车所产生的 1/9[16]。由此可见，铁道交通对环境的负担较小。新干线系统在国家级二氧化碳减排指标的达成上起到了重大作用。

3）新干线对名古屋都市圈发展的影响

1990 年代，泡沫经济破灭后，随着新的地域发展提案的实施，自中央向地方的权限的重新划分使地方的行政机关可以按照自己的思想来进行判断，地方分权化使得地域发展彰显出地方特色。

在这种状况下，各地区的问题主要体现在随着交通系统的高速化进程上，地域所有的经济、社会、文化等诸机能会被大城市所吸收，成为大城市一极化集中的尴尬结果。交通条件的便利度提升的确使得人力资源、产业、公司、住宅等变得更便利和具有魅力，信息交互更为方便。尤其在新干线不断完善的今天，名古屋—东京实现 100 分钟通勤，但这种便利所带来的沿线地区中枢管理机能被首都城市圈所吸收。有学者预测名古屋城市圈可能会成为首都圈名古屋区的附属地区。现在，随着东海道新干线的运营，名古屋地区的中枢管理机能的确呈现出下降趋势，但是追本溯源，这种现象不应该归罪于新干线的建设，而是应该在建设有特色的充满魅力的地域上多进行思考[17]。

因此，名古屋都市圈和关西都市圈一同大力发展产业技术、商业、文化等，实现更具魅力的城市功能。为了能分担一极集中的首都机能，避免首都圈扩张现象，形成具有活力的都市圈。名古屋都市圈的城市基本建设已经于 2000 年随着位于名古屋高铁站点的名古屋市地标建筑——JR 中心塔的竣工而基本完善。该塔集酒店、办公、百货、观光等多功能于一身，位于名古屋站的正上方。每日有 100 万人次以上有条不紊地利用名古屋站的铁路和公共汽车。名古屋市以车站和塔为中心构建了充满魅力的立体空间结构。名古屋的地标考虑到城市景观中城市门户的形象，对周边城市用地进行更新再造。名古屋站周边的城市更新使得城市景观与新干线基础设施一体化，加强了名古屋站人流交流的功能。

4）对城市空间结构的影响

伴随着新干线开始营业，新干线对其所经过的城市的生活圈的变化、经济的盛衰、城市再开发、大企业的迁入迁出等都产生了重大影响。其站点的设置也对所在城市与地区的发展产生了深刻的影响。

通过对新干线山阳线开业 10～20 年后的各个车站和沿线城市空间关系的研究[19]，总结了新干线站点选址与人口集中地区发展变化之间的关系。新干线投入使用后，并未立即发挥其对人口集中地区的人口、人口集中地区的面积、客流量改善的促进作用，基本没有出现急剧的城市发展过程。尤其在小城市中，这种倾向极为明显。与这种倾向相反的是，在一些中等规模的城市中，如静冈、滨松等，商业用地和其活动面积扩大。这并不只是由于新干线高速运输能力所带来的人流和物流的便利，也是由于信息的交互使得商业活动更为活跃。但随着距离的增加，这种影响的效果传达越慢，因此会产生很大的城市之间的差距。

另外一方面，因为城市规模的不同，新干线车站与老车站的连接方式也受到很大影响。考虑到城市的成长和使用者的便利，为了缩小小城市间的差距，应该加强新干线车站与老车站的一体化。

新干线开业以后对沿线周边地区的商务和零售服务业产生了深远影响。如佐久地区有长野新干线中较新的"佐久平站"，"佐久平站"建设在远离市中心的乡村地区。由于车站的设置不仅使得其周边得以发展，近郊的既成商业街和邻接的小城镇也受到其影响。建设初期，佐久市的市长不鼓励在"佐久平站"前吸引民间企业，也不与民间自治体进行商谈。但是随着土地利用规划的具体化以及地权所有者与企业对话的开始，市长的态度开始转变。另外由于市中心与车站周边地区的暧昧关系，当地把佐久市称为"群马村"。站区周边开始出现大规模的企业进驻。与此对应的，老城区商业街的营业额开始平稳下滑。造成这种局面的原因，一方面是高龄化与少子化使得商店街出现空洞化，另一方面是伴随着新干线的开通所带来的旅客而增强的经济效果，通勤型新干线使得佐久平站周边一极化极为严重，原有的市中心和商业街都呈现出衰退现象。

新干线开业前，小诸市自古以来就经济发达，并且有特快列车的车站入驻，邻近观光资源丰富，是交通运输的节点。然而随着争取迷你新干线入驻的失败，小诸市失去了一直以来担任区域中心的角色，并被佐久市取而代之。针对新干线的入驻，两市在行政层面上再次对立，直到最终佐久平站名称的确立为止。最初，在新干线所带来的经济效果还没有得到广泛证实之际，在佐久平站开业之前，小诸市市中心的大型店铺等就已经开始往佐久平站周边迁移。结果小诸市市中心的商业街和旅馆业等都由于没有新干线的停靠而停滞发展[20]。

5）新干线站点与城市功能设施的融合

日本新干线沿线城市充分利用站点的区位优势，作为引导城市发展的一个新的经济增长点，在带动站点周边商业、居住、办公等用地的开发的同时，也充分利用车站的空间进行垂直开发。将商业、办公、休闲娱乐充分地融合，成为一个具有综合功能、土地高效利用的地区（图 2-2，图 2-3）。

图 2-2　新干线博多站

图 2-3　新干线名古屋站

为了营造良好的城市形象，各个地方都进行了以车站为中心的城市整备建设。新干线站前都设立站前广场，其不仅具有疏散人流的功能，还具有城市门户的功能。因此，一个城市的站前广场显示了其独特的地方特性，体现着城市的风貌，是城市的标志性地区。

同时，该地区还具有交通枢纽节点的作用，因此站前广场与周边其他用地有着很强的连接性[21]。

新干线因为其担负着重要的区域运输任务，其车站选址综合考虑地形、经济等因素。然而除此之外，所有的新干线车站的两侧都设置了站前广场。通过自由通道的连接使得广场之间可以通行自如。自由通道连接站前广场的形式可以分为站舍合并型、站舍临接型、站舍迂回型三种模式，并且通过地下、地上、二层构造实现立体连接。例如滨松站设置了地下广场和站前广场，合理地将车流和人流分散开，大大增加了安全性和效率。地下广场的地下步行道和周边的道路以及办公楼、自由通道、商店等直接连接[22]。平成 23 年（2011 年）九州新干线全线开业，JR 博多站的车站大楼以及博多站前广场全面投入使用。博多站从地域个性出发，兼顾人、要素、场所地秩序化管理[23]。站前广场的空间特征并不局限于其自身的机能，还要与周边的空间有效连接。从二层、地上、地下多方面立体的分散交通流，增加安全性能，提高流动效率。

3、新干线对沿线城市居住环境的影响

新干线对沿线区域的居住环境的影响主要体现在新干线行驶过程中产生的噪声和振动对周边居民的影响。自 1964 年东海道新干线开始营业以来，新干线为城市间的大量高速交通联系做出了显著贡献。但是新干线所引发的噪声和振动对沿线的居民的居住环境造成了影响，带来沿线的噪声振动等公害。

名古屋作为日本三大都市圈（东京、大阪、名古屋）之一的重要城市，作为日本首条新干线——东海道新干线所经过的重要城市，在享受着东海道新干线带来的便利之外，也忍受着高速运行的列车所引起的噪声和振动。1974 年，名古屋市内的新干线沿线的居住密集区域（7km 区间）的 575 位居民由于无法忍受新干线造成的噪声和振动，将国铁告上法庭。一审判决国铁须对公害负责并对原告进行赔偿，二审结果坚持一审判决，但是当地居民期待的新干线在 7km 居住密集区域减速行驶没有被认可。1986 年，当事者达成了和解方案，国铁一方面支付赔偿金，另一方面承诺 4 条改善方案（积极地控制噪声源；对以往的防止公害的政策进行改善；对轨道构造物周围的环境进行整备；保证公害源不扩散）。发生在名古屋的新干线公害诉讼案例是新干线建设发展历史中，居民受害者的一次大规模重要的保障自身居住环境的行为。虽然这一持续了 12 年的诉讼直到 1986 年才得以和解，但是原告与被告之间的博弈、政府环境部门制定相关政策以及媒体的不断跟踪报道，推动了日本新干线对噪声以及振动治理的相关措施的制定与实施[24]。

以东海道新干线的噪声及振动治理为例，东海道噪声及振动治理分为四个时期：

第一时期（1970 年～1980 年）：在学校和医院的临近区域以及住宅密集区域的周边设置隔声墙以达到对列车行驶时噪声的遮蔽作用。同时，修建噪声极小的"无道床铁桥"。

第二时期（1980 年～1985 年）：由于发现铁道的修正对降低运行噪声也有功效，轨道的修正不只局限于波状磨耗区，对普通的区间也进行铁道修正。

第三时期（1985 年～1990 年）：继名古屋新干线公害诉讼的和解，国铁与新干线沿线居民协定了改善目标。JR 东海在新干线沿线设置防声墙、铺设压载垫子、改良架线以及修正轨道。这 4 点对策在居住密集区逐步实施。

第四时期（1990 年～现在）：在第三时期的 4 点对策的基础上，对隔声墙进行改良并添加吸声材料。对电火花噪声进行防治。另外对列车进行改良（轻量化、平滑化、车头流线化）。以节省能源为原则，主要防治空气动力噪声[25]。

从以上四个时期的处理噪声和振动的对策可以看出，对新干线噪声源的防治措施从最初的对列车行驶噪声的对策以及轨道构造物噪声的防治，转移到现在减轻空气动力噪声以及节省能源为主的对策。在减少行驶时产生的振动方面，主要采取车辆的轻量化。另外，积极加强对列车的升级换代，新列车以更加快速便捷并减小噪声和振动为设计目标，在确保高速和运输能力之外大大降低噪声和振动。

（二）法国

1、法国高速铁路发展概况

法国是世界上最早拥有高铁的国家之一，仅次于日本。目前法国有 6 条 TGV（Train à Grande Vitesse，法语"高速铁路"）高铁线，即法国东南线（巴黎至里昂）、大西洋线（巴黎至图尔和勒芒）、北线（巴黎至加来和比利时边境）、罗纳—阿尔卑斯线（东南线至瓦朗斯）、地中海线（瓦朗斯至马赛）、东线（巴黎至斯特拉斯堡）。

1971 年，法国政府批准修建 TGV 东南线（巴黎至里昂，全长 417 公里，其中新建高速铁路线 389 公里），1976 年 10 月正式开工，1983 年 9 月全线建成通车。TGV 最高运行时速 270 公里，巴黎至里昂间旅行时间由原来的 3 小时 50 分缩短到 2 小时。

1989 和 1990 年，法国又建成巴黎至勒芒、巴黎至图尔的大西洋线，列车最高时速达到 300 公里。

1993 年，法国第三条高速铁路北线 TGV 开通运营。北线也称北欧线，由巴黎经里尔，穿过英吉利海峡隧道通往伦敦，并与欧洲北部比利时的布鲁塞尔、德国的科隆、荷兰的阿姆斯特丹相连，是一条重要的国际通道。1994 年 5 月 6 日，英伦海峡隧道通车，TGV 续延伸，与英国的"大陆干线"相连。

1994 年 5 月通车的巴黎地区联网高速铁路东线和 1996 年通车的西线，使得所有 TGV 线路直接连接起来。

目前 TGV 高速列车的通行范围已覆盖大半个法国国土，全法国 80% 的人口可在 136 个火车站直接乘上 TGV。TGV 技术已出口至韩国、西班牙和澳大利亚等国[26]。

2、法国高速铁路对城市发展的影响——以里尔市为例

法国的高铁对城镇化的发展起到了非常重要的促进作用，促使高铁沿线中心城市与卫星城镇重新布局，以高铁中心城市辐射和带动周边城市同步发展，对沿线地区经济发展起到了推进和均衡作用，促进了沿线城市经济发展和国土开发。其中里尔市是成功的典范。

1）里尔市概况

里尔是法国北方重要城市，法国的第四大城市，人口约 22 万（2008 年），

是法国北部加莱大区的首府，该大区总人口 400 万，占全国人口 7%，人口密度居全国第二。里尔市与附近的鲁贝、图尔宽和阿斯克新城等城市组成里尔市镇联合体，由 85 个地方政府组成，总人口约 110 万。里尔地区是法国重要工业区之一，城市发展前期以冶金和纺织业为主，现今已经发展成为综合性工业基地。

自 20 世纪 60 年代末，法国北加莱海峡大区的煤炭、机械制造、纺织、钢铁等传统支柱产业不断萎缩，致使整个大区饱受传统工业衰退的打击。同时，里尔地区的新型工业发展也相对滞后，由于缺少电子类等高科技产业作为地区产业复苏的动力，相关服务业岗位数量也持续相对不多。

此刻，里尔的诸多社会问题不断暴露出来，城市发展也岌岌可危，作为法国北部最大的工业老城，急需城市发展的复苏以及经济结构的转型。相比法国其他地区，里尔地区的发展处于劣势。处在这种社会背景下，里尔市开始积极寻求经济转型的机会。

2）里尔市高铁发展概况

法国于 1986 年与荷兰、比利时、德国签署了建设北欧高铁网的协议。里尔市位于欧洲人口最为稠密、经济最为活跃的巴黎—伦敦—布鲁塞尔这片三角地的中心，建设高铁的条件十分优越。鉴于北加莱海峡大区的经济实力和政治影响力以及里尔市市长皮埃尔·马龙的努力，法国政府决定将高铁线路引入北加莱海峡大区的里尔市。

里尔利用这一特殊的地理优势，通过高铁与巴黎、布鲁塞尔、伦敦相连通，直接将这三个城市的经济活力辐射到了里尔。里尔高铁车站的建成证明了高铁车站不仅仅只有交通节点的作用，它还能够与地区的发展相互联系，进一步带动城市发展。

3）"欧洲里尔"工程及其对里尔城市发展的影响

提到高铁对里尔城市发展的影响，就不得不提起由高铁车站的兴建而规划开发的项目"欧洲里尔"。

TGV 在 20 世纪 80 年代末引入里尔，里尔市共有里尔弗兰德斯（Lille Flandres）车站（主要提供城际列车服务）和欧洲里尔（Lille Europe）车站（主要提供国际高铁列车服务），在这两处高铁站点之间的梯形地块便是规划实施"欧洲里尔"的用地。该项目定位为大型城市中心公建项目。结合周边交通枢纽地带，致力于服务整片加莱海峡大区。为了提升"欧洲里尔"的竞争力，其商店类型选择了更具国际化、时尚化的精品店，从而使其与市中心传统商业相互补充、错位发展，彼此达到双赢的效果。该项目的远期目标是通过"欧洲里尔"这一商业中心的建成，来解决里尔的经济衰落问题，从而将里尔建设成为欧洲的中心城市之一。项目开发主要包括三个板块，分别为商务板块（包括世界贸易中心、里尔车站和里尔信贷办事处）、里尔中心板块（位于新旧两个车站中间，集商务办公、公寓、购物中心、宾馆和多种休闲娱乐设施于一体的大型建筑）、展览馆板块（包括展览馆、会议中心、礼堂以及休闲娱乐设施）。

该项目建成后，用事实证明了它的确为里尔带来了经济复苏：消费群体不止限于里尔市，还吸引来了周边城市地区乃至比利时等地的大量消费者；会展中心每年能接待 100 万以上的来访者；大大促进了里尔的旅游业，平均每年吸引游客 1400 万人次；大量消费者及游客在"欧洲里尔"消费游览的同时，也进入里尔市中心，参观其保存完好的 19 世纪工业城市风貌；1996 年"欧洲里尔"共提供了 2800 个就业岗位，其中有 2000 个岗位是新增的，这对当地的失业情况有了很大改善。

高铁建成后，"欧洲里尔"房地产节节走高。截至 2006 年，"欧洲里尔"的房地产开发总量为 61.1 万平方米，其中，办公面积为 23.2 万平方米，占 38%；商业服务设施面积为 26.3 万平方米，占 43%；公寓面积为 12.2 万平方米，占 20%。

2010 年，"欧洲里尔"二期工程完工。二期中，共增建 19 万平方米，其中办公楼面积为 8.9 万平方米，占 47%；商业服务设施面积为 5.3 万平方米，占 28%；公寓面积为 4.8 万平方米，占 25%。

由于高铁线路与新旧火车站、里尔市及里尔市镇联合体、法国国内乃至欧洲均有着良好的衔接，因此里尔成了欧洲可达性最好的城市，区位条件大大提升，成了法国北部边境的门户，进一步刺激经济的复苏。里尔高铁的引入、高铁车站的兴建以及"欧洲里尔"的开发，这一系列城市建设活动给里尔城市带来了极大的积极影响，使得里尔成了由工业城市向工商服务业城市转型的典范，各类相关产业复苏，城市知名度大大提升[27]。

4）里尔成功的主要原因

得天独厚的地理位置及其在区域中所具备的经济实力。里尔得天独厚的地理位置使其在高铁车站的选址之争中具有大量优势，并且这些优势都可以在高铁站点开发后进行更深层次的开发与利用；法国政府将市中心边缘的军事用地低价转让给里尔，从而确保了"欧洲里尔"大规模城市建设项目的开展；并且其与市中心形成了良好的互动关系，相互间借助彼此设施条件达到资源互补。里尔是在一定的经济发展基础之下，对于自身的各种优势进行整合，而高铁的引入则给里尔的城市发展注入一剂"催化剂"，帮助里尔实现经济结构的成功转型。虽然高铁站点建设时期，里尔当时正处于城市经济衰退，缺乏动力时期，但是里尔得天独厚的区位，使其成了欧洲北部高铁网络的枢纽，它的可达性得到了前所未有的提高，为里尔的城市发展带来了新的生命力。在高速铁路的连接下，里尔到达巴黎仅需 1 个小时（过去 2 小时），到达布鲁塞尔仅需 25 分钟（过去 1 小时 30 分），到达伦敦仅需 2 个小时（过去 4 小时 45 分），这让里尔在欧洲的城市位置迅速提升，成为法国北部边境的门户，同时也成为欧洲可达性最好的城市之一，激化了伦敦、巴黎、布鲁塞尔这些大城市对它的辐射作用。

独特的规划管理体系——市镇联合体。20世纪50年代,法国政府开始推广实施市镇联合体政策,该政策的主要内容是法国政府鼓励市镇之间相互协商,根据各个地区的差异,建立不同形式的市镇联合体。1968年,里尔市镇联合体成立,该联合体具有城市规划、技术管理、建设开发等综合职权,并组织编制多项规划纲要、建立规划区域。里尔市镇联合体中的鲁贝和图尔宽,也有着与里尔相似的遭遇——都是以棉纺织业为主的工业城市,经历了自20世纪70年代工业衰退的影响,城市发展受到严重打击。作为里尔市镇联合体的主席,皮埃尔·马龙意识到:里尔的发展必须要与周边市区同时进行,从而共同取得整个里尔大区的发展;若只顾自身的发展,发展则不会持续长久,更不会使里尔形成良好的城市形象;只有与周边地区联手发展,里尔才能够得到足够的投资,吸引到足够的人流,从而升级成为欧洲乃至世界的一线城市。因此,在1989年,里尔市镇联合体达成一致共识:里尔周边多个市镇政府共同支持里尔高铁项目以及配套公共服务设施的建设实施,明确里尔市镇联合体的多极化发展原则;里尔市镇联合体会将里尔的地铁修建延伸到鲁贝和图尔宽,让里尔带动沿线城市更新,促进城市之间的共同发展。这项提议落实之后,为里尔高铁项目争取到了相当乐观的资金,也使里尔市镇联合体得到整体发展。市镇联合体这种特殊的体系用实践证明,其可以使一个地区在自身发展建设的同时带动周边区域共同发展,最终达到双赢的效果。这种做法不会造成因一个地区单独寻求自身的发展建设,对周边地区的发展不管不顾,而导致周边地区因发展落后造成人口流失,资源无法得到和合理分配,最终拉大地区间的发展差距。

市长皮埃尔的影响力。里尔高铁的成功,在相当大的程度上也归因于市长皮埃尔领导的强大团队所共同作出的巨大贡献。皮埃尔·马龙作为法国前总理、里尔市镇联合体主席以及里尔市市长,他的政治影响力可以辐射到国家以及地方,因此在高铁设站之争中,成功地争取到将高铁站点规划布设在里尔市中心城区;同时借助他在金融界的关系,又为里尔高铁的建设赢得了多个金融机构的投资,顺利实现地方政府与私人机构之间的顺利合作。

地方自主权的优势。里尔高铁的成功,先进的政策——地方分权也发挥了很大的作用。为了缓解法国的财政紧缩,政府分别在1983年、1985年两次颁布法律,鼓励各地政府采取地方分权政策,其核心要义是将中央掌管的城市规划管理权部分下放给地方。这项法律的颁布及实施,提高了各级地方政府的自由度及积极性。地方分权政策在欧洲里尔的建设中,起到了显著作用。这项政策让里尔能够根据城市、区域自身的发展状况来量身打造符合自身发展的相关政策;并且能保证在国家与地方利益实现共同双赢的前提下,充分发挥和调动各级地方政府的自主性。

通过里尔案例可以看出,里尔之所以能够在高铁的带动下取得城市发展的成功并非是自然而然产生的,而是内外各种条件因素相互作用下的成果。经过数十年的发展，欧洲里尔已经发展成为集商务办公、休闲娱乐于一体的欧洲商业中心，使得里尔成为工业城市转向工商服务业城市的典范。

（三）德国

德国高铁 ICE（Inter City Express）相对于日、法的高速铁路起步较晚。1979年，德国试制第一列 ICE 高速列车，1982 年高速铁路计划开始实施。1990年 ICE 列车开始在维尔茨堡到福尔兹之间的高速铁路上试运行，最高时速为310km。同年，乌兹堡到福尔兹的高速铁路开通。目前德国 ICE 主要包括汉堡经汉诺威、法兰克福至弗赖堡、瑞士巴塞尔，汉堡经不来梅、汉诺威、富尔达、纽伦堡至慕尼黑，汉堡经柏林、莱比锡、纽伦堡至慕尼黑，汉堡经多特蒙德、科隆、法兰克福至斯图加特、慕尼黑或弗赖堡、瑞士巴塞尔，汉堡、不来梅经汉诺威至柏林，巴塞尔（瑞士）、弗赖堡、斯图加特经法兰克福至柏林，萨尔布吕肯经法兰克福、莱比锡或哈勒、至柏林或德累斯顿，多特蒙德、明斯特经过埃森、科隆、法兰克福国际机场至纽伦堡慕尼黑等线路，运营里程位居世界第二[26]。

德国的高铁对城镇化的发展也起到了非常重要的促进作用，卡赛尔市是其中的代表。卡赛尔利用高铁通过条件，一方面加快交通枢纽通道建设，确保高铁车站与市内交通实现无缝连接，实现高铁站点地区与市区之间高效、快捷的人流交换；另一方面，不断改善高铁站点区的发展环境，吸引更多建设资金以及企业入驻，大力发展各类服务业，包括零售、服务、居住、商务、商业、公共服务、休闲旅游等，极大提升高铁站点地区的城市服务功能，与市中心和老火车站区的服务业发展形成互动，极大提升了城市的整体综合服务功能，繁荣了城市经济，增加了城市活力。

参考文献：

[1] 全国新幹線鉄道整備法（昭和 45 年 5 月 18 日法律第 71 号）第 2 条 - 総務省法令データ提供システム.

[2] 「読む・知る・愉しむ新幹線がわかる事典」：19-20.

[3] 「読む・知る・愉しむ新幹線がわかる事典」：28.

[4] 「図解雑学 くわしくわかる新幹線のしくみ」：10.

[5] 川島令三・岡田直.「鉄道「歴史・地理」なるほど探検ガイド - 大都市圏・新幹線版」.PHP 研究所，2002。

[6] 生方良雄・諸河久.「日本の私鉄 5 小田急」.保育社，1981.

[7] 「読む・知る・愉しむ新幹線がわかる事典」.65.

[8] 「読む・知る・愉しむ新幹線がわかる事典」.67.

[9] 所澤秀樹.「国鉄の戦後がわかる本 上巻」.山海堂，2000：76.

[10] 青田孝.「ゼロ戦から夢の超特急小田急 SE 車世界記録誕生秘話」.交通新聞社，2009.

[11] 高橋団吉.「新幹線をつくった男 島秀雄物語」.小学館，2000.

[12] 所澤秀樹.「国鉄の戦後がわかる本 上巻」.山海堂，2000：76.

[13] 井口雅一・月尾嘉男.「ザ・リニアエクスプレス」.ウエッジ，1989.

[14] 角本良平.「交通の未来展望」.白桃書房，1989.

[15] 立松信孝.「リニア中央新幹線の現状と今後の課題」.鈴鹿国際大学紀要 CAMPANA No.11，2004.

[16] 須田寛.「東海道新幹線 30 年」.大正出版，1994.

[17] 高速鉄道研究会.「新幹線 高速鉄道技術のすべて」.山海堂，2003.

[18] 東海総合研究所.「東海計画地図」.かんき出版，1998.

[19] 渡辺仁史.「新幹線停車駅の都市に及ぼす影響」.日本建築学会大会学術講演概要，1989.

[20] 福島隼人.「整備新幹線開業が通過型沿線地域に及ぼす影響」.日本建築学会大会学術講演概要，2006.

[21] 守谷貴絵.「駅前広場の空間構成要素の研究」.日本デザイン学会，2002.

[22] 文釵.「新幹線駅が立地した地方都市における駅周辺の市街地整備に関する研究」.日本建築学会関東支部研究報告集，1996.

[23] 福島隼人.「整備新幹線・第三セクター鉄道開業までの沿線地域世論の変遷過程と現況の比較検証 – 長野新幹線・九州新幹線を事例として‐」.日本建築学会九州支部研究報告，第 45 号，2006.

[24] 服部千之.「交通幹線による沿線市街地への影響に関する調査研究 – 東海道新幹線におけるケーススタデイ‐」.日本建築学会東海支部，1978.

[25] 横島潤紀.「新幹線鉄道路騒音に関する評価指標の再検討‐神奈川県，名古屋市及び福岡県における調査結果から‐」.日本音響学会誌67巻8号，2011：321 – 330.

[26] 张书明.高速铁路对沿线区域经济的影响分析与评估研究 [D].天津：天津大学建筑学院，2011.

[27] 张慧婷.典型高铁沿线城市在京沪高铁影响下的发展研究 [D].天津：天津大学建筑学院，2012.

第三章 我国高速铁路对城市发展的影响

高速铁路建设是我国社会经济发展与建设过程中的一座里程碑。目前，我国高速铁路营业里程居世界第一，已成为世界上高速铁路系统技术最全、集成能力最强、运营里程最长、运行速度最高、在建规模最大的国家。本章将从我国高铁发展的历史脉络、发展现状、未来展望三个方面，对我国高速铁路的发展作系统介绍，并阐述我国高铁发展的特点以及与国外的不同之处。不同的发展特征使我国高铁对城市发展的影响过程与机理与国外有差异，进而有可能对城市产生不同的影响。

一、我国大陆高速铁路发展概况

（一）我国高速铁路发展的历史脉络

1949 年中华人民共和国成立伊始，我国的铁路总里程只有 20000 公里。长期以来，我国铁路运输一直是国民经济持续快速增长的制约因素。铁路网整体运力长期紧张，运输能力和质量无法满足运输需求，处于超负荷的运行状态，不能适应未来经济社会的发展需要。其中"速度低"、"规模小"是铁路运输能力继续增强的"瓶颈"。铁路运输在各种交通方式旅客周转量中占据的份额持续下降（图 3-1）。截止到 2008 年，我国平均旅客列车速度也只有每小时 71.4 公里，总里程 80000 公里，每万平方公里的国土上铁路长度大约 80 公里，而德国等发达国家均超过 1000 公里[1]。

铁路有国民经济"大动脉"的称号，高速的经济增长需要铁路的客货流支撑，快速城镇化需要铁路的运力支持。为了适应经济增长和社会生活的需求，结合我国实际情况，我国采取多种措施提高铁路的运行速度，并逐步在以建设高速铁路为铁路发展的重要目标上达成共识。

我国最早提议建设高速铁路可追溯到 1990 年，当时我国铁道部完成了《京沪高速铁路线路方案构想报告》并提交全国人大会议讨论。

1994 年，世界银行连续几次到中国考察高速铁路项目，拟给中国贷款。专家组及政府也希望通过高速铁路项目改善中国铁路运输问题。同时，专家组对京沪高铁进行了社会经济效益分析。

1995 年，上海、江苏等省市首次成功地进行了时速 170 公里的提速实验。

1997 年前后，铁道部成立了高速办，即京沪高速铁路办公室，并成立京

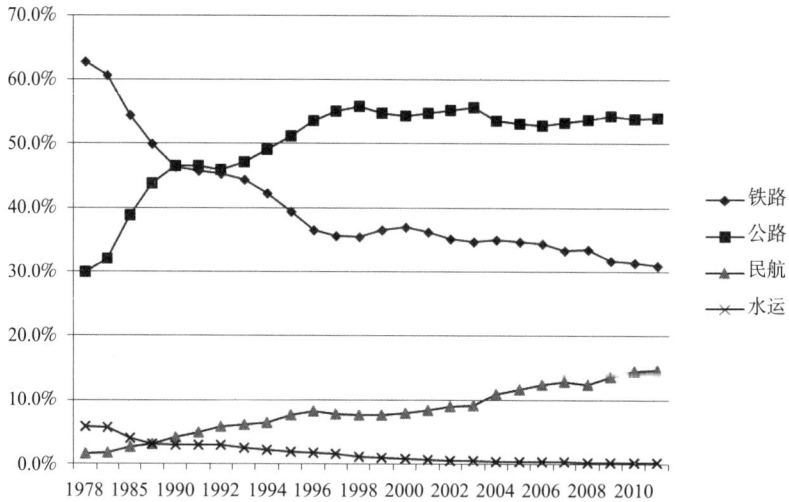

图 3-1　各种交通方式历年旅客周转量统计（1978～2010 年）
数据来源：根据中国交通年鉴（2012）整理

沪铁路技术研究总体组，对高速铁路的各种技术问题进行研究。

1998 年，广深铁路电气化提速改造完成，设计最高时速为 200 公里，运行速度 160～200 公里 / 小时，被视为中国由既有线改造踏入高速铁路的开端，为我国第一条准高速铁路。

2002 年，由中国独立设计、拥有完全知识产权的高速列车"中华之星"，在冲刺试验中达到 321.5 公里的最高时速，创造了"中国铁路第一速"。

2003 年，我国开通运营第一条客运专线——"秦沈客运专线"，全长 404 公里，设计时速 200 公里，实际运行时速在 160 公里以上。"秦沈客运专线"在我国铁路建设史上具有里程碑式的意义，通过"秦沈客运专线"的设计、施工、运营，为京沪高速及其他高速的建设提供大量的数据资料，我国高速铁路建设从此进入快速发展阶段。

2004 年，国务院常务会议讨论通过《中长期铁路网规划》，《规划》颁布实施以来，全面展开客运专线、区际干线建设，开通运营城际铁路，具有自主知识产权的时速 200～350 公里动车组大量开行。自规划实施后，大批高速铁路相继开工建设。

2005 年，时速在 300 公里以上的武汉至广州（全长 960 公里）、郑州至西安（全长 450 公里）、北京至天津（全长 115 公里）客运专线开工建设。除此之外同年批准建设的时速 200 公里以上的新线有合肥至南京、合肥至武汉、温州至福州铁路段，累计达 3000 公里 [2]。

2007 年 4 月，我国铁路实施第六次大面积提速，并在各主要提速干线（京哈线、京广线、京沪线、京九线、陇海线、胶济线等）大规模开行设计时速达

200～250 公里的动车组列车，达到了目前世界上既有线提速改造的先进水平。

2007 年，国家发改委宣布了我国 10 个规划"城市群"，分别是环渤海城市群、长江三角洲城市群、珠江三角洲城市群、海峡西岸城市群、山东半岛城市群、辽中南城市群、中原城市群、成渝城市群、武汉城市群和关中城市群。这十个"城市群"占据我国 10% 的土地，却拥有超过 50% 的 GDP 贡献率。"大都市区"战略试图将中心和外围整合一体化，交通、信息等基础设施的建设至关重要。为此，高铁规划要与我国的区域空间发展策略相衔接，要为其服务。

2008 年，根据发展需要，铁道部对原规划的规模和布局进行了调整，形成了规划调整方案《中长期铁路网规划（2008 年调整）》。调整方案将客运专线规划目标由 1.2 万公里增加到 1.6 万公里。调整方案突出客运专线和区际干线的建设，规划"四纵四横"客运专线以及经济发达和人口稠密地区城际客运系统。"四纵客运专线"分别为北京—上海、北京—香港、北京—哈尔滨（大连）、杭州—深圳客运专线。"四横客运专线"为徐州—兰州、上海—昆明、青岛—太原、上海—成都客运专线，连接中国十大城市群。同时，将城际客运系统由环渤海城市群、长江三角洲城市群、珠江三角洲城市群扩展到其他经济发达和人口稠密的城市群。

为抵御 2008 年的世界金融危机的冲击，国务院决定实施积极的财政政策和适度宽松的货币政策，出台十项扩大内需、促进经济增长的措施，共投资 4 万亿人民币，其中铁路、公路、机场、电网工程设施建设项目共分配到 1.8 万亿元投资资金。伴随国家大量的资金投入，在调整方案的指导下，我国高速铁路建设进入快速发展阶段。

2008 年 8 月，中国首条设计时速达 350 公里的高速铁路——京津城际铁路通车运营。2009 年 12 月，武广高速铁路最高时速达到 394 公里，创造了两车重联情况下的世界高速铁路最高运营速度。2010 年 9 月，沪杭高铁在试运行途中最高时速达到 416.6 公里，刷新了世界铁路运营试验最高速度。2010 年 12 月，京沪高铁在枣庄至蚌埠间的先导段联调联试和综合试验中，最高时速达到 486 公里，再次刷新世界铁路运营试验最高速度。

2015 年底我国高铁营业里程超过 1.9 万公里，占世界高速铁路总里程的 60%。

（二）我国高速铁路发展现状

截止到 2015 年底，"四纵四横"客运专线大部分规划路段已建成通车，部分线路将在 2020 年之前全部建成。

1、客运专线

1）"四纵"客运专线

（1）京沪客运专线

京沪客运专线已于 2011 年 6 月建成通车，全长 1318 公里。这是新中国成立以来，一次建设里程长、投资大、标准高的高速铁路。线路由北京南站开往上海虹桥站，途经天津、济南、徐州、南京、苏州等 23 个城市，贯通京津至长江三角洲等东部沿海经济发达地区。设计速度 380 公里 / 小时，初期运营速度 310 公里 / 小时。从北京至上海最短耗时 4 小时 48 分。同时，为连接安徽省会合肥，由蚌埠延伸 130 公里到合肥，设计速度 300 公里 / 小时。

（2）京港客运专线

2012 年底，北京至武汉段与先期开通的武广、广深高铁相连，北京至深圳段建成通车，形成我国运营里程最长的南北高铁纵贯线，全长约 2300 公里。京港客运专线与京广铁路线平行，连接华北和华南地区。设计速度 350 公里 / 小时，初期运营速度 300 公里 / 小时。深圳至香港段正在建设中，设计速度 250 公里 / 小时。总里程 2360 公里，届时，北京至香港最短耗时 8 小时。

（3）京哈客运专线

京哈客运专线是一条在建高铁，全长约 1700 公里。线路可分为两段，北京至沈阳段和哈尔滨至大连段。哈大高速已于 2012 年底开通运营。线路途径哈尔滨、长春、沈阳、大连等 15 个城市，贯穿东北三省。京沈客运专线，目前还未通车，规划距离 687 公里。全线设计速度 350 公里 / 小时。

（4）杭福深客运专线

杭福深客运专线是一条在建高铁，全长 1450 公里。线路途径杭州、宁波、台州、温州、福州、厦门、深圳等城市，连接长江、珠江三角洲和东南沿海地区。杭州至厦门段均已建成通车。其中杭州至宁波段是时速 350 公里的纯客运专线，其余路段是时速 200 至 250 公里的客货混运专线。

2）"四横"客运专线

（1）徐兰客运专线

徐兰客运专线全长约 1400 公里。线路途径徐州、开封、郑州、西安、宝鸡、兰州等城市，连接华北和西北地区，郑州至西安段于 2010 年 2 月 6 日建成通车，全长约 500 公里。2016 年 9 月 10 日，郑徐段开通运行。2017 年 7 月 9 日，全线贯通。全线设计速度 350 公里 / 小时。

（2）沪昆客运专线

沪昆客运专线全长 2264 公里，是我国东西向线路里程最长，经过省份最多的高速铁路。线路途经上海、杭州、南昌、长沙、贵阳、昆明等城市，连接西南、华中和华东地区。全线设计速度 300 ~ 350 公里 / 小时。

（3）青太客运专线

青太客运专线全长约 770 公里。线路途径青岛、济南、石家庄、太原等城市，连接华北和华东地区。目前，青岛至济南、石家庄至太原段均已通车。全线设计速度 200 ~ 250 公里 / 小时。

（4）沪汉蓉客运专线

沪汉蓉客运专线全长 2078 公里。线路途经上海、南京、合肥、武汉、宜昌、重庆、成都等城市,连接西南和华东地区。全线设计速度 200 ~ 250 公里 / 小时。

3)其他连接线、延伸线

（1）西成高速铁路

西成高铁 2012 年 10 月开工建设,预计 2017 年底建成,全长 660 公里,连接西安与成都,设计速度 250 公里 / 小时。

（2）渝黔高速铁路

渝黔高铁 2010 年 12 月开工建设,预计 2017 年建成,全长 345 公里,连接重庆与贵阳,设计速度 250 公里 / 小时。

（3）贵广高速铁路

贵广高铁 2008 年 10 月开工建设,全长 861 公里,连接贵阳与广州,设计速度 300 公里 / 小时。

（4）南广高速铁路

南广高铁 2008 年 11 月开工建设,全长 577 公里,连接南宁与广州,设计速度 250 公里 / 小时。

（5）合福高速铁路

合福高铁由京沪高铁安徽蚌埠站引出,是京沪高铁的延伸线,经合肥至福州。全长 833 公里,设计速度 350 公里 / 小时。

2、城际快速客运系统

目前,已建成通车的城际高铁有京津城际高铁、成灌城际高铁、长吉城际高铁、海南东环高铁、宁杭城际高铁、津秦城际高铁、秦沈客运专线、昌九城际高铁、广珠轨道交通等线路。城际高铁线路主要分布于环渤海、长三角、珠三角、长株潭等经济发达、人口稠密地区。

自 2008 年开始,我国高速铁路的建设飞速发展,2008 年开通了合宁、京津、胶济共三条客运专线,2009 年又相继开通了石太、合武、甬台温、温福、武广共五条客运专线,2010 年郑西、福厦、成灌、沪宁、昌九、沪杭、长吉、海南东环共八条高速铁路开通运行,2011 年广珠城际、京沪、广深港高铁开通运行,2012 年又开通了龙厦、汉宜、石武（郑州至武汉段）、合蚌、哈大、石武（石家庄至郑州段）、京石共十一条高铁线。目前我国主要高速铁路,同时也是本研究涉及的重要高速铁路概况如表 3-1 所示。

我国主要高速铁路概况　　　　　　　　　表 3-1

线路名称	通车时间	起止地点	基本情况
京津城际高速铁路	2008 年 8 月 1 日	北京——天津	最高时速 350 公里,全长 120 公里,投资 215 亿元
武广高速铁路	2009 年 12 月 26 日	武汉——广州	最高时速 394 公里,全长约 1069 公里,投资总额 1166 亿元

线路名称	通车时间	起止地点	基本情况
郑西高速铁路	2010年1月28日	郑州——西安	速度目标值350km/h，正线长457公里，概算投资501亿元
沪宁城际高速铁路	2010年7月1日	上海——南京	时速350公里，正线全长300公里，投资估算总额394.5亿元
沪杭城际高速铁路	2010年10月26日	上海——杭州	设计时速350km/h，正线全长160公里，投资440亿元
京沪高速铁路	2011年6月30日	北京——上海	运行最高时速300公里，全长1318公里，投资约2209亿元
哈大高速铁路	2012年12月1日	哈尔滨——大连	运行最高时速300公里，全长921公里，投资约923亿元
京广高速铁路	2012年12月26日	北京——广州	运行最高时速300公里，全长1318公里，投资约2209亿元
宁杭高速铁路	2013年7月1日	南京——杭州	运行最高时速350公里，全长256公里，投资约237.5亿元
津秦高速铁路	2013年12月1日	天津——秦皇岛	运行最高时速350公里，全长287公里
南广高速铁路	2014年12月26日	南宁——广州	运行最高时速250公里，全长577.1公里，跨桂、粤两省区
兰新高速铁路	2014年12月26日	兰州——乌鲁木齐	运行最高时速250公里，全长1776公里公里，世界上一次性建成通车里程最长的高速铁路
贵广高速铁路	2014年12月26日	贵阳——广州	运行最高时速300公里，全长857公里，八横八纵中兰广高铁的重要组成部分
合福高速铁路	2015年6月28日	合肥——福州	运行最高时速300公里，全长852公里，京福高铁的重要组成部分
成渝高速铁路	2015年12月26日	成都——重庆	运行最高时速350公里，全长307.93公里，设有12个站
郑徐高速铁路	2016年9月10日	郑州——徐州	运行最高时速300公里，途经河南、安徽、江苏三个省份，西起郑州东站，东至徐州东站，总投资479.8亿元，线路全长362公里
沪昆高速铁路	2016年12月28日	上海——昆明	运行最高时速350公里，途经上海、杭州、南昌、长沙、贵阳、昆明6座省会城市及直辖市，全长2252公里，上海到昆明的列车行程从34小时左右减至8小时左右

资料来源：作者根据相关资料整理

（三）我国高速铁路发展展望

根据《中长期铁路网规划（2008年调整）》，到2020年，全国铁路营业里程达到12万公里以上，其中客运专线及城际铁路里程将达到1.6万公里以上，复线率和电化率也有较大提高，基本形成布局合理、结构清晰、功能完善、衔接顺畅的铁路网络，运输能力满足国民经济和社会发展需要，主要技术装备达到或接近国际先进水平。届时，还将形成 5 万公里以上的快速铁路网，连接所有省会城市和 50 万人口以上城市，覆盖全国 90% 以上人口。北京到全国绝大部分省会城市将形成 8 小时以内交通圈。

（四）我国高速铁路发展特点

1、我国高速铁路发展的背景

王缉宪、林辰辉从城市化发展水平与速度、经济发展水平与速度两方面将我国高铁发展背景与国外对比，结果显示我国的高铁建设存在重要差异[3]。首先，与其他国家城市化率增长平缓不同，我国高铁建设正处在城市化率加速上升过程中，这一时期城市空间快速发展，城市不仅面临着空间的高速拓展，也面临内部空间结构的整合。因此，目前大型高铁综合交通枢纽的大规模建设无疑成为引导城市空间发展变化的重要因素之一。其次，按人均国民生产总值衡量，我国高铁建设处于国民经济发展水平较低，发展速度较快阶段，而发达国家虽然也处于快速发展阶段，但总体发展水平较高。这一点可能导致我国高速铁路客流量增长潜力巨大。同时，经济发展水平较低，整体产业结构低端，大规模高铁建设也将改变区域某些生产要素的比较优势，有可能成为改变城市的产业结构，促进城市产业升级的重要因素之一。

2、我国高速铁路站点布局特征

高铁站点的选址一般可概括为 4 种类型：城市中心、城市边缘区、新城区和外围区。国外大部分高铁站点是利用原有车站改建而成，所以大部分高铁站点位于市中心，少部分在城市边缘。在国内，大部分站点特别是中小城市站点选址在城市边缘或新城甚至城市外围。主要原因有以下几点：第一，我国大部分高铁线路为新建线，配套高铁站点也是新建站点，新建站点可能与原有火车站不重合，选址在已经建设成熟的中心地段成本太高。第二，列车速度越高对线路取直的要求越高，高速道路的建设对曲率有严格控制。这样就造成线路通过沿线中小城市时，因建设成本和技术要求而偏离市中心，甚至不得不在城市外围设站。第三，我国处于快速城市化发展阶段，城市未来具有较大的空间拓展潜力，部分城市希望通过高铁站点带动新城发展。

旅客乘坐高铁出行的行程包括三部分，高铁出行只是中间部分，由出发城市到高铁站点和由高铁站点到目的城市是两端部分。郑健等的研究表明，高铁的速度越快，乘客对"途外附属时间"的长度越敏感[4]。某些城际高铁的高铁出行时间甚至少于途外附属时间。例如京津城际高铁，由北京南站到达天津站耗时 33min，远低于途外附属时间。部分学者已经注意到这个问题，认为两城市间的旅途可达性应该更多地考虑"门到门"的出行总时间。按"门到门"衡量的全程可达性，将改变已通高铁城市的原有可达性格局。站点区位不同主要改变途外可达性，某些城市因较差的途外可达性使城市的总体可达性水平大打折扣，那么预期高铁对城市的影响力度也将有偏差。

相比之下，位于市中心的站点较有利于发挥高铁的正面效应，也有利于站点周边的发展。位于中心的高铁站点拥有更好的交通换乘条件，途外附属时间相对较短。当然，位于城市边缘或新区的高铁站点并不一定没有发展机会。以日本横滨为例，车站位于市中心北部约7公里，从1974年建成后到1989年15年间，平均每天客流量只有1万人，车站周边地区的开发也不理想，但是1989年后客流量有明显的飞跃，达到2.7万人，周边的新区也开始逐渐形成，造成这种变化最主要的原因是建设了一条连接新站与城市中心的地铁[5]。因此，保持新建车站地区与城市之间良好的可达性依然能够有机会发挥高铁的正面影响，促进城市发展。

3、我国高铁旅客的特征

有调查表明70%的高铁乘客倾向于选择公共交通工具到达高铁站点。由于诸多高铁站点是新建站，同时距离市中心较远，所以还没有建立起完善的公共交通体系来连接站点与城市[6]。

与国外相比，我国高速铁路的发展，拥有不同的城市化背景和经济发展背景，站点的区位选择，乘坐高铁旅客的特征也多有不同。另外，高铁建设速度、建设规模、建设参与者组成、高铁占地的土地权属等与国外都有巨大差别。诸多差异，可能使我国高铁对城市的影响与外国有所不同，甚至会出现新的影响情况。我国高铁建设正处于快速发展时期，急须深入探讨高铁建设对我国城市发展的影响机理、结果与规律，以期更好地指导高铁时代我国的城市发展与规划，而国外高铁建设与中国有较大差异可借鉴性经验有限，这即是我们研究中国高铁对城市影响的必要性与重要性。

二、我国大陆高速铁路对城市发展的影响

通过对国外各国高铁的研究，我们了解到，不同类型城市会受到高铁的不同影响。波尔（Peter M.J. Pol）将城市按成长阶段划分，认为高铁沿线城市能否从高铁建设中获得经济效益，取决于其本身的经济潜力。他将高铁对城市发展可能产生的积极影响分为两类："催化作用"和"促进作用"。"催化作用"指高铁使新的经济活动（新的产业类型，可能改变城市的主导产业）被吸引到沿线城市，促进了城市的发展。这类城市往往经济正在发展，或者正处于经济转型时期。"促进作用"指经济繁荣已经发展成熟的城市，本身的经济发展需要交通等基础设施的改善，高铁建设承载了这种需求。当然，这两种积极的影响并不一定会发生在所有高铁沿线城市上[7]。

高铁对不同规模城市的影响结论不一，还有很多研究空间，中国的研究成果也将充实这方面的结论。所以本节选择按规模来划分城市，探讨高铁对我国

不同规模城市的影响。

对于此命题，一般的研究思路是选取若干高铁线路，将沿线的城市按规模分等级，通过实证分析得到不同规模城市受高铁的影响情况。每一种个案研究的结论，都只能独立的，不代表普遍结论。本章节试图对目前我国高铁沿线城市的所有实证研究，进行综合分析。即，将对大城市、中小城市和小城镇的影响结果分别剥离出来，做综合归纳分析，最终得到一个较为清晰的结论：高铁对我国的大城市、中小城市和小城镇的发展产生了什么样的不同影响。为研究方便我们将 100 万人口以上的城市统称为大城市，100 万以下的统称为中小城市。对于小城镇的概念也有诸多争论，由于城市化的主要方向是人口向大中小城市流动，对于最底端的城市单元——建制镇来说，其人口并未有明显增长。所以我们沿用原有的小城镇规模标准，将小城镇定义为"建制镇的镇区"。

（一）高铁对我国大城市发展的影响

1、高铁对我国大城市可达性的改善及其潜在经济影响

度量高铁对城市可达性的影响主要采用加权平均旅行时间（Weighted Average Travel Time）、日常可达距离 / 城市（Daily Accessibility）、经济潜力（Economical Potential）等指标，由于高铁的特殊性还可能考虑其"门到门"全程可达性（Total-travel-time）。无论采用哪一种可达性测度方式，国外的研究已基本达成共识：高铁网络趋向于扩大中心城市与边缘城市之间的可达性差距。

Chia-lin Chen 认为在中国大城市的政府拥有更多的权利来争取将高铁站点放置在靠近市中心或者其他有利于发展的区位，相对中小城市来说，大城市有更大的可能性减少途外旅行时间[8]。大城市高铁站点与市中心的交通接驳情况也普遍好于中小城市。例如南京南站，虽然站点距市中心较远，但修建有直达市中心的地铁，同样减少了途外旅行时间。关于长江三角洲地区的研究，采用全程可达性为测算指标，结果表明高铁相对于常规铁路对长三角城际出行的全程总可达性的改善是很明显的[9]。总行程时间平均节省 70min，其中，杭州和丹阳获益最大，平均节省时间超过 2 个小时；接着是昆山、南京和上海。其中的大城市获得了相对较高的可达性。王缉宪等对郑西高铁、武广高铁、沪宁城际、沪杭城际四条线路沿线城市的高铁全程可达性测算证实了诸多欧洲高铁研究中得到的结论：大城市相对于中小城市得到更多的可达性优势。其研究将高铁的发车频率，考虑在可达性的测算中，而且数据显示大部分大城市（上海、无锡、长沙、郑州等）的高铁列车间隔时间在 1 小时以内，而中小城市的高铁列车间隔多大于 1 小时[3]。

有基于我国 2020 年高铁规划网络的研究，分别用加权平均旅行时间、日常可达城市和经济潜力三个指标测算了我国 49 个大城市的可达性提升情况[10]。研究选取的 49 个城市主要是大都市区、省会城市和区域中心城市。我国高铁网络的布局偏于中部与东部，位于高铁网络中心的大城市获得了更多的可达性优势，

主要是京沪高铁、京广高铁中段、徐兰高铁和沪汉蓉高铁东段沿线的城市。这些城市到达其他城市几乎都在 5 小时以内。位于高铁网络边缘的大城市获得较低的可达性优势。最差可达性城市和最优可达性城市之间相差 8 小时。

按"日常可达城市"为指标的测算结果很明显地得到京沪轴线上的密集城市走廊，在 2 小时以内一般能到达 8 个以上的城市，在 2 ~ 4 小时内能到达 15 个以上的城市。这有利于京沪沿线城市产生"同城效应"。进一步测算可达性对城市发展产生的潜在经济影响的前提基于"距离衰减效应"，即，j 城市对 i 城市所能产生的潜在经济影响与 j 城市的经济规模成正比，与 j 到 i 的距离成反比。公式如下：

$$PA_i = \sum_j \frac{D_j}{t_{ij}^{\alpha}}$$

式中：PA_i——区域 i 的可达性经济潜力。

D_j——区域 j 的经济吸引力度一般用 GDP 表征。

t_{ij}——区域 i 到 j 的旅行时间。

α——距离摩擦系数，越大距离衰减越快。

测算结果表明，京沪高铁沿线城市及长江三角洲区域的大城市有最高的可达性经济潜力。同时这一结果也反映了该区域的城市拥有更高的经济发展水平（GDP），更大的经济发展潜力以及更为活跃的经济交流。

基于以上可达性测度指标的测算，我们了解到，由于区位不同，大城市间获得的高铁可达性改善情况也不尽相同。综合来看，位于高铁规划网络中心的京沪高铁沿线大城市走廊拥有最好的高铁可达性优势，同时由于这一地区城市的经济发展水平较高，也享有更大的经济发展潜力优势，在高铁的促进下将有更为活跃的城际经济交流。

研究说明，大城市有更大规模的旅客流量、更高的发车频次、在站点选择时有更多的话语权，同时有更好的交通接驳系统，无论采用哪种可达性测算指标，高铁沿线的大城市相对于中小城市都能获得较好的可达性优势。但由于我国地域辽阔，位于不同区位的大城市间的高铁可达性优势有明显差别，东北部城市特别是京沪高铁沿线城市廊道，拥有最高的高铁可达性水平，由于此地区的城市经济普遍较好，很可能在高铁建设中受益最多、发展最快。

2、高铁对我国大城市发展的直接影响

高铁对城市发展的直接影响主要表现在站点周边区域的发展上。可以划分为三个问题：第一，我们需要划定高铁对城市直接影响的具体范围；第二，高铁的直接影响表现在哪些方面；第三，对我国不同规模城市的影响是否有差别，有什么样的差别。

对于第一个问题，国外学者对高铁直接影响范围的研究，有代表性的观点为以下两种：Schütz 将高铁的影响区域划分为三个发展区，第一发展区为 5～10min 内能步行到达的区域，第二发展区为 10～15min 内能通过接驳交通到达的区域，第三发展区为外围区域，受高铁影响较小。按照此方法计算，接驳交通以公共交通为主，高铁的影响范围至少为 3000m[11]。Peek 和 Hagen 认为车站影响范围是车站周边 1000m（乘客步行 10min 距离）的区域[12]。在国内，中国城市规划设计研究院的高铁课题组曾对北京南站约 3000 名乘客的调查表明，与发达国家的居民不同，我国乘客的步行忍耐度较高，为 20min。步行速度以 4.5km/h 计，则我国高铁的影响范围为 1500m。在下文的实证部分，林辰辉等采用了这个标准。

对于第二个问题：王缉宪等认为对于城市而言，高铁站点日平均进出几万到几十万人，其本身就是一个庞大的"小时社会"——临时来到这里的人们聚散、消费、休闲，甚至工作。而同时又有大量的劳务人员为他们的出现提供各种服务[3]。因此，高铁站点不仅仅是简单的进出城市的门户，更可以说是一个充满各种城市活动的"白昼社区"（Day-time Community）。高铁主要是降低了人与人交流的成本，增加了人与人交流的机会和频率。在商务活动中，面对面交流有着重要的意义。"白昼社区"大规模的人流吸引商业、休憩等服务功能，高铁站点本身的良好形象、增长潜力以及好的可达性，吸引了办公、居住功能，高铁对面对面交流成本的降低，促进了商务、会展、会议中心等功能的发展。这些功能集聚在高铁周围，形成高铁对城市发展的最直接影响。当然，以上的论证大多是基于国外的实证研究的，也是基于一定的前提假设的，比如足够规模的人流吸引、站点与中心城区的便利可达、城市本身及城市所在区域有良好的经济活力等。正由于前提条件的不同才会有第三个问题，也是我们本小节的核心问题，高铁对我国不同规模城市的直接影响是否有差别，对大城市是否有更好的影响？

Chia-lin Chen 认为尽管大部分的高铁站点是远离市中心的，但在大城市，高铁站点往往被布置在超级交通枢纽、城市的次级中心、新 CBD 地区[8]。在这样一个新 CBD 周围，能够显著吸引新的经济活动。例如，上海虹桥站有 30 多条铁路线在此汇聚，每日接纳来自全国各地的商务、旅游客流；深圳北站布置在龙华城市副中心，7 条以上的城际高速、快速路与外界联系，城内 3 条地铁线汇聚于此。这种高铁导向的新城发展模式，在中小城市依然被广泛应用。高铁站点被描述为"城市门户节点"，他们放弃现有的具有较高吸引力的城市中心，将空间发展能量转移到这样一个门户区，或者说是新 CBD。然而中小城市的经济吸引力能否带来足够的客流，来支撑起站点周边的发展，这些站点有与大城市相当的城际交通优势吗？我们认为，这是一个挑战。

林辰辉选取我国较早建设的 6 条高铁线路沿线的 17 个站点作为研究对象，以距离站点 1500m 作为观察范围，实证分析高铁站点的直接影响[13]。其中涉及的大城市共 13 个，中小城市 4 个。对于大城市，有 7 个站点的年均开发总建筑面积超过 25 公顷，达到显著开发水平；有 9 个站点的开发用地平均净容积率大于 2，达到显著开发水平。这两项指标都不显著的是东莞站、苏州站、上海南站和南京站。东莞站开发不显著的原因是，到市中心的交通可达性低，为 2h。苏州、上海和南京站不显著的原因，我们认为，是截至研究进行时，高铁开通时间过短，只有 1 年。这方面可以作进一步的研究探讨。同时，文章对城市高铁站点开发规模与影响因素作的相关性分析显示，城市的经济发展水平，以及站点到市中心的可达性是带来站点周边显著开发的重要因素。作为对比的中等城市中，只有昆山站的年均建筑总面积表征为显著开发，其他 3 个城市的开发均不显著。

城市的经济发展水平，以及站点到市中心的可达性是带来站点周边显著开发的重要因素。大城市的高铁站点位置往往拥有较好的对外联系以及到市中心的良好可达性（很好的公共交通系统支撑，特别是地铁）。同时，客流量较大、经济吸引力较强，能够更充分的抓住高铁带来的机遇，显著吸引新的经济活动。

3、高铁对我国大城市发展的经济影响

高铁对城市的经济影响从交通地理的角度讲，属于交通基础设施的"空间溢出效应"（Spatial Spillover Effects）问题。交通基础设施投资扩大了交通基础设施的规模与存量，这种规模与存量的增加会降低运输成本，提高区域的可达性，加快要素的区际流动，改变家庭与企业的区位决策，形成聚集和扩散，这是交通基础设施与其他类型基础设施的本质区别[14]。高铁对区域可达性的极大提升，使高铁对区域发展产生的影响毋庸置疑。这种影响在城市尺度，表现为城市经济发展和空间重组两个方面。对不同城市，因其经济、社会等条件不一，高铁造成的聚集和扩散作用会在空间上产生正的或负的溢出效应。

我国高铁网规划是为我国的"区域发展策略"服务的，高铁线路连接所有城市群，同时在发达城市群内部建设城际高铁。这样的高铁网络规划表明两个良好的愿景：区际层面，利用高铁网络试图将国民经济连接为一个整体，进而促进国民经济的空间重组——促进东部沿海城市产业升级，将不适合在东部发展的产业转移到中西部城市；区内层面，通过城际高铁建设，强化区内经济、信息、劳动力、技术流的区内流动，发挥中心城市的扩散作用，带动周边城市，整合区域经济，促进区域经济一体化发展。高铁建设是否能都促进这个层面愿景的实现，这是我们应该探讨的。

1）区际层面：高铁促进了我国沿海大城市的产业升级以及产业梯度转移

不同研究似乎得到相似的结论，即从高铁中受益最大的城市是以商业、文化、金融以及其他高端服务业为经济主体的大城市，尤其是高铁对知识密集型产业的促进作用。东部沿海的大城市，作为区域的商业、文化、金融中心，有良好的高端服务产业基础，高铁的建设无疑有利于这些大城市的产业升级。

由于转移产业多为低附加值的加工制造业，这类企业的运营活动，主要包括生产、原材料与产品运输、商务洽谈（获得订单、购买原材料、销售商品）。货运活动远多于客运活动。而高铁主要是客运服务，其优势也主要是对知识密集型产业的促进上。所以高铁无法成为产业转移的强大推动力，区际层面的产业梯度转移，更多的是政策促进。高铁在其中的作用主要是方便企业联系位于沿海的消费市场，更容易吸引沿海的技术人才向内陆转移。例如，居住在上海的技术高工不愿意到武汉工作，高铁开通后从上海到武汉的时间不到 5h，会吸引大量人才到中部省份工作，每周定期回沪。换句话说，高铁建设能够为转移到中西部的企业提供一个较好的生产经营环境。在高铁建设的大背景下，湖南省、湖北省、河南省、河北省、安徽省、广西壮族自治区和江西省等拥有高铁的省份依次出台积极承接产业转移的政策措施。2010 年 8 月国务院发布《国务院关于中西部地区承接产业转移的指导意见》，明确提出完善承接地交通基础设施，加强区域间交通干线和区域内基础交通网建设。

例如，武广高铁确实促进了某些沿海地区大城市第三产业的发展，同时大大缩短了沿海城市与中部城市之间的距离，改善了城市的区位条件，一定程度上解决了沿海与中部运输短缺、联系不畅的问题。这使得沿海城市的加工业、制造业等第二产业企业能够更加容易地转移到中部城市，同时也能够密切联系位于沿海的市场。针对武广高铁沿线的广州、武汉、长沙三个大城市和三个中小城市进行的产业结构分析结果显示，在高铁开通的 2009 年以后，广州三产上升较快，除了巨型城市广州地区以外，中部大城市武汉和长沙以及中小城市的第三产业均呈下降趋势，而二产呈上升趋势[15]。武汉与长沙都为中部省份的省会，在承接沿海城市产业梯度转移中扮演重要角色。我国大部分城市包括很多大城市，依然处于工业化阶段，依然在承接东部沿海城市转移的工业。所以在我国，不是所有的大城市都能够在高铁的效应下促进服务业的发展。

2）区内层面：高铁强化了我国大城市的空间极化效应

Pol[7]认为，对于一个有明显等级结构的城市系统，高铁会加大极化作用，使大城市受益更多。处于区域的核心或者节点位置的沿线城市，它们经济基础雄厚、客流量大、城际交流密切，高速铁路的建设进一步强化了这些城市在交通网络和城镇体系网络的中心地位，从而在区际联系加强的过程中将原本就处于弱势地位的次级节点城市和小城市抛在一边。这些相对较差的中小城市，由于公共服务设施与经济基础薄弱，高速铁路的经过不容易产生正面的影响。最终结果是"核心"、"边缘"的城市差异更为突出。高铁对城市的极化作用在我国依然有明显表现。

这种强烈的空间极化性，使有着很强"同城效应"的京津一带，依然表现出明显的极化现象。京津跨城流动空间特征的调查表明，城际高铁流具有显著的空间极化性[16]。据统计，北京南站、武清站、天津站和天津滨海新区的塘沽站的客流量，北京—天津的客流占据全部客流量的 80%，两座巨型城市核心区间的点到点联系十分紧密。此外，北京和天津在其区域交通出行中的地位并不对称，京津两地的到发客流分布并不均衡，其中由北京至天津方向的城际客流中有超过 1/5 的客流并不以天津城区以及所属县区为目的地，而从天津至北京方向的客流中，除去武清的分流，目的地不是北京城区及所属县区的比重仅有 8.7%。北京至天津与天津至北京的出行目的也具有一定不对称性。北京至天津的跨城出行有几乎 1/2 来自于出差，而在天津至北京的跨城出行中虽然出差者仍然有着最大的比例（30.1%），但是这一比例大为下降，反而是旅游、探亲访友、回家等出行目的所占的比例均高于北京至天津的相应比例。而在转移地选择上，北京是居住、工作和休闲活动转移的热点地，尤其是工作转移率明显高于天津。这说明，即便是两座巨型城市，高铁的积极作用也会偏向于更有竞争力的一方。

2009 年武广高铁开通后，广东省域内的清远和韶关两个小城市到广州的时间分别为半小时和一小时，广州 2009 年以后的 GDP 增长额度明显高于 2009 之前，城市化率稳定在 90%，但是清远的 GDP 与城市化率增长非常缓慢，韶关 2011 年的 GDP 甚至与高铁开通前持平，城市化率还有所下降[15]。

来自旅游方面的实证也表明，武广高铁强化了湖北首位分布的态势，强化了武汉等核心区域的极化作用，使整体区域旅游发展差异扩大，表现出不利于区域均衡性发展的负面效应[17]。Wang X. 等的研究认为高铁网规划，将重构我国的旅游空间格局，北京、上海、广州和武汉将进一步成为我国的超级旅游城市，特别是武汉，因其正处高铁网络的中心，拥有最大的潜在旅游客源市场[18]。

消费空间角度的相关实证也显示，长三角地区城际高速铁路极大地提升了上海珠宝首饰等贵重实物商品消费地的地位，相应降低了杭州、苏州、南京珠宝首饰等贵重实物商品消费地的地位，并认为伴随着高铁的进一步发展，奢侈品买卖单中心的趋势将越来越明显[19]。

我国诸多大城市依然处在极化发展阶段，扩散作用的力度和范围都不大。在核心的吸引力大于扩散力时，高铁建设对要素流动性的加大，无疑会强化核心的极化作用。对于第二个愿景的实现，还需要巨大的努力。

（二）高铁对我国中小城市发展的影响

1、高铁对我国中小城市可达性的影响

王缉宪[3] 关于我国高铁沿线城市"全程可达性"的研究认为，我国高铁站点布局的特殊情况，导致了高铁全程旅行时间的畸形分布（途外旅行时间占据了相当的分量）。所以，我们研究中小城市的高铁可达性改善，更需要关注高铁的"全程可达性"。高铁站点距离市中心的距离、与市中心的公共交通接驳条件、高铁停靠频次等应该重点考虑。

高铁建设无疑使沿线中小城市的"绝对可达性"大幅提升。特别是那些高铁站点被设置在市中心的中小城市，诸如沪宁城际沿线的昆山，位于经济发达的苏南地区，是全国百强县之首，经济发达，客流量较大，昆山南站距市中心较近，高铁列车频次较高。这使昆山在沪宁与沪杭高铁沿线城市中有最高的可达性水平[3]。但是，对于大多数中小城市来说，情况并非如此。

在上一节论述我国高铁站点布局特征时，我们知道由于诸多原因，我国大部分高铁站点未被布置在市区内，特别是中小城市的站点，多在外围地区。这些中小城市政府没有大城市政府那样的政治话语权，没有足够的客流吸引。高铁站点布置要考虑设站的投资效益以及列车时速要求，诸多中小城市，特别是小城市和小城镇在这样的要求下，甚至被舍弃。倘若未被舍弃，其站点的选择也必须接受最为经济的设站要求，这导致诸多中小城市的站点远离了市中心。

大部分高铁站点是新建车站，同时远离市中心，这导致中小城市的高铁站点与市中心的公共交通接驳条件较差，可达性水平较低。尽管乘坐私人交通（出租车等）会有更好的可达性，但是大部分高铁乘客选择公共交通作为途外旅行的交通方式。大部分中小城市没有地铁，部分大城市的高铁站点，诸如北京、上海、广州、南京、深圳和沈阳等都有专门的地铁接驳。

中小城市的客流量有限，这使得高铁停靠中小城市站点的频次与大城市有较大差距。以沪宁与沪杭城际高铁为例，两条线路共经过上海、南京、杭州、无锡、苏州、镇江和常州 7 个大城市，以及昆山、丹阳、嘉兴、桐乡、海宁和嘉善 6 个中小城市，还有 3 小城镇。高速列车平均发车间隔时间小于 30min 的有大城市 6 个，没有中小城市；小于 1h 的有大城市 7 个，中小城市 3 个[3]。

以上三个要素对高铁的"全程可达性"有重要影响。而事实却表明，大部分中小城市在这三个方面均不占优势。

诸多研究认为，高铁在 1 ~ 3h 范围内交通分担率大于 50%，有最大竞争力。高铁在小于 1h 的时间区域内并非有竞争优势，再加上在我国高铁站点远离中小城市市区，较之普通列车更低的全程可达性以及高出一半以上的票价，使这些临近核心城市的中小城市高铁站点如何吸引足够的人流，来带动城市的发展，是一个很大的问题。

综上研究，我们认为，高铁建设将加大区域可达性的差异，边缘的中小城市虽然获得了"绝对可达性"的提升，但是中心城市获得了更好的"相对可达性"。甚至，由于某些中小城市高铁站点远离市区、较差的交通接驳条件以及较低的发车频率使其并未获得"绝对可达性"的提升。

2、高铁对我国中小城市发展的直接影响

Biran. D. Sands 指出高铁枢纽周边区域的建设与以下因素相结合，能够产生强劲的动力：强大的区域经济、与其他交通方式的紧密衔接、与城市传统商业中心的衔接（尤其重要）、公共部门对于发展的支持[20]。

在论及高铁对大城市直接影响的章节中，我们已谈到"高铁导向"的新城发展模式不仅被大城市采用，诸多中小城市也在广泛实施。公共部门对高铁站点周边的发展有强大的支持力。京沪高铁沿线的 22 个站点中共有中小城市 13 个，其中 9 个已经出台高铁新城规划，大部分城市都将其定位为新的经济增长区域，并作为综合发展的新区或新城进行规划 [21]。这些高铁站点能否作为中小城市发展的一大引擎，按照 Biran 挑选的重要影响因素，前三点似乎对我国的中小城市而言都不占优势。

站点所在城市的经济发展水平、高铁枢纽的客流量以及与城市中心的空间距离和时间距离，是影响站区开发的主要因素，人流是带动高铁站点周边开发的核心资源。中小城市高铁站点的日客流量一般为千人规模，与大城市有较大差距（图 3-2）。

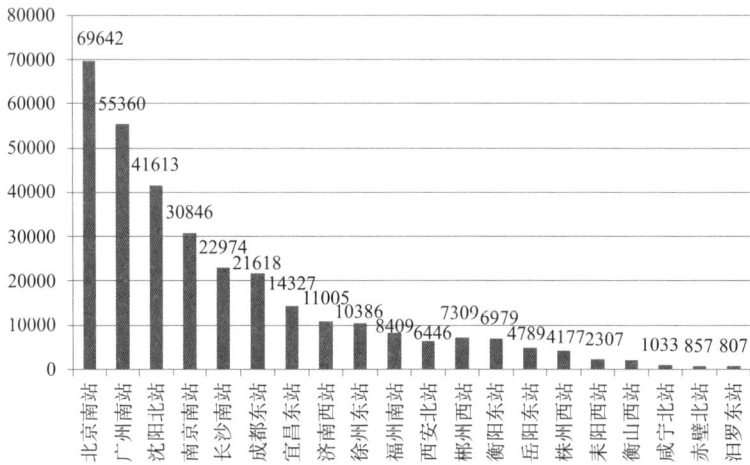

图 3-2　2012 年部分高铁站点日均旅客发送量（单位：人）
数据来源：铁道论坛（http://bbs.railcn.net/thread-1073641-1-1.html）
注：西安北站左侧均为大城市高铁站点，右侧为中小城市高铁站点。

Bertolini 提出的"节点—场所模型"认为车站地区包含两种价值，即"交通节点功能"与"城市场所功能" [22]。"交通节点功能"指交通枢纽作为重要的交通设施所反映的交通功能与设施属性，日交通量是反映这个价值的重要指标；而"城市场所功能"指车站及周边地区作为城市功能区一部分所承担的功能活动所反映的价值，比如围绕交通枢纽承担了城市多少商务功能等。同时，这两种价值相互循环促进，互动结果即为车站周边的发展结果。中小城市竞争力较弱，高铁站点的"交通节点功能"先天不足。站点远离市中心以及与市中心的交通接驳条件差，这会使高铁的竞争力大打折扣，甚至出现部分高铁站点的全程可达性低于普通列车的情况，这进一步削弱了"交通节点功能"。同时，由于距离市中心较差的可达性，经济活动的吸引力有限，"城市场所功能"也受到挑战。所以，中小城市的高铁站点更易陷入两种价值的恶性循环中，站点周边的发展难度很大。尽管公共部门给予了大力的支持来提升其"城市场所功能"，但存在过度开发的风险。有实证研究采用"节点—场所模型"评价站点周边开发情况，涉及中小城市的部分表明，较早运营的秦沈客运沿线的锦州南站、葫芦岛北站和秦皇岛站依然处于低水平开发状态，沪宁高铁沿线的昆山站存在过度开发问题[23]。

综上所述，中小城市经济水平较低，高铁站点距市中心的可达性较差，客流量所反映的"交通节点功能"过低，高铁站点周边的发展的难度更大，更容易滑向价值均衡的两端——有地方政府支持开发的高铁站点容易过度开发，没有地方政府支持开发的高铁站点发展力度较弱。规划与政府部门应结合实际，首先认清高铁周边新城建设存在的风险，摒弃对高铁建设偏于乐观的态度。新城规划应以如何提升城市的竞争力来吸引人流，进而带动新城发展活力为宗旨。

3、高铁对我国中小城市发展的经济影响

国外关于高铁对中小城市发展的影响已有部分研究。Nakamura 和 Ueda 对日本的上越和东北新干线在 1975 年至 1985 年期间对区域人口的影响进行了详细分析，他们提出乡村地区除非拥有特色自然资源，如观光旅游资源，否则难以因为高速铁路的经过而受益[24]。Swann 认为，对于那些缺乏产业竞争优势的小城市来说，不与高速铁路相连，反而更容易防止本地产业的衰退[25]。

Chia-lin Chen 认为高铁主要通过对服务业，特别是知识经济密集型产业的促进作用影响城市发展[8]，而这与目前我国城市的经济发展阶段不匹配。现阶段，只有北京、上海等一线城市，其服务业发展超过制造业，其他城市服务业大多低于制造业。中小城市的第三产业比重普遍低于大城市。特别是知识密集型产业，由于对人才、信息、市场的要求，一般位于大城市。在这样的情况下，高铁对中小城市的促进作用不会很大。

再者，我国城市间的经济活动类型同质化现象普遍存在。我国大陆 31 个省、直辖市和自治区（不包括港、澳、台地区）产业结构表现出明显的趋同程度[26]，多数省区与全国产业结构保持着较高的相似性[27]。不论是区域内部比较还是全中国范围内比较，一个明显的特点是地理位置靠近、空间距离短的两地区，或者在行政区划分上相近的两地区，其产业结构较为相似[28]。大城市与临近的中小城市间的产业趋同使竞争更为激烈。无论是大城市的地方政府还是中小城市的地方政府，都是本地利益的代表。地方政府的博弈行为更加突出了追求地区利益动机的冲动[29]。各地方政府都明白自己在产业结构调整中的行为必然导致的后果是地区产业结构的趋同和不合理，但都不愿意放弃自己的地区利益去维护整体利益，因为在中央政府没有对政府间利益关系做出合理的制度安排和采取有效的协调机制之前，如果谁先放弃，谁就会丧失地区经济发展的机会[30]。即便高铁的开通促进了东部沿海城市的产业转移，中部的大城市是否与中小城市一样争夺产业转移项目？那么，中小城市是否有足够的竞争优势？

基于以上分析，我们提出三个问题：区际层面，沿线中小城市是否有足够的竞争优势在产业转移中获得利益？区内层面，高铁建设是否有利于打破区域内的行政壁垒与产业同质，推动地方政府间的产业分工合作？城际层面，在我国中小城市，是否受到了相邻大城市扩散作用的有益影响？

就我国高铁发展历史而言，较短的时间似乎无法让我们理直气壮地回答以上提出来的问题，因为真正的大范围的影响似乎还没有完全体现出来。所以我们从案例入手得到个案性的观点，若要真正得到较为普遍性的观点还要看长期的影响，做更为长期的研究。这些个案研究的结果在某种程度上否认了我们之前做的某些推断。这可能与文献数量较少，个案研究无代表性有一定关系。同时也与我国关于高铁对城市影响的个案研究与报道往往倾向于总结正面积极的案例有关。

1) 我国部分中小城市确实受到了高铁建设的正面影响

武广高铁途经十几个城市，其中有 10 个为中小城市。这些城市发展与规划无不例外选择与高铁对接。武广高铁的开通增强了南部沿海城市与沿线内陆城市之间的人员与经济交流。在湖北赤壁，广东企业投资明显增多，咸宁市还专门开辟了"广东工业园区"。各种形式的"高铁旅游联盟"也推动了高铁沿线的旅游深度开发。在高铁开通的 2008 年，广东在湖北的投资项目达到 318 个，新增投资额 540.38 亿元，与往年有较大提升。在以郴州、衡阳为代表的湘南地区，2009 年到 2012 年底，共承接产业转移项目 3000 多个，占全省总量的近四成。据武汉市商务局统计，自 2011 年以来，广东到武汉投资的企业明显增多，2011 年武汉引进内资 700 多亿，珠三角地区就占到 1/3 左右。根据湖南省旅游局数据统计，高铁沿线等地景区，尤其是假日、周末、黄金周，通过高铁产品来湖南旅游的团队大约在原有团队（基础）上增加了 30% ~ 40%。

2) 我国高铁建设确实是有利于打破区域内的行政壁垒

高速铁路将对城市间的行政壁垒产生非常巨大的冲击力量，这种冲击，将迫使各地行政意识更加开放，利于打破行政壁垒[31]。高铁的这种作用在地区毗邻的中小城市中表现更为明显。例如粤东的经济核心潮汕平原的案例研究[32]。潮汕平原被划分为三个辖区，三市之间争资源，争项目，重复建设，恶性竞争，博弈的结果是丧失共同发展的机会。厦深铁路、潮汕机场和多条高速公路等重大交通设施的空间布局强化了汕头、潮州和揭阳三市的交流与联合。目前三市以高速铁路、空港和服务三个新城地区的"小三角"建设为试点，带动三市同城化进程，三市整合为竞争力更强的核心都市圈，并以此参与到更大范围的各类区域竞争与合作。作为城市门户的高速铁路汕头站地区是面向区域的功能性节点，正好处在三个城市中心区的中间位置在强化汕头、潮州和揭阳三市的合作上扮演着重要角色。

3）高铁改变了部分中小城市对外联系的交通方式，使其从大城市获得了中介机会

中小城市在高铁开通之后是否得到了原来没有的中介机会，如何来体现"中介机会"，我们认为主要是两个因素来体现：客流与新的经济活动。这引发了两个问题，第一，高铁是否吸引了比原来更多的大城市的客流到中小城市，进而在何种程度上改变了中小城市对外联系的主要交通方式？第二，高铁是否使中小城市吸引了大城市的经济活动？

我国的铁路运输的运力有限，公路运输占有较大比例。距离较近的大城市间的经济社会活动联系主要通过公路运输。公路运输虽然通过大城市间的中小城市，但成本较高，可达性也较低。高铁的开通以其公交化运营、正点到达率高、短途低成本以及对可达性的大幅提升，迅速成为诸多中小城市对外联系的主要交通方式。京津城际高铁途径的武清站是一个区县站，其服务的城镇人口只有 35 万。站点距武清区中心较近。2008 年京津城际开通以来，武清站的客流量不断增加，为满足不断增长的客流需求，停靠武清站的车次由原来的 6 对增加至现在的 20 对。随着高铁客运的大幅提升，由武清到北京或天津的主要交通方式，由公路转为了高铁。这种转变也使武清吸引了北京与天津的诸多经济活动。主要包括以下几种。

休闲娱乐旅游活动：城际高铁开通后武清区已成功吸引大型商业项目"佛罗伦萨小镇"落户，位置与城际车站仅一路之隔，京津名品时尚街以及大型综合旅游休闲娱乐基地凯旋王国等也相继建成。来自京津两地的游客不断增多，每逢周末京津城际铁路武清站都会迎来客流高峰期。为满足需求，2012 年 3 月开始，京津城际铁路武清站在平日车次的基础上，周五、周六、周日三天每天额外增加两对。

商务、学术会议活动：位于武清区的天鹅湖会议中心，2009 年接待大小会议 1000 个以上，70% 来自北京。为此，武清区天鹅湖度假村投资 4000 万元改造会议中心。

物流：投资 40 亿元的华北城建成后将成为华北地区最大的物流交易中心，从事建材、轻纺、皮革、汽车配件等产品的仓储和物流。

房地产：武清站周边的土地上相继开发了多个房地产项目。周边的某房地产项目的统计显示，2011 年该项目 40% 为外地购房者，其中北京购房者占 70%。

距离较远的大城市特别是大都市区间的高端商务联系主要通过航空运输，他们一般不经过大城市间的中小城市。高铁开通后使这部分客流能够有机会经过沿线的中小城市。这显然为中小城市提供了吸引大城市人流消费、商务交往等活动的机会。

三、我国台湾地区高速铁路发展及其对城市发展的影响

（一）台湾高铁的发展概况

随着社会经济的快速发展，20 世纪 70 年代台湾的交通需求高速增长，台湾开始讨论修建高速铁路的计划，最终于 1992 年通过了修建高速铁路的计划，台湾高铁的筹建进入执行阶段。当时计划六年内完成高铁的建设，后由于经费来源及采用的系统技术规格等前期准备工作时间过长，使得高铁修建的工程到 1999 年才开始动工。修建高铁的预算高达 150 亿美元，台湾当局无法独立承担这笔经费，因而采用了 BOT（建设 Build—经营 Operate—转让 Transfer）的模式联合进行开发。台湾高速铁路原计划于 2005 年 10 月 31 日完工通车，但由于一系列的问题到 2007 年 2 月 1 日才开始正式运营。

目前台湾高铁只有从台北至左营一条线路，全长 345 公里，实际营运里程为 339 公里，高铁全线贯穿了台湾人口最密集的西部走廊。全线共设 12 个站点，即南港站、台北站、板桥站、桃园站、新竹站、苗栗站、台中站、彰化站、云林站、嘉义站、台南站和左营站，其中板桥站、新竹站、台中站、台南站以及左营站与台铁共站。高铁的贯通使得台北至高雄的南北行车时间，由台铁列车的 3 小时 59 分，缩短为 1 小时 36 分，使得台湾西部走廊形成了一日生活圈。

台湾的高铁在路线与车站规划时特别地考虑了要配合新市镇地区发展，因此许多站点都是新建的车站，都不与台铁共站，并且对这些新站点做了车站特定区规划。高铁对设站城市可达性的提高以及车站特定区规划将会对台湾高铁沿线城市和地区带来怎样的影响，得到了许多台湾学者的关注。

（二）台湾高铁对城市发展的影响

1、台湾高铁对房地产价格的影响

由于房地产价格受高铁建设的影响较大，并且可以反映经济、政治、社会等活动的盛衰，大部分的学者都以台湾高铁对站点周边房地产价格的影响作为切入点来研究高铁对沿线城市及区域发展的影响。

有研究显示，高铁新竹站通车运营后，对车站地区住宅交易价格在显著性为 0.1 时为正影响，其边际价格为 0.22 万台币/平方米，表明离高铁新竹站越近，房屋交易价格越高[33]。而在高铁新竹站运营前，其对周边房价呈现负影响，可能是因为消费者在高铁运营前并不看好或并不重视高铁站点这一影响因子。

不过也有对高铁运营后的台南地区的房产价格进行的研究发现，高铁的可达性对房价的影响有限，较高的高铁票价以及既有的住宅区位模式阻止了台南地区与台湾其他城市之间可能的日常交流[34]。研究提到一个台南人如果在高雄找一份工作，那么其每周往返五天，每月将花费 23900 新台币，接近台湾月收入中值的 70%，因此高铁的开通并不会使人们为了稍高的工资而到另一个

城市去工作，因此人们没有搬到高铁站点附近居住的意愿，相反人们更喜欢居住在市中心。从事商业的人更愿意为频繁来往于城市之间的商业活动支付高昂的高铁票价，因此高铁周边应该多开发商业用地，以商业来带动高铁站点周边的发展。台湾人与西方人不同，在收入提高后人们更喜欢往市中心迁移，而不像西方人喜欢郊区空间更大的房子，因此台湾人不觉得处于郊区的高铁站点周边的房子对他们有多大的吸引力。而且，对于台南和桃园两个高铁站点，相比传统交通方式的站点，其到达市中心的时间更长，因此相比传统的交通方式其优势并不明显[35]。

有更为细分的研究显示，高铁站点所带来的地价影响在地区发展条件不同时会有差异，对高铁站点周边已为既有开发地区的地区而言，高铁对地价的影响相对而言并不明显。对于新兴开发地区而言，确实受到高铁站点的影响，但影响效果与都市计划区发展情况有关联，在相关公共实施尚未完善之时，高铁的影响力有限，对于开发中或待开发地区而言，高铁站点的兴建确实起到了带动作用[36]。

2、台湾高铁对城市发展的影响

台湾高铁开通后，台北、台中及高雄三大都会区居住人口与就业人口仍维持过去的稳定增长，高速铁路于短期内对宏观层次上北部、中部、南部的区域发展并未产生明显的改变。就高速铁路车站地区人口与既有市区人口的增长而言，高速铁路对中观层次既有市区与新车站特定区的竞争移转也尚未产生明显的改变。至于各车站地区发展的微观层次，高速铁路则已造成各车站地区不同程度的影响，桃园、新竹、台中、嘉义、台南5大车站外围地区的房地产发展，以桃园、新竹最为兴旺，其次为台中，再其次为嘉义与台南[37]。针对台湾高铁开通后的沿线大都市区的发展现状的研究发现，从城市发展水平上来讲，台湾高铁经过的台北、高雄、台中三大都市区在高铁修建后台北都市区扩大化最明显[38]。分析其原因，一是城市间的可达性有效提高,台北站和板桥站相距仅5.9公里，通行时间仅需10分钟。最北部的四个站点——新竹、桃园、板桥、台北四站连起来还不及新竹到台中站的距离，布局非常紧密；二是产业的有机结合，台北是台湾第一大都市，在知识服务，如金融、市场营销、贸易、娱乐和基础研究等领域都具有非常高的专业化。新竹则为台北地区高科技产业的发展提供了强有力的后盾,台北高度发达的交通也为新竹科技园的产品打开了销路。而台中大都市区和高雄大都市区的发展仍次于台北大都市区，主要原因是区域间和区域内可达性没有有效地提高。

由于房地产价格对于重大的基础设施有较高的敏感性，因此学者们大多从研究高铁对房地产市场的影响来反映高铁对沿线城市及区域发展的影响。学者们发现并不是所有的高铁站点对其周边地区都有相同的影响力，高铁对周边地区的影响与这一地区本身的发展条件有关系，高铁站点周边开发比较早的地区，高铁对这一地区房价的影响并不显著，但是高铁对这一地区可达性的提高，使得原本发展较好的地区的辐射能力增强。例如，高铁的开通使得台北都市圈有明显的扩大化，这种扩张很有可能使北部原有的都市区出现重叠的部分，最终整合为一个新的大都市区。因此有学者推断，由于中部地区离北部区域较近，在中部科学园区及高速铁路车站特定的吸引力，与北部地区房地产价格较高的推力相互作用下，未来台中都会区由于与台北地区时空距离的缩小，有可能与台北都会区为核心的北部地区融合为"台北＋台中"的大都会功能区。更长远来看，"北部＋中部＋南部"的超大都会功能带，将可能逐渐形成[37]。而为了带动新市镇的发展而设置的高铁站点，即高铁周边地带的开发尚未饱和的地区则只有在站点周边的配套基础设施完善之后，高铁对其周边房产价格的影响才会显现出来。这说明光有高铁站点本身并不能促进高铁站点周边地区的发展，尤其是当高铁站点远离市中心时，站点周边的住宅并不会对人们产生太大的吸引力。

台湾高铁的许多站点在设计之初都带有促进新兴市镇发展的目的，大陆许多的高铁站点的设置也是如此，这些站点往往远离传统的市中心。从台湾的经验我们看到，要想以高铁带动站点周边地区的发展，必须完善配套的基础设施。同时由于较高的通勤费用，人们一般不会因为高铁带来城市之间的通勤时间缩短选择居住与工作分离的模式，因此高铁周边的住宅对人们的吸引力并不大。但是一些商业活动需要频繁地往返于城市之间，它们对高铁的需求和支付意愿都比较高。因此，可以考虑将这些新建的站点周边地区开发为商服区，从而带动整个地区的发展。

四、高速铁路的同城化效应

（一）同城化的概念

"同城化"概念起源于我国城市化与城市建设的快速发展时期。随着交通效率的提高，地缘相近但原本相对独立、各自发展的城市，其均匀分布状态被打破，城市之间集聚力明显增强，开始出现"同城效应"，城市间联系日益紧密。广州与佛山、西安与咸阳、沈阳与抚顺等最早提出了同城化建设发展战略。

目前关于同城化的定义存在多种表述。高秀艳、王海波从产业经济学角度定义同城化，认为同城化是区域经济发展过程中，为打破传统的城市之间行政分割和保护主义限制，促进区域市场一体化、产业一体化、基础设施一体化，以达到资源共享、统筹协作、提高区域经济整体竞争力的一种发展战略[39]。谢俊贵、刘丽敏从社会学角度定义同城化，认为同城化是指没有行政隶属关系的相邻城市，借助统一的协作规划、运行和发展，实现其社会功能放大，以使相邻城市的居民形成一种有如生活在同一城市空间的社会生活感受的城市整合发展过程[40]。LI Hong, DONG Chao 从城市区域角度定义了同城化，是在城市群发展过程中对地域相邻、社会经济联系密切的城市之间实施一体化的空间管治方式，使城市之间在地域空间、产业结构、基础设施、管理制度等方面逐渐融合，最终达到一体化发展状态的新型城市发展战略[41]。

通过以上概念可发现同城化效应的产生须具有以下几个条件：

（1）区域内城市之间的传统行政关系开始模糊，时空距离在现代交通技术的改进冲击中越来越小；

（2）区域内各个城市生产要素、人才、资源等实现共享，存在市场结构、产业布局的协调发展；

（3）区域内各个城市的基础设施和服务功能相互利用、共建共利；

（4）城市间的人流、物流、信息流、商务流联系更加紧密。

存在同城化效应的城市与城市之间具有如下的特点：空间相邻；产业相关（相似或互补）；文化背景相似；具备统一完善的交通体系，并因此大大削弱了时空距离的障碍。

（二）同城化的内涵

同城化不仅仅是一种现象，更是一个过程，是城市之间相互联系不断密切，相互作用不断加强的过程。相邻城市之间在人口、产业、交通等方面深度互动，最终实现一体化发展的过程。同城化也是一种区域空间管制模式，是不同城市之间相互协调，以推进在空间、产业、基础设施等领域的融合，实现优势互补、协调发展，增强城市—区域的竞争力[42]。同城化战略是地方政府制定的城市—区域合作发展战略，试图通过政策引导，通过集中优势资源，在一定时期内推动特定领域的同城化进程，实现区域深层次的合作，实现区域发展中的互利共赢。我国有许多城市都制定了相互之间的同城化发展规划。例如，广东—佛山同城化规划2009年颁布实施，是中国国内编制并实施的最早的同城化规划[43]。广佛两市已经初步形成了完善的合作机制，并在司法行政、金融、医疗等领域顺利开展了合作。

同城化是一种新型的区域经济联合体。同城化发展并不是行政区划架构的同一，而是城市之间经济管理体制和运行机制统一，产业、信息、交通、市场、社会管理和公共服务一体，资源和发展成果共享，经济社会发展相融合的新型区域经济联合体。同城化是区域统筹发展的要求。同城化的实质是相邻城市之间的优势互补、功能协调、紧密合作，实现彼此快速高效发展。同城化发展的核心在于统筹规划，协调分工，消除产业结构趋同而产生的竞争，实现基础设施共建共享，消除市场壁垒，实现优势互补，协同发展。同城化发展的外部体现则是区域内各城市的社会经济发展逐渐突破行政边界限制，实现社会生产的一体化，生活体验的无差别化。但同城化的实现会受到地理区位、交通条件、经济发展、人文历史、技术手段、政策因素等的影响[44]。

（三）交通与同城化

区域交通网络的改善，对区域城市之间的联系、空间扩张、区域空间结构都具有重要的影响。交通条件的改善，扩大了城市的影响范围，扩展了市场区的范围，使得其生产的产具有更广阔的市场，促进了经济效益的提升。

交通网络的完善只是为区域同城化发展提供了必要的通道。交通技术的改善则起到两方面的作用，并最终促成同城化效应的产生。一方面，技术进步使得交通速度大幅提升，节约了交通的时间成本，使得城市之间的时间距离大大压缩；另一方面，随着技术的提升，交通的资金成本也在不断下降。当时间成本与资金成本都下降到一个相对合适的区间时，相邻城市之间的人口流动就会呈现爆破式增长，同城化效应将得到显著增强，从而推动城市间的同城化发展进程。

当然，同城化的产生、提升及实现不单单是要具备交通条件，还要有城市产业、文化、其他基础设施等方面的综合协作。但是交通条件的改善是同城化发展的必备要素，是实现区域同城化的基础性条件。

（四）高速铁路的同城化效应

高速铁路尤其是在人口稠密、经济发达的大都市带（或称城市圈、经济圈）范围内的高速铁路，由于各城市之间的便捷、快速、大运量的客运轨道交通系统，带来同城化的发展效应。例如沪宁城际高铁是长三角城市群中重要的客运专线组成部分，其功能定位是服务于沿线各城市以及城市组团内部旅客的中短途交流，以实现"公交化"运营。沪宁城际高铁全长301km，全线从南京站到上海站或上海虹桥站，沿途设有仙林、宝华山、镇江、丹徒、丹阳、常州、戚野堰、惠山、无锡、无锡新区、苏州新区、苏州、苏州园区、阳澄湖、昆山南、花桥、安亭北、南翔北、上海虹桥等21个车站。开行的城际列车从上海虹桥至南京最快仅需73分钟，同时在高峰期可以保证每天运行120对列车，最小的发车时间间隔为5分钟。该城际列车不仅采用一站直达和大小站轮停的方式运营，而且在昆山、苏州、无锡、常州地区增加了始发列车，其中苏州站12趟，无锡7趟、常州6趟、昆山南站3趟。从而更进一步地缩小了长三角地区城市间的时空距离，冲击了沿线居民的原有生活方式。城际高速列车不仅仅代表了一种革新的交通方式，同时也孕育了一种新型的生活方式，促进了区域内城市间资源、信息、人才等要素的交流合作，进一步加快通勤就业同城化、旅游消费同城化、产业布局同城化。

沪宁城铁开通之后，由苏州至上海只需要25分钟，相比于自驾车75分钟、公共汽车90分钟，都大大节约了时间成本。金钱成本上看，城铁只需30元，而驾车的成本则将近100元，公共汽车也要30元。由此可见，高铁的开通，极大地节约了两个城市之间的通勤成本，方便了城市之间的互动交流。高铁的准时性，极低的误点率则为旅客通勤创造了极佳的条件，既不用担心堵车的风险，也不用担心误点而影响工作。高铁客运专线的大运量则保证了旅客只要能够及时购票并到达车站，便不用担心无法上车的问题，可以同时满足大量的乘客需求。高铁的开通使得两地的人口流动更为频繁，与之相伴的是信息、技术的交流和知识的传播，促进资源在两个城市之间的重新配置组合，城市职能分工更加明确。初楠臣等人的研究表明，在城际高铁开通之后，未来黑龙江城镇体系空间格局将发生改变，哈尔滨—双城、大庆—安达，牡丹江—海林在高铁开通后呈现出明显的同城化发展趋势。时空距离可达性的提升，推动了哈双、大安与牡海几个城市组城市空间功能活动的同城化发展[45]。高铁使得沿线地区城市化加快，经济发展提速，沿线城市的城镇体系空间结构发生重构，并使得沿线相邻城市出现同城化模式。姜博等通过对中国四纵四横高铁网络可达性的对比研究发现，"T"形轴带在高铁网络影响下呈现出由空间极化逐渐向空间均衡转变；高铁 0.5 小时可达范围逐步衔接，1 小时范围绵延成片，异地上班、居住、养老、休闲购物现象涌现，加速空间对接，推进沿线跨城流动与同城化进程[46]。

参考文献：

[1] 冯晓芳 . 中国高速铁路的发展与展望 [J]. 科技资讯，2009（01）：129-130.

[2] 周长江 . 高速铁路发展概况及展望 [J]. 甘肃科技纵横，2005（03）：105-106.

[3] 王缉宪，林辰辉 . 高速铁路对城市空间演变的影响：基于中国特征的分析思路 [J]. 国际城市规划，2011（01）：16-23.

[4] 郑健，沈伟中，蔡申夫 . 中国当代铁路客站设计理论探讨 [M]. 北京：人民交通出版社，2009.

[5] 郑德高，杜宝东 . 寻求节点交通价值与城市功能价值的平衡——探讨国内外高铁车站与机场等交通枢纽地区发展的理论与实践 [J]. 国际城市规划，2007（01）：72-76.

[6] Wang J J, Xu J, He J.Spatial impacts of high-speed railways in China：a total-travel-time approach[J], Environment and Planning .A, 2013, 45（9）: 2261-2280.

[7] Pol P. The economic impact of the high-speed train on urban regions[J]. European Regional Science Association ERSA conference papers，2003（3）: 397.

[8] Chen，C L.Reshaping Chinese space-economy through high-speed trains：opportunities and challenges[J]. Journal of Transport Geography，2012，22（2），312-316.

[9] 贺剑锋 . 关于中国高速铁路可达性的研究：以长三角为例 . 国际城市规划，2011（06）：55-62.

[10] Cao J.，Liu X.C.，Wang Y. Accessibility impacts of China's high-speed rail network[J]. Journal of Transport Geography，2013，28：12-21.

[11] Schütz E，.Stadtentwicklung durch Hochgeschwindigkeitsverkehr（Urban development by High-Speed Traffic）[R]Heft 6，1998，369-383.

[12] Peek G J.Hagen MV.Creating synergy in and around stations：Three Strategies for

Addng Value[J].Transportation Research Record Jourral of the Transportation Board，2002，1793（1）：1-6.

[13] 林辰辉．我国高铁枢纽站区开发的影响因素研究 [J]. 国际城市规划，2011（06）：72-77.

[14] 张学良．交通基础设施、空间溢出与区域经济增长 [M]. 南京：南京大学出版社，2009.

[15] 孙健韬．高速铁路对区域经济的影响分析 [D]，2012，硕士：65.

[16] 吴康，方创琳，赵渺希 等．京津城际高速铁路影响下的跨城流动空间特征 [J]. 地理学报，2013（02）：159-174.

[17] 江德根．武广高速铁路对湖北省区域旅游空间格局的影响 [J]. 地理研究，2013（08）：1555-1564.

[18] Wang X.，Huang S.，Zou T，et al. Effects of the high speed rail network on China's regional tourism development[J]. Tourism Management Perspectives，2012，1（1）：34-38.

[19] 张文新，丁楠，吕国玮 等．高速铁路对长三角地区消费空间的影响 [J]. 经济地理，2012（06）：1-6.

[20] Brian D.Sands. Development Effects of High—speed Railstations and Implications for California[R]. 1998.

[21] 王兰．高速铁路对城市空间影响的研究框架及实证 [J]. 规划师，2011（07）：13-19.

[22] Luea Bertolini. Nodes and places：comp1exities of railway station redevelopment[J]. European planning Studies，1996，4（3）：331-34.

[23] 林辰辉．我国高铁枢纽站区开发的影响因素与功能类型研究 [D]，2011，硕士：100.

[24] Nakamura，Hideo，Takayuki ueda. The Impacts of the shinkansen on Regional Development[z]. The Fifth World Confereneeon Transport Research，1989.

[25] Swann D. The Economics of the Common Market [M]. London：Penguin Books，1992.

[26] 尹希果，李后建．产业结构趋同测度的一种新方法 [J]. 统计与决策，2010，（12）：10-13.

[27] 贺灿飞，刘作丽，王亮．经济转型与中国省区产业结构趋同研究 [J]. 地理学报，2008，（8）：807-819.

[28] 梁琦．中国制造业分工、地方专业化及其国际比较 [J]. 世界经济，2004，（12）：32-40.

[29] 张维迎，栗树和．地区间竞争与中国国有企业的民营化 [J]. 经济研究，1998，（12）：13-22.

[30] 孙根紧，陈健生．中国区域产业结构趋同的研究综述 [J]. 工业技术经济,2012(05）：96-103.

[31] 蒋秀兰，梁成柱，刘金方 高速铁路对京津冀都市圈经济发展的影响探讨 [J]. 城市铁道 2009..

[32] 沈陆澄 厦深高速铁路建设背景下交通枢纽门户建设对区域和城市空间结构的影响——以汕头市为例 [J]. 规划师论坛，2011，27（7）：20-25.

[33] 胡志平 . 台湾高铁通车运营对住宅价格之冲击影响分析——以新竹车站为例 [J]. 建筑与规划学报，2010，（2）：77-88.

[34] Andersson D E, Shyr O F, Fu J. Does high-speed rail accessibility influence residential property prices? Hedonic estimates from southern Taiwan[J]. Journal of Transport Geography, 2010, 18（1）: 166–174.

[35] Andersson D E, Shyr O F, Lee A.The successes and failures of a key transportation link：accessibility effects of Taiwan's high-speed rail[J]. Ann RegSci，2012，48（1）: 203-223.

[36] 邹克万，郑皓腾，郭幸福，杨宗名 . 应用空间特征价格模型评估高速铁路对土地价格影响之时空特性 -- 以台湾高铁为例 [J]. 建筑与规划学报，2013，（1）：47-66.

[37] 冯正民 . 高速铁路对区域发展影响研究综述 [J]. 城市与区域规划研究，2011，（3）：49-59.

[38] 朱艳平 . 高铁对沿线大都市区扩大化的影响分析——以台湾高铁为例 [J]. 交通运输，2012，（23）：97-98.

[39] 高秀艳，王海波 . 大都市经济圈与同城化问题浅析 [J]. 企业经济，2007，（8）：89-92.

[40] 谢俊贵，刘丽敏 . 同城化的社会功能分析及社会规划视点 [J]. 广州大学学报（社会科学版），2009，8（8）：24-29.

[41] LI Hong，DONG Chao.Study on the Development of Urban Cohesion[J].Journal of Landscape Research，2010，2（3）：74-77.

[42] 曾月娥 . 同城化与主体功能区背景下的厦漳泉城市群空间重构 [D]. 福州：福建师范大学经济学院，2015.

[43] 魏宗财，陈婷婷，甄峰，等 . 对我国同城化规划实施的思考——以《广佛同城化发展规划》为例 [J]. 城市规划学刊 [J]，2014，（2）：80-86.

[44] 邢铭 . 大都市区同城化发展研究 [D]. 长春：东北师范大学城市与环境学院，2011.

[45] 初楠臣，姜博，赵映慧，罗冲，王玉迪，张文琦，李晓庆 . 城际高铁对未来黑龙江城镇体系空间格局的影响及优化 [J]. 经济地理，2016，36（4）：78-83.

[46] 姜博，初楠臣，修春亮，赵映慧，李晓庆，罗冲 . 中国"四纵四横"高铁网络可达性综合评估与对比 [J]. 地理学报，2016，（04）：591-604.

第四章　高速铁路对我国城际出行的影响

一、高速铁路对城际出行的影响机理

高铁通过缩短城市间距，满足两地居民跨城消费、工作和经营往来的需求，人们共享两地资源又催生两地互动和兼容的生活方式、就业形式和商务模式，使得城际出行行为发生了深刻的变化。探讨高速铁路对城际出行的影响，可为交通规划与城市规划决策提供重要的依据。

（一）高速铁路改变城际出行的可达性

高铁对城际出行的影响主要是通过可达性的改变实现的。城际高速铁路对城市最直接的影响就是缩短城市间的时空距离，提升城际可达性。对城市可达性的分析逐渐成了高铁时代学术界的热点。在可达性分析的研究方法上，Jasper Willigers、Bert van Wee 认为针对不同的研究对象、不同的空间尺度，对可达性的刻画会有所不同。他们在研究荷兰高速铁路系统对办公选址的影响时区分了两种不同形式的可达性。一种被称为中心性（Centrality），刻画了一个地区成为交通网络中出发地和目的地的潜力。一般情况，中心性更有利于刻画区域间可达性的差异。与之对应的被称为连接性（Connectivity），刻画的是这个位置与一个特定的交通网络的连接程度，它能更好地揭示区域内部可达性的差异[1]。目前国内学者也开始重视对交通网络可达性分析中多指标、综合性指标的构造与研究。如罗鹏飞等从平均旅行时间、经济潜力、日常可达性这三类指标，研究高铁对沪宁地区可达性的影响[2]。吴威等采用空间距离、时间距离、连接性、可选择性等多项指标对我国铁路客运网络可达性空间格局进行了分析[3]。蒋海兵等设计网络分析与成本栅格加权集成法，生成高铁通车后城市等时圈图。利用日常可达性、潜力值与加权平均时间，比较有无京沪高铁两种情景下京沪地区中心城市可达性空间格局变化[4]。

高铁带来的可达性变化产生的影响是当今高铁影响研究的热点之一。国外学者 Gutiérrez Javier 等对欧洲高速铁路网络所引致的城市可达性格局演化进行了研究，认为高速铁路网络有助于外围地区接近经济中心，却同时加大了主要城市与其腹地可达性的差异[5]。Chia Lin Chen、Peter Hall 认为高速铁路带给了城市不同的时空压缩效应以及面对面交流的机会，对各个城市经济、就业、办公租赁业及知识型服务业产生了不同的深远的影响[6]。国内学者苏文俊等研究了京沪高铁对鲁西南沿线主要城市的影响，认为京沪高铁的开通极大地提高了鲁西南沿线城市的可达性并极大地推动了沿线城市的经济发展[7]。孟德友、陆玉麒研究了高速铁路对河南沿线城市可达性及经济联系的影响，认为高速铁路建设有效缩短了沿线地市的省内和省际旅行时间，强化了各地市的省内和省际区域联系，从而增强了地区间的经济联系[8]。

虽然国内外已经有了一定数量高铁可达性变化对城市影响的研究，然而这些研究还没有详尽地阐释高铁所带来的可达性变化对哪类城市以及哪些人群产生了怎样的影响。

（二）高速铁路具有比较优势

随着高速铁路的舒适性和安全性提升，在普通铁路、高速铁路、飞机等交通方式中，越来越多的乘客愿意选择高铁出行。胡蝶研究了高铁对绍兴居民旅游需求及行为的影响，发现高铁与其他交通工具相比，具有时间短、安全性强、舒适性高、便捷性强的特点，满足了现代游客出游的需求，丰富乘客体验，减少旅客疲劳，更多旅客愿意选择高铁出游[9]。

时间、经济、感受是旅客选择交通工具的驱动因素。快速性、安全性、舒适性、准时性、方便性、经济性、象征性是影响旅客选乘高铁的主要因素[10]。

（三）高速铁路影响乘客的出行选择

根据高铁乘客出行目的的不同对高铁乘客进行分类，可以划分为：商务乘客，两地通勤客，探亲访友、旅游观光和购物乘客，本地市民的日常出行四类[11]。高铁对城际出行的影响，主要体现在商务乘客方面。许春晓认为随着经济发展、社会的进步，乘客人均收入水平越来越高，高铁改变人们出游的观念和行为，对于忙于工作而惜时如金的现代人，速度压缩距离使人们走得更远，中远距离旅游机会空前，短时段出游频次更高，微旅游成为日常活动[12]。

（四）高速铁路适应城际客流特征

城际客流主要由三部分组成：城市之间的出行、城市与其所辖郊区之间的出行、城市郊区与相邻城市之间的出行。高速铁路能适应城际客流分布特征，为旅客提供公交化运输服务，使高峰时段的旅客出行需求得到满足，具有强大的运输能力。城际客流主要的出行目的是公务、探亲，其次是上班、上学、购物。

二、案例分析：京津高速铁路对城际出行的影响分析

（一）研究区概况

本案例以京津城际高铁出行者为研究对象，通过调查分析京津城际出行的特征和变化，采取 GIS 及社会统计方法，探索在高铁作用下，城际出行行为的特征。

京津城际高铁是连接北京与天津的高速铁路，沿途经过河北省廊坊市。京津城际高速铁路于 2005 年 7 月 4 日开工建设，总投资 133.24 亿元。2008 年 8

月 1 日（北京奥运会开幕前一周）投入运营，是中国第一条高等级城际高速铁路。全长 120 公里，设北京南、亦庄、永乐（预留）、武清、天津等五座车站。时速 350 公里，全程运行时间约为 29 分钟。最小发车间隔为 3 分钟，年客运能力单向为 6000 万人次，双向为 1.2 亿人次[13]。

（二）数据来源与数据处理

1、数据来源

本案例以京津城际出行者中高铁乘客为主要研究对象，来反映城际的出行行为特征及变化。由于京津城际出行是一个循环的人流圈，因此在北京南站截取一个界面，通过问卷调查和访谈来获取相关数据及信息。

基础数据来源于 2015 年 7 月 12 日～7 月 16 日 6 点至 19 点在北京南站进行抽样问卷调查获得，分四个时段——早 7 点～9 点、10 点～12 点、13 点～15点、16 点～18 点，覆盖了每日的人流高峰期以及非高峰期。每日抽取的样本容量是基于预调查数据进行变量计算获得，即 2015 年 5 月 16 日～2015 年 5月 20 日共进行 200 份问卷预调查，选择出行行为中的出行方式、出行频率作为计算样本容量的变量。由于每天乘坐高铁的人数不能具体确定，是波动数据，因此利用以下公式进行样本容量确定：（误差不超过 0.1，置信度为 0.95）

$$n = \frac{r^2 p (1-p)}{\Delta^2}$$

其中 n 为样本量，r 为调查置信度，p 为样本的离散程度，Δ 为抽样误差范围。

出行方式变化：根据预调查 p=0.86，$n \approx 146$

出行频率变化：根据预调查 p=0.55，$n \approx 197$

根据不同变化分别计算每天应抽取的样本容量，取其最大值，在抽样调查中，每天抽取的样本不应少于 97 个，因此样本容量定为每天 200 份。在保证不少于预调查样本容量的基础上，5 天共发放问卷 1000 份，回收 935 份，有效问卷 916 份，有效率 91.6%。调查问卷内容包括人们的出行行为相关属性和个人自然以及社会属性两大部分。

2、数据处理

将调查问卷数字化，建立数据库，每个人具有自己相对稳定的行为模式[14]，进而分别从以下六个方面来分析城际出行行为的时空特征以及其与个人社会经济属性的相关关系，寻找规律。调查问卷中的数据以定类和定序数据为主，因此主要采用非参数分析和列联表分析中的统计方法进行数据处理。

1）出行方式

通过计算交通分担率和高铁对交通出行结构的改变来衡量城际出行方式的变化。交通分担率是指城市居民通常出行采用各种交通工具的人数比例[15]，是反映城市交通发展水平的一个重要指标。同样的出行总量，不同的出行方式分担率会对城市交通系统产生较大影响。

2）出行频率（强度）

出行频率（强度）是衡量居民出行需求、出行能力和城市交通服务水平的综合指标。案例通过对高铁开通前后出行频率进行对比以反映人们城际出行的能力和需要。该指标能进一步反映城际高铁开通后是否促进京津两市联系更加紧密。

3）出行需求（目的）

居民出行是为了谋生、处理个人或者家庭事务以及参加社交和文化娱乐等活动，即"出行源于需求"[14, 15]。出行目的通常采用出行目的结构加上高铁开通前后的出行需求变化来测量。

4）出行的时空分布

出行时空分布包括出行的时间分布与空间分布，时间分布是对人流量在不同时段上分布情况的测量，有利于把握居民整体对高铁需求的强弱变化，这一指标能用来对其他指标的分析提供参考。空间分布是指出行的路径分布，该指标的测量有利于把握人们出行的空间流动规律，进而在一定程度上了解两市间哪些地区联系更加紧密。

5）出行的空间感知

城际高铁缩减了北京与天津的时空距离，人们对时空距离的感知发生变化，在实际行动上表现出职住分离的意愿。案例对职住分离的意愿与出行者自我感知范围的变化进行了综合测量，以把握现实情况，提出对策建议。

（三）城际出行行为分析

1、出行交通方式

1）出行交通方式特征

城际高铁开通后，打破了原有的城际交通方式分布格局，改变了城际交通分担率。目前北京与天津之间的交通方式包括高铁、大巴、普通火车、私家车、拼车出租等（表4-1）。

京津城际交通方式概况　　　　　　　　　　　　　　表 4-1

交通方式	出发地	目的地	发车间隔时间	每天车次	经济成本	时间成本	每日运输量	运行周期
城际高铁	北京南站	天津站、塘沽、武清	10-15分钟	约57次	58-62元	29分钟	约5.9万人	早6：35-晚23：30
大巴	赵公口、四惠、八王坟等		10分钟	约101次	30-35元	至少1个半小时	约4700人	早6：35-晚19：30
普通火车	北京西站、北京站	天津、天津北	多为经停车，发车间隔时间长	约16次	19-25元	2个半小时	约4000人	多在早6点以前，中午11点

交通方式	出发地	目的地	发车间隔时间	每天车次	经济成本	时间成本	每日运输量	运行周期
私家车	不定	直接到达目的地			约200元左右	至少1个半小时		不定
出租	不定	直接到达目的地			人均50元	至少1个半小时		不定

城际高铁开通前，往来的主流交通方式是普通火车和大巴，现在京津城际高铁开通后，高铁以其高速和公交式的运行模式在所有交通工具中占据优势，成为城际出行的最主要交通方式。通过计算得出其城际交通分担率为87%。运用 cross-tab 分析得知，城际高铁对其他交通方式产生的"袭夺作用"中，对普通火车的作用最为强烈，目前乘坐城际高铁的乘客有49.7%来自于普通火车，其次是大巴、私家车、出租车和公司班车（表4-2）。在被访乘客中，大多数都认为与高铁相比，经济成本相差不大，并且乘坐大巴和出租车存在安全隐患、堵车等不可预知的问题。随着到达北京南站的市内公交系统的完善，上述两种城际交通方式中人们更倾向于选择城际高铁。同时普通火车班次较少，时间较长，购票不易，也使其逐渐被城际高铁所挤占。高铁的出现改变了过去的交通方式格局，极大缓解了京津之间的公路运输压力。而且高铁具有能源消耗结构合理、环境污染度极小、土地占有量节省等优点，是一种环保型的城际交通方式[13, 16]，提供了"低碳"、环保的出行方式。

京津交通方式列联表分析   表4-2

现在交通方式		过去交通方式					总计
城际高铁		大巴	私家车	普通火车	出租车	公司班车	
客流来源（%）	100.0	26.0	19.3	49.7	2.9	2.1	100.0

数据来源：通过调查问卷分析所得

2）出行交通方式与个人社会经济属性关系

城际高铁未开通前，过去的几种交通方式经济成本与时间成本相差不大，人们不会过多地考虑交通方式的选择，一般是就近搭乘原则。但是城际高铁开通后，在其较高经济成本与低时间成本并存的情况下，人们会根据自己的实际情况选择适合的交通方式，造成城际出行交通方式的阶层分异。将城际出行的交通方式同个人相关属性进行 cross-tab 分析，发现京津城际出行客流的交通方式的选择与个人收入、职业具有一定的相关性，统计检验显著，结果显示月收入位于3000～6000元之间的乘客会更偏向于选择乘坐城际高铁，城际高铁客流中约有 48.7% 的乘客收入位于 3000～6000 元之间。低于 3000 元的乘客更易于选择普通火车、大巴；而高于 7500 元的居民更倾向于选择乘坐私家车。城际高铁使得北京到天津的时间距离缩短为 30 分钟，相比其他交通方式，时间成本优势明显，比较适合以商务出行为目的的公司职业和管理人员的出行需求，因此京津城际高铁的客流主要以公司职员和企业管理人员为主，占 55%。相比之下，对于工人、大中学生、退休人员来说，经济成本更重要，这类人群更偏向于选择普通火车或者大巴。

2、出行频率

1）出行频率特征

城际高铁的建设将促进京津两市优势互补、合理分工，带来人口的高速流动。经样本统计得出，高铁开通前，人均往来于京津的出行频率指数（每月出行次数）为 2.47。高铁开通后，频率指数增加到 3.36。从过去与现在出行频率对比发现（图 4-1），高铁的开通，出行频率逐渐增加，每天和每周通勤的人数明显增多。与高铁开通前相比，现在半年往返一次的人群逐渐减少。每月往返两到三次、每周往返一次、每周往返两到三次，这三类出行人群增长最多，分别增加 7.8%、6.7%、4.9%。根据访谈得知，由于个人收入和市内公共交通限制，大多数人能接受每周通勤一次这种模式，他们往往在北京工作，家在天津，周间居住于单位或在北京租房，每周末回家一次，这类通勤形式中年轻人居多，36 岁以下占 75.3%。在对每周两到三次与每天通勤的人进行访谈发现，相比城际交通成本，他们更在意的是出发地与高铁车站间市内公共交通的衔接便利程度。因此，城市内部公共交通与高铁车站的衔接程度，对出行强度有一定的影响。

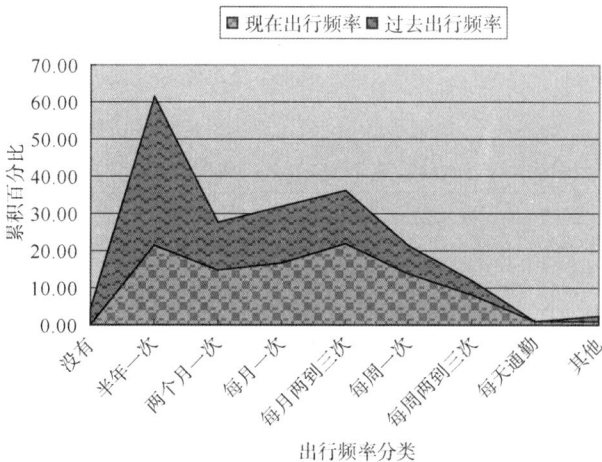

图 4-1　出行频率对比变化图

2）出行频率与个人经济社会属性的关系

将出行频率与个人属性进行 cross-tab 分析和相关分析，发现城际出行频率与个人收入具有等级相关关系，与交通费用类型（公费、半公费、自费）也具有相关关系。首先，收入级别的提高，乘客的出行频率也不断增加；其次，随着报销费用在交通费用中所占比例的增加，出行频率也有所加强。将每天通勤与半年往返一次的样本进行对比发现，每天通勤的乘客中有 26.7% 是部分公费，有 36.9% 是全部公费，而半年往返一次的乘客，有 57.6% 是全自费，23.6% 是全公费。可以看出城际出行的频率很大程度上还是受经济成本的影响，在加速京津同城化的过程中，应考虑到合理的时间成本及出行交通经济成本对京津城际一体化的影响。

3、出行目的

1）出行目的特征

京津城际高铁开通后，周末去天津吃小吃、听相声成了越来越多北京人休闲的方式。据天津市不完全统计，天津市免费开放的 6 个博物馆、纪念馆，2008 年至 2009 年上半年，累计接待观众近 400 万人次，其中外地游客近 80 万人次，北京游客占了 90%[13]。这从侧面反映了时空距离的缩减使人们的生活范围由居住的城市扩展到了临近的城市。分别对城际高铁开通前后人们的购物、商务出行、娱乐、访友、旅行等出行目的进行非参数检验对比，检验结果显著（表 4-3），非参数分析中配对设计的 Wilcoxon 符号秩和检验法，在检验显著的条件下，Z 值绝对值越大表明变化趋势越明显。可以发现表 4-3 中的出行目的都有所增加，但以商务出行、购物、访友为目的的出行相比高铁开通前增加最显著。另外统计发现，出行目的具有明显的周期性变化（图 4-2）。目前京津居民城际出行目的主要以商务出行为主，占 46.1%；上班通勤出行占 13.6%；周间的周一到周四商务出行占较大比例，至周五逐渐减少，相反访友、旅游、娱乐等非基本出行目的随着周末的到来逐渐增加，实地观察发现，周六、周日旅行团较多。

京津城际出行目的检验表（Wilcoxon 秩和检验分析）　　　表 4-3

	现在购物－过去购物	现在商务－过去商务	现在娱乐－过去娱乐	现在访友－过去访友	现在餐饮－过去餐饮	现在旅行－过去旅行
Z	−12.782（a）	−13.475（a）	−12.070（a）	−12.761（a）	−10.942（a）	−11.645（a）
双边检验显著值	.000	.000	.000	.000	.000	.000

a.检验结果是基于负数等级

2）出行目的与个人经济社会属性关系

以商务为目的的城际出行强度同收入、职业、性别具有相关关系。收入越高，城际出行强度越大。企业管理人员、公司职业、科技人员相比其他职业城际商务出行的强度大;男性比女性强度大，女性仅有 27.9% 有过商务城际出行，而男性则达 52%。

以访友为目的的城际出行同收入呈负相关关系，统计显示 1500 元以下，有 69.5% 的乘客以访友为目的进行城际出行。82.3% 大中学生经常以访友为目的往返于京津之间。这是由于学生群体有较充裕时间从事访友、娱乐，加上该群体多以情感需求为主，使他们成为以访友为目的的城际出行主体。

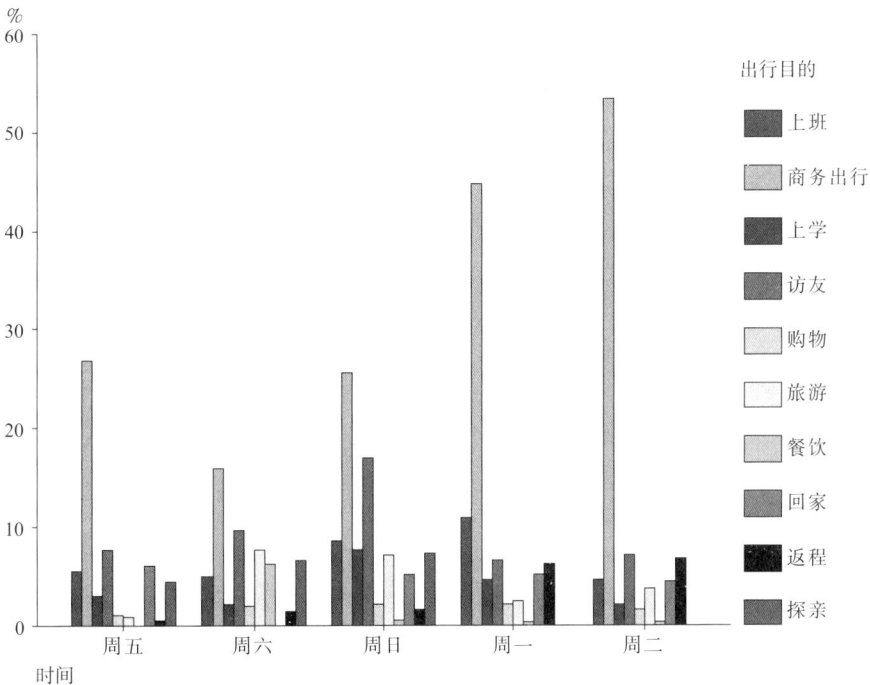

图 4-2　京津城际高铁出行目的分布图

以购物为目的的城际出行强度同性别具有相关关系，同年龄呈弱负相关关系。女性乘客比男性乘客更多，两者分别占 45.3% 和 35.7%。18 岁以上的样本表明，随年龄增长，城际购物的倾向性减少。18 ~ 25 岁之间的乘客有 53.6% 因购物目的往返于京津之间，同一目的在 26 ~ 35 岁乘客中占 38.3%，到 56 岁以上下降到 16.5%。

4、出行时空分布

出行行为的时空分布分析，不但能够反映出城际活动的发生节奏，也能反映出社会客体在空间中的位置关系、集聚程度及通过线状基础设施而发生的相互作用的方向和强度[17]。

通过实地调查，发现京津城际出行的时间分布具有周期性。首先，以季节为周期，秋冬季的早高峰晚于春夏季，春夏季的早高峰一般在7点半至8点半之间，秋冬季的早高峰在8点半至9点半之间；春夏季的晚高峰在17点至18点之间，秋冬季的晚高峰比春夏季晚高峰提前些，在16点至17点之间。其次，以一周为周期，周一、周五通常是高峰日。第三，以一天为周期，人流量的差别不是特别明显，通常早高峰在7点半至8点半之间，晚高峰在16点半至17点半之间，中午也会出现一个小高峰，在10点半至11点半之间。从13点开始，返程乘客达到62.5%，成为城际出行的主要人群（表4-4），反映了在高速铁路的作用下，北京与天津之间的城际出行模式，越来越像城内出行的模式，便捷的城际高铁使得人们可以在一天之内顺利实现多种出行需求并实现当日的往返。

京津城际出行"时间＋类别"列联表分析　　　　　　　　　　　　表4-4

		种类		总计
		返程	不是返程	
时间	7点-9点	36.50%	63.50%	100.00%
	10点-12点	48.30%	51.70%	100.00%
	13点-15点	63.90%	36.10%	100.00%
	16点-18点	73.90%	26.10%	100.00%
总计		57.90%	42.10%	100.00%

数据来源：通过1000份调查问卷分析获得

在问卷中，通过对每位乘客的起始地与目的地的调查掌握了详实的数据，按照样本数在北京与天津各区的分布与所在区域的常住人口相比，形成了五个出行强度等级，利用ArcGIS成图（图4-3）。第一等级命名为城际出行密集区，包括北京的东城区、西城区、丰台区、朝阳区，天津的滨海新区，该等级占样本总数的46.17%。第二等级命名为城际出行集中区，包括北京的海淀区和昌平区，天津的和平区、河东区、南开区、河西区、武清区和西青区，该等级占样本总数的39.83%。第三等级命名为城际出行适度区，包括北京的通州区、大兴区和石景山区，天津的津南区、北辰区、河北区和东丽区，该等级占样本总体的8.92%。第四等级命名为城际出行分散区，包括北京的怀柔区、门头沟区、房山区、顺义区，天津的红桥区和静海区，该等级占样本总数的3.75%。第五等级命名为城际出行稀疏区，包括北京的平谷区、延庆区、密云区，天津的蓟县、宝坻区和宁河区，该等级占样本总体的1.33%。

从出行强度分布图（图4-3 a），可以发现北京与天津的中心城区基本上都属于城际出行强度集中区与密集区，两座城市的中心城区联系紧密。这样的出行空间分布格局与北京、天津的功能分区有密切的关系。北京的出行密集区与集中区是城市核心区及城市功能拓展区，这些区域高新技术产业发达，现代服务业发展迅速，如 CBD 位于朝阳区，海淀区则集中分布着各大科研院所，人才高度密集，是对外交流的门户。而天津的滨海新区，是高新技术产业基地。可见人才、信息与资金的合作交流是京津联系的主要纽带。北京与天津的出行分散区与稀疏区都位于城市的郊县位置，由于这些区域高新技术产业不发达，属于城市的生态保护区，同时这些区域往往离高铁站点较远，人们换乘高铁不是十分方便，受高铁的辐射带动作用小，该类区域的人们选择其他城际出行的交通方式可能性较大。城际高铁更多的是强化了出行密集区与集中区的紧密联系，为未来双城走向功能互补的发展格局奠定了基础。

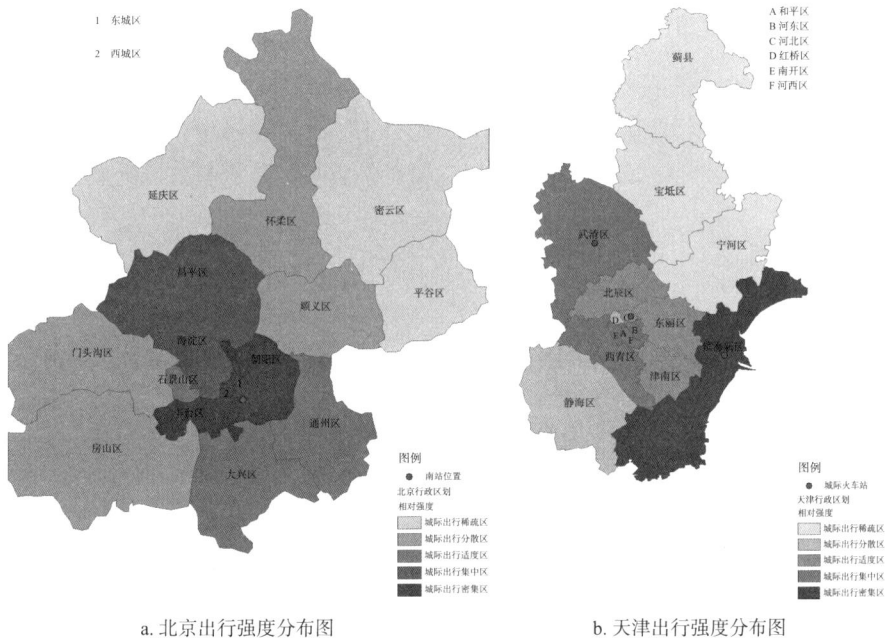

a.北京出行强度分布图   b.天津出行强度分布图

图 4-3　北京与天津出行强度分布图

5、出行空间感知

在高铁压缩时空间距离的过程中，人们对空间的感知会发生变化。城际高铁的出现在一定程度上压缩了京津之间的地理距离，改变了人们对两城间距离的感知。首先，人们将更多的日常需要扩展至了临近的城市，如例行的工作与购娱等行为。其次，表现为同城化效应的增强，一方面是如前所述的双城功能互补的趋势，另一方面是职住分离。对样本数据进行非参数分析，Wilcoxon秩和检验显著，sig 值 <0.05，Z 值为 -15.089，具有统计学意义，这说明了高

铁开通前后，人们的城际空间感知确实发生了变化。

1）日常例行活动的范围与频率

空间感知的变化表现为日常例行活动的空间范围和时间频率的变化。本案例从工作地、居住地、购物娱乐地可选范围，以及商务出行次数、回家次数、与生意伙伴见面次数、城际购娱次数等频率变化，对空间感知的变化进行测量（表4-5）。统计发现，工作、居住、购物地可选范围的增加同年龄具有等级相关关系（检验结果显著）。18岁以上人群，随着年龄增长，行动范围和行动频率的增加表现越弱。访谈得知，18～25岁，26～35岁之间的人群一方面更易于接受新事物，另一方面工作生活可能随时面临较大变化。而36岁以上的人群，工作、家庭基本稳定，这部分人群因追求稳定，不愿意有太多改变，高铁对该类人群工作、居住和购物地选择范围的影响较小。

从各指标相互比较来看，18～25岁的人群购物地范围增加最显著（增加样本占总体比例为62.59%），这部分人群多数处于学业期，对消费的需求最强烈。26～35岁，36～45岁，46～55岁人群商务出行次数增加最显著（增加样本占总体比例分别为58.19%、47.06%、45.53%），这部分人群处于事业期，商务出行、出差等是主要需求。56岁以上人群访友次数增加最显著（增加样本占总体比例为46.92%），这部分人群多已退休，更在意朋友间的互动与交流，情感是主要需求。

空间感知变化表 表4-5

空间感知变化（单位%）	年龄						总计
	18岁以下	18-25岁	26-35岁	36-45岁	46-55岁	56岁以上	
工作地范围增加	35.60	31.23	45.56	49.48	22.46	21.53	37.26
居住地范围增加	43.20	46.52	39.36	29.75	18.51	21.36	33.21
购物范围增加	41.06	62.59	43.71	35.78	21.09	22.13	41.47
商务出行次数增加	21.02	41.62	58.19	47.06	45.53	26.09	45.96
访友次数增加	20.05	36.21	45.06	43.16	32.15	46.92	41.12
娱乐次数增加	19.52	41.17	40.39	32.76	20.71	18.56	32.07

数据来源：通过1000份调查问卷分析获得

2）职住分离

同城化现象的凸显，很大程度上表现为职住分离，这也是人们对两市空间距离感知变化的体现。职住分离在西方十分普遍，可在中国的时间并不长，实践这种生活方式的人群属少数。在问卷设计中，我们着重考察人们的意愿，而非实际行动，这能反映出未来两市之间职住分离的趋势。表4-6是高铁开通前后职住分离意愿的统计结果。

职住分离意愿前后对比 　　　　　　　　　　　　　表 4-6

高铁开通前职住分离的意愿	占总体比例%	高铁开通后职住分离的意愿	占总体比例%
有，很强烈	3.5	有，很强烈	26.5
有，不强烈	8.2	有，不强烈	11.5
没想过	47.9	未想过	35.7
不愿意	25.3	不愿意	19.8
非常不愿意	15.2	非常不愿意	6.5

数据来源：通过1000份调查问卷分析获得

　　统计结果显示（表4-6），高铁开通前，有88.3%的人未想过或不愿意职住分离，仅有11.7%的人有过职住分离的意愿。高铁开通后，未想过或不愿意职住分离的人数比例降至62%，而有职住分离意愿的人数比例增加至38%。进一步通过开通前后非参数分析对比，显示有39.6%的样本相比过去他们的职住分离的意愿有所改变，越来越能够考虑或者接受职住分离这种生活方式。

　　在职住分离的偏好中，有81.7%的人们选择工作在北京，居住在天津，这也符合北京的工作薪酬较高，而天津房价相对较低的现实。这样的职住分离将有效地促进京津两市的经济发展，也会极大地改善两地居民的生活质量。从整体上来说，多数人认为城际高铁增加了他们商务出行和访友的次数，而对于居住地与工作地的可选范围影响的变化是因人而异的。

　　首先，乘客职住分离的意愿与高铁开通存在很强的正相关关系，相关系数为0.6。人们对依托高铁通勤的职住分离生活模式较大程度上受过去认同的影响，访谈发现，高铁的开通更多是刺激了那些过去就有职住分离想法的人，为这部分乘客提供了现实条件。

　　其次，职住分离意愿与居住地相关，居住于天津市区、武清等地的乘客相较居住于北京的乘客有更强烈的职住分离意愿。居住在天津市区的乘客45.9%有此意愿，居住在武清的乘客为53.2%，塘沽39.7%有此意愿，而居住在北京的只有35.1%有此意愿。具有职住分离意愿的样本中有81.6%倾向于工作在北京、居住在天津，这表明高铁的出现是强化了北京对天津、武清、塘沽工作指向职住分离人群的吸引，而天津对居住指向职住分离人群的吸引力并不突出。

　　最后，职住分离的意愿同出行频率具有很强的相关关系，出行频率越高，职住分离的意愿也越强烈，半年往返一次的有23.9%的样本显示有此意愿，每月往返两到三次的为45.2%，每周往返一次的样本比例增加到57.9%。

（四）主要结论

　　城际出行作为一种重要的城市空间相互作用的表现形式，在促进区域一体化进程方面发挥了重要的作用。城际高铁以一种全新的方式提供给出行者不同的出行速度、不同的舒适性等特征，进而影响出行者的出行行为，并且这种影响会由于个人经济社会属性的不同而产生差别。对京津城际高铁的出行调查研究表明：

（1）京津城际高铁开通后，改变了原有城际交通的分布结构，城际高铁"袭夺"了普通火车、大巴等其他交通方式的大量客流，成为城际间主要交通方式。但城际高铁较高的经济成本与低时间成本，也使得城际出行人群选择交通方式时产生阶层分化。

（2）在公交式的运行模式下，城际高铁提高了城际出行的频率，两个城市联系更加紧密，越来越多的人采取周通勤、日通勤的生活模式，并且出行频率与个人收入及交通费用报销比例具有等级相关关系。可以发现，高铁对出行频率的影响还是受到了经济成本的限制。

（3）城际高铁扩大了人们生活活动的范围，增加了出行目的。除了正常的商务出行，尤其吸引了更多的 18 ~ 25 岁间的年轻人跨城消费、娱乐等。

（4）城际高铁通过缩短城市间的时间距离，影响了人们对城际出行的空间感知，高铁的开通扩大了他们居住地、就业地的可选范围，为他们提供了更多的发展机会，使得部分人群产生了职住分离的意愿，越来越多的人能够接受职住分离这种新的就业生活方式。这种空间感知的变化会随着年龄的增大而减弱，一定意义上来说，城铁对于那些个人家庭结构相对简单，易于接受新事物的年轻人的城际空间感知改变较大，而对于 36 岁以上，工作、家庭基本稳定的人群来说改变不大。

参考文献：

[1] Willigers J, Wee B V, High-speed rail and office location choices. A stated choice experiment for the Netherlands[J]. Journal of Transport Geography, 2011, 19（4）: 745-754.

[2] 罗鹏飞, 徐逸伦, 张楠楠 . 高速铁路对区域可达性的影响研究——以沪宁地区为例 [J]. 经济地理, 2004（3）: 120-124.

[3] 吴威, 曹有挥, 梁双波, 曹卫东 . 中国铁路客运网络可达性空间格局 [J]. 地理研究, 2009, 28（5）: 1389-1400.

[4] 蒋海兵, 徐建刚, 祁毅 . 京沪高铁对区域中心城市陆路可达性影响 [J]. 地理学报, 2010（10）: 137-148.

[5] Gutiérrez J. Location, economic potential and daily accessibility: an analysis of the accessibility impact of the high-speed line Madrid-Barcelona-French border [J].Journal of Transport Geography, 2001, 9（4）: 229-242.

[6] Chen C L, Hall P. The wider spatial-economic impacts of high-speed trains: a comparative case study of Manchester and Lille sub-regions[J]. Journal of Transport Geography, 2012, 24（24）: 89-110.

[7] 苏文俊,施海涛,王新军.京沪高铁对鲁西南沿线主要城市的影响 [J]. 复旦学报（自然科学版），2009，48（1）: 111-116.

[8] 孟德友，陆玉麒.高速铁路对河南沿线城市可达性及经济联系的影响 [J]. 地理科学，2011（5）: 28-34.

[9] 胡蝶、梁雪松、沈国斐.高铁对绍兴居民旅游需求及行为的影响研究 [J]. 企业技术开发，2016，35（11）: 102-104.

[10] 吴群琪，徐星.旅客出行选择的机理研究 [J]. 长安大学学报（社会科学版），2007，9（2）: 14-16.

[11] 王丽.高铁站点区产业空间发展机制——基于高铁乘客特征的分析 [J]. 经济地理，2015，（3）: 94-99.

[12] 许春晓，姜漫.城市居民出游的高铁选乘行为意向的形成机理——以长沙市为例 [J]. 人文地理，2014，29（1）: 122-128.

[13] 吴昊.C+ 篇京津城际铁路对京津地区经济社会发展的作用 [J]. 铁道经济研究.2009，4: 15-19.

[14] 周素红.基于 T-GIS 的广州市居民日常活动时空关系 [J]. 地理学报.2010，12: 1454-1463.

[15] 姚宪辉.通勤出行行为研究 [D]. 北京：北京交通大学经济管理学院，2008，6.

[16] 杨立新.京津城际铁路的深层战略价值 [J]. 中国铁路.2009，（8）: 10-11.

[17] 陆大道.论区域的最佳结构与最佳发展——提出"点 - 轴系统"和"T"形结构以来的回顾和再分析 [J]. 地理学报，2001，（2）: 127-135.

第五章　高速铁路对我国城市商业发展的影响

一、高速铁路对城市商业发展的影响机理

高速铁路对城市最直接的影响就是缩短城市间的时空距离，提升城际可达性，而高铁带来的可达性变化对城市商业的发展产生重要影响。

（一）商业本身的属性和区位特点

商业是第三产业的重要组成部分，主要包括批发和零售业、住宿和餐饮业、居民服务与其他服务业。商业发展需要三个条件：一是市场，指消费者的集合，包括消费者的数量、收入、人口构成和生活方式；二是空间接近性，一般指空间距离和交通条件；三是竞争，即在市场地域中同行业竞争者的数量与能力 [1]。交通对城市商业空间的形成具有重要影响，由于商业的付租能力最高，高铁沿线容易发展成为新的商业走廊 [2]。商业中心空间分布与交通网络具有相关性，商业中心空间布局的交通指向性明显，选址倾向于沿交通主干道、地铁等交通基础设施布局 [3]。

（二）高速铁路可达性的提升对城市商业产生重要影响

高速铁路对城市最直接的影响就是缩短城市间的时空距离，提升城际可达性，而高铁带来的可达性变化对城市商业的发展产生重要影响。高速铁路的建设意味着一小时生活圈范围可扩充至 300 公里，从而引起高铁沿线城市的消费范围发生改变。高速铁路为沿线二三线城市的高消费群体到一线城市消费创造了条件，推动二三线城市中高端消费人群向一线城市汇集。国外学者 Gutiérrez Javier 等对欧洲高速铁路网络所引致的城市可达性格局演化进行了研究，认为高速铁路网络有助于外围地区接近经济中心，却同时加大了主要城市与其腹地可达性的差异，引起商业重构 [4]。Chia Lin Chen，Peter Hall 认为高速列车带给了城市不同的时空压缩效应以及面对面交流的机会，对各个城市经济、就业、办公租赁业及商业服务业产生了不同的深远的影响 [5]。国内学者苏文俊等研究了京沪高铁对鲁西南沿线主要城市的影响，认为京沪高铁的开通极大地提高了鲁西南沿线城市的可达性并极大地推动了沿线城市的商业发展 [6]。孟德友，陆玉麒研究了高速铁路对河南沿线城市可达性及经济联系的影响，认为高速铁路建设有效缩短了沿线地市的省内和省际旅行时间，强化了各地市的省内和省际区域联系，从而增强了地区间的商业联系 [7]。

商业的服务主体是人，商业发展需要大量的人流。高铁扩大了城市的辐射和吸引范围，带来了更多的集散人口，为城市商业发展提供了潜在顾客。高速铁路带来了大量的集散人口，成为商业网点布局的有利条件[8]。

（三）高速铁路站点地区建设推动商业集聚

高速铁路带动的客流主要以商务办公活动、休闲旅游活动、信息交流活动为主，高铁站点地区成为这些客流的集散中心，推动站点周边的餐饮、宾馆、旅游、商务、信息、办公等商业发展。高铁站点地区一般要进行高密度的商业或者住宅开发，优化城市商业发展格局，使商业、就业集中在车站吸纳范围内[9]，塑造以高铁站点为中心的商业业态空间结构，形成良好的商业环境。同时，高铁站点通过完善交通基础设施，推动高铁站点与城市内部可达性的提升。高铁站点建设带来了城市内部交通基础设施的完善，提高了站点地区的可达性，使得位于站点周边的商业企业的商圈扩大，进一步推动高铁站点地区商业的发展。

二、案例分析：高速铁路对长三角地区城市商业空间的影响

（一）研究区概况

虽然国内外已经有了一定数量高铁可达性变化对城市影响的研究，然而这些研究还没有详尽地阐释高铁所带来的可达性变化对哪类城市以及哪些人群产生了怎样的影响，对商业发展产生怎样的影响。本案例从高速铁路快速、公交化运营以及运载旅客收入水平普遍较高的特点出发，研究高铁带来的可达性变化对旅客城际消费空间的影响。王宁认为消费空间指为人们日常消费活动提供的各种空间、场所，它是商品或服务的生产者和消费者之间的桥梁和纽带[10]。消费空间的构成要素包括空间内部的商品、服务以及空间本身。本案例所界定的消费空间包括物质商品消费空间、医疗保健社会服务消费空间、休闲娱乐消费空间。

我国对于消费空间的研究最早主要集中在区域尺度，随后进入对城市尺度消费空间研究的繁荣期。如杨吾扬对北京零售商业与服务业中心的研究[11]，宁越敏、黄胜利对上海商业消费等级体系变迁的研究[12]，林耿、许学强对广州市商业业态空间形成机理的研究[13]。目前交通可达性变化对消费空间影响的研究大多集中在城市尺度上，且对消费空间产生了怎样的影响学术界众说纷纭。李文翎、阎小培的研究表明城铁沿线容易形成新的商业走廊[14]。林耿、张小英、马扬艳指出城铁的建成通车强化了广州市商业空间的等级分异，城市中心区商业中心的集聚效应得到加强，城区和郊区商业空间的分异进一步加大[15]。本案例将关注高速铁路带给各个城市可达性的变化对区域消费空间的影响。

（二）数据来源与研究方法

1、数据来源

铁路路网与节点是铁路交通可达性研究的两个基本要素。本案例主要以

上海、苏州、杭州和南京在长三角地区内的 2008 年（动车未开通以前）以及 2013 年的铁路路网为研究对象，探讨高速列车运营以前以及运营后的第三年各个城市城际可达性的变化。本案例有关各个火车站点所有车次、车辆类型、里程、历时等数据来自于中国铁路出版社与北京极品时刻科技有限公司联合出品的极品时刻表 2008.11.08 版和 2013.08.08 版。针对高铁运营旅客的消费特点，本案例设计了出行、商业消费、休闲旅游消费三方面的调查问卷，在上海、苏州、杭州、南京等城市的火车站、城际列车上、知名休闲娱乐场所发放回收了 1200 份问卷，其中 1183 份为有效问卷，问卷有效率 98.6%，有 600 份问卷是关于出行的问卷，600 份问卷是关于商业、休闲旅游消费的问卷，其中在上海和苏州两地发放并回收的有效问卷有 728 份，南京、杭州等城市回收问卷 472 份。在此基础上，本案例研究组还在上海、苏州、杭州、南京等城市做了不少于 50 人次的关于城际铁路开通对个人消费影响的访谈。访谈对象包括大学教师、学生、政府工作者、铁路工作者、商务出差者、旅游者、导游、走亲访友者等，获得了不少于 50 份的口述笔录访谈记录。

2、研究方法

1）城际可达性

城际高速铁路有两大特点，一是快速，二是公交化运营。本案例所构造的可达性指标要反映城际铁路的这两个特点。本案例假定乘客到火车站购票并乘车出发，在火车票充足的情况下，乘客到达目的地至多需要的平均时间是出发地与目的地火车平均运营时间与平均发车间隔时间之和。其表达式为：

$$T_{ij}=\alpha_{ij}+\beta_{ij}$$

式中：T_{ij}——表示 i 地到 j 地至多需要的平均时间

α_{ij}——表示由 i 地到 j 地火车平均运营时间

β_{ij}——表示由 i 地到 j 地平均发车间隔时间

其中，T_{ii}——表示从 i 地出发到 i 地所需的时间，$T_{ii}=0$。

由此可以计算得到高速列车开通前后各个城市间的可达性（表 5-1）。

高速列车开通前后各个城市间可达性　　　　表 5-1

单位：分钟

2006 年 11 月 8 日各个城市可达性					2013 年 8 月 8 日各个城市可达性				
目的地 出发地	上海	杭州	苏州	南京	目的地 出发地	上海	杭州	苏州	南京
上海	0	166	83	253	上海	0	99	47	136
杭州	170	0	299	469	杭州	102	0	215	297
苏州	87	311	0	192	苏州	49	220	0	112
南京	252	474	193	0	南京	139	321	108	0

2）城际消费空间

克里斯泰勒[16]、Stansfield 和 Rickert[17]、柴彦威[18]等学者在研究消费空间时，均从消费空间的供给角度入手，研究消费空间实体本身。本案例的研究另辟蹊径从消费空间的需求入手，研究人的城际消费需求，主要有以下几点考虑（如图 5-1 所示）:①高速铁路对城际消费空间的影响模式有独特之处。高速铁路相比普通列车运载乘客的数量与结构不一样，致使要在某一空间消费的人的数量与结构不一样，即高速铁路给各个城市带来了不同的消费需求，有了需求必然会诱发供给，供给又带来了需求，循环累积，最终达到供给与需求的动态平衡并反映在消费空间的实体供给上。②城际消费空间供给与需求的相互作用与循环累积在特定的外界环境下，其相互作用和累积速度不一样。外界条件适宜消费空间供给与需求的累积时，其累积作用可能是突发并瞬间完成的，这时研究城际消费空间的需求与供给是等效的。在外界条件不适宜循环累积的情况下，高速列车对城际消费空间需求的变化敏感，对城际消费空间供给变化不敏感。③本案例没有研究城际消费空间供给与需求的外界条件对其循环累积作用的机制，因此把它当作黑箱处理，挑选对城际可达性变化敏感的城际消费空间的需求加以研究。④从消费空间的需求入手，把人的消费需求研究清楚就可以，数据获取及处理比较简单。如果从消费空间的供给角度入手，需要研究各个城市不同消费空间的数量及结构，很难获取和处理这些庞杂的数据。

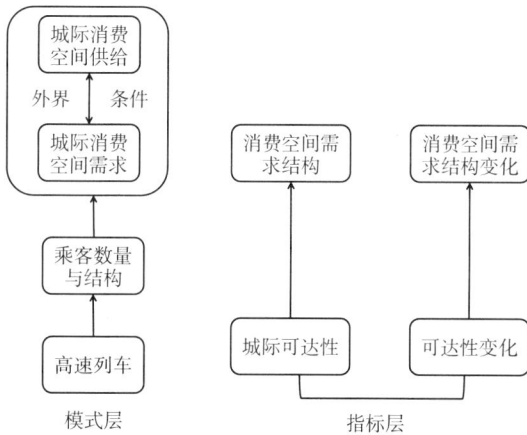

图 5-1 城际高速铁路对消费空间影响的模式及刻画指标

基于以上几点考虑，本案例研究组在 600 份关于商业、休闲消费问卷中整理出 509 份专门描述上海、杭州、苏州、南京四地高速列车运行前后，人们在各地不同消费类型的消费需求的问卷。问卷中涉及物质商品消费有:珠宝饰品、手表，美容美妆，服装，配件，鞋，箱包，餐饮宴请，食品，母婴用品，手机，数码，家用电器，居家生活用品；涉及社会服务消费的有：医疗，保健；涉及休闲娱乐消费的有：文化娱乐，运动户外。为压缩篇幅仅列出珠宝饰品、手表，医疗，保健，文化娱乐在高速列车开通前后人们的消费需求空间（表5-2）。

城际高速铁路运行前后消费空间的需求结构 表5-2
单位：%

运行前珠宝首饰、手表消费					运行后珠宝首饰、手表消费				
消费地 居住地	上海	杭州	苏州	南京	消费地 居住地	上海	杭州	苏州	南京
上海	92.0	1.1	2.3	2.3	上海	95.2	5.3	6.1	4.2
杭州	6.7	100.0	0.0	0.0	杭州	41.0	100.0	0.3	6.2
苏州	6.9	3.9	97.1	2.9	苏州	13.5	6.7	90.3	6.7
南京	0.0	0.0	0.0	100.0	南京	20.9	0.0	0.2	78.5

运行前医疗消费					运行后医疗消费				
消费地 居住地	上海	杭州	苏州	南京	消费地 居住地	上海	杭州	苏州	南京
上海	100.0	1.1	0.0	1.1	上海	98.1	2.5	1.2	3.6
杭州	0.0	100.0	0.0	0.0	杭州	25.9	100.0	0.1	0.2
苏州	6.9	1.0	98.0	2.9	苏州	10.5	3.6	97.8	2.7
南京	0.0	0.0	0.0	100.0	南京	0.0	0.0	0.1	100.0

运行前文化娱乐消费					运行后文化娱乐消费				
消费地 居住地	上海	杭州	苏州	南京	消费地 居住地	上海	杭州	苏州	南京
上海	98.9	6.9	5.7	4.6	上海	97.6	17.5	17.9	11.3
杭州	6.7	100.0	6.7	0.0	杭州	24.9	100.0	7.2	12.5
苏州	7.8	2.9	99.0	5.9	苏州	18.7	9.6	93.7	6.8
南京	20.0	0.0	0.0	100.0	南京	39.2	40.0	0.0	80.0

以珠宝首饰手表消费为例：居住在上海的人在高速列车运行以前，92.0%的人在上海消费珠宝首饰、手表，1.1%的人在杭州消费，2.3%的人在苏州消费，2.3%的人在南京消费；高速列车运行以后，95.2%的人在上海消费，5.3%的人在杭州消费，6.1%的人在苏州消费，4.2%的人在南京消费。

（三）城际可达性与城际消费空间的关系

本案例刻画城际可达性与城际消费空间的需求结构时均是点到点的有方向性的数值。这些有向数值构成了城际可达性网络与城际消费需求结构网络。城际可达性与城际消费空间的关系即可达性网络与消费空间网络的关系，本案例的引入网络相关性来刻画这种关系，其公式如下：

$$R = \frac{\Sigma_m \Sigma_n \, (A_{mn} - \overline{A})(B_{mn} - \overline{B})}{\sqrt{(\Sigma_m \Sigma_n \, (A_{mn} - \overline{A})^2) \cdot (\Sigma_m \Sigma_n \, (B_{mn} - \overline{B})^2)}}$$

式中：A_{mn}——m 行 n 列的网络 A

B_{mn}——m 行 n 列的网络 B

$\overline{A}$——网络 A 的均值

$\overline{B}$——网络 B 的均值。

R 是 –1 到 1 的实数，若其值为 –1，则网络 A 与网络 B 完全负相关；若其值为 1，则网络 A 与网络 B 完全正相关，若其值为 0，则网络 A 与网络 B 完全没有相关性。利用该公式计算出高速列车开通后，不同的消费类型与开通后城际可达性的相关性。汇总如表 5-3。

2013 年不同消费类型结构网络与 2013 年城际可达性网络的相关性　　表 5-3

	2013年不同消费类型的结构网络					
	珠宝	美容	娱乐	医疗	服装	鞋箱
与 2013 年城际可达性网络的相关性	–0.70	–0.67	–0.58	–0.69	–0.71	–0.70
	餐饮	户外	母婴用品	手机数码	家电	居家生活
	–0.62	–0.75	–0.58	–0.70	–0.67	–0.70

由表 5-3 可以看出，城际可达性网络与不同消费类型的结构网络间均有较强的负相关，即城际可达性网络的值越小，消费类型网络的值越大。可达性网络中值越小，意味着出发地到目的地间时间距离越短，时间距离越短越有利于到目的地消费。然而该相关性不能说明出发地到目的地可达性变化是否会带来消费结构的变化。因此还需要以高速列车运行前后的城际间可达性网络为基础构造城际可达性变化网络，以高速列车运行前后不同消费类型的结构网络为基础构造城际消费类型结构变化网络。

城际可达性变化网络中出发地到目的地可达性变化的值是高速列车运行以前点到点间可达性数值与运行以后可达性数值的差，意味着高速列车带给各个出发地到目的地可达性的绝对变化，单位仍为分钟。城际消费类型结构变化网络中从居住地到某一消费地消费的百分比的变化是高速列车运行以后从居住地到某一消费地消费百分比与高速列车运行以前从居住地到某一消费地消费百分比之差，意味着高速列车使某一居住地到某一消费地消费人数比例的绝对变化，单位仍为百分之一。通过上述公式计算出城际可达性变化网络与各种类型的城际消费结构变化网络相关性（表 5-4）。

城际可达性变化网络与各种类型的消费结构变化网络的相关性　　表 5-4

	各种类型的消费结构变化网络					
	珠宝	美容	娱乐	医疗	服装	鞋箱包
与城际可达性变化网络的相关性	0.29	−0.04	0.63	0.01	−0.03	−0.07
	餐饮	户外	母婴用品	手机数码	家电	居家生活
	0.21	0.23	0.05	−0.02	−0.17	−0.19

　　由表 5-4 可知，城际可达性变化网络与文化娱乐消费结构变化网络相关性较大，即高速列车的开通缩短了各个城市间的时间距离，进而促进了居民在异地的文化娱乐消费。城际可达性变化与珠宝的消费结构变化网络有一定的相关性，但相关性不大。对比表 5-3 与表 5-4 的相关内容，发现各城市的时间距离越小，异地消费珠宝的居民越多，这解释了变化网络间的相关性。珠宝消费结构变化有一定的方向性，高速列车的开通使杭州、苏州、南京等地的居民更多地偏向于在上海购买珠宝。然而可达性网络变化的方向性不大，上海、杭州、苏州和南京彼此间的可达性均有较大变化，不仅仅是以上海为目的地的可达性发生了变化。这解释了两个变化网络的相关性不大的特征。对于美容、医疗、服装、鞋箱包、餐饮宴请、运动户外、母婴用品、手机数码、家用电器以及居家生活用品而言，城际可达性的变化对这些消费类型空间上的变化几乎没有影响。

　　这些结果也正是我们在沪、杭、苏、宁等地访谈所得到的结果。苏州的韩先生说："我每一两周就要带小孩去上海的书店、图书馆逛逛。上海毕竟是大城市，对小孩有用的书多，现在坐火车也快。"杭州的朱女士说："现在来杭州玩的外地人比以前多了，以前他们顶多到西湖逛逛，现在连爬山的都有好多外地人。"上海的李先生在南京火车站接受我们的访谈时说："上海人就喜欢吃、喝、玩，高铁开了，当然方便了，我几乎每周都要到朋友那里去玩。"苏州的王女士说："我们办公室的姐姐们都是周末拉伙到上海去逛，一般都是去买衣服。"当问及以前是否也是结伴去上海买东西时，王女士说："以前也有，现在可能经常去吧。"当问及高铁开通后是否会专程到异地消费美容美妆、买服装、买鞋箱包、餐饮宴请、买运动户外、买母婴用品、买家电及居家生活用品时，受访的绝大多数人表示不会专程去异地消费。在苏州开旅行社的朱先生说："你要是问这个问题，在十年以前就对了，那时苏州东西缺，我们还真的专程到上海买东西。现在什么东西都有了，还到上海去干嘛？上海的东西也不比苏州好到哪里去。"杭州的仲女士说："我们很少专程跑到其他城市买东西，大都是访亲拜友、同学聚会时去顺便买点东西，谁没事儿干到处跑啊。"当问及高铁开通后会不会更有利于到异地医疗保健时，南京的李大爷说："得了病，就得治，比如说牛皮癣吧，没有高铁你要到上海去治，有了高铁你还是要到上海去治。"

苏州的张先生说:"我们倒是想享受上海的医疗条件,但上海没有我们公费医疗的定点单位啊。"

由以上问卷分析及相关访谈,研究组发现城际时间距离的压缩催生了广阔的文化、休闲娱乐消费空间的需求;然而对实物商品消费空间影响不大,至少从消费的数量上影响不大,但对消费的频次有一定影响;对医疗保健等社会服务的消费空间几乎没有影响。

(四)高速铁路运行后消费空间的重构

为了理解沪、宁、杭、苏等城市在高速列车运行后消费空间的重构,本案例的研究引入消费空间场强公式,以休闲娱乐消费空间和珠宝首饰实物商品消费空间为例,阐释地区消费空间的变化。消费空间场强计算公式如下:

$$V_j = \Sigma_i \frac{M_{ij} \times P_i}{T_{ij}}$$

式中:V_j——表示某种消费类型的目的地城市 j 对周边城市的场强

M_{ij}——表示居住在城市 i 的居民到城市 j 消费的百分比

P_i——表示某一时期城市 i 的人口

T_{ij}——表示从城市 i 到达城市 j 所需要的在铁路上的平均最短距离

计算各个城市消费空间场强相对变化时通过比较两个时期城市在城市群中的相对场强大小计算变化值,计算公式如下:

$$\Delta_j = \frac{\frac{_2V_j}{\min(_2V)} - \frac{_1V_j}{\min(_2V)}}{\frac{_1V_j}{\min(_2V)}} \times 100$$

式中:Δ_j——表示城市 j 某一消费类型的消费空间场强的相对变化值

$\min(_1V)$——表示高速列车运行前,各个城市中某种消费类型的最小场强值

$_1V_j$——表示高速列车运行以前,城市 j 某一消费类型的消费空间场强

$\min(_2V)$——表示高速列车运行后,各个城市中某种消费类型的最小场强值

$_2V_j$——表示高速列车运行以后,城市 j 某一消费类型的消费空间场强

经计算沪、杭、苏、宁等城市在休闲娱乐消费空间和珠宝首饰消费空间的场强及相对变化值,汇总如表5-5。

各个城市高速列车运行前后消费空间场强变化　　　　表5-5

城市	运行前消费空间场强		运行后消费空间场强		消费空间场强相对变化	
	文化娱乐	珠宝首饰、手表	文化娱乐	珠宝首饰、手表	文化娱乐	珠宝首饰、手表
上海	16015	9470	80881	70976	4.57	18.76
杭州	8300	2218	47602	14003	18.76	0.06
苏州	14197	5030	77747	28209	13.39	-10.96
南京	5789	2873	27959	14856	0.01	-18.12

由表 5-5 可知，高速铁路开通后各个城市文化娱乐和珠宝首饰、手表等实物商品的消费空间场强在数值上均有较大的增加，但其相对变化量存在加大的差异，各个城市在不同的消费类型上其消费空间存在着剧烈的重构现象。对于文化娱乐消费空间，高速列车运行后各个城市的文化娱乐消费空间的场强在数值上均大有增加，其中杭州在城市网络中的相对重要地位增长得最多，其次是苏州，再次是上海，最后是南京。这也与我们在沪、杭、苏、宁等地的访谈结果一致。上海的高先生说："高铁开通后，我更喜欢到杭州了，不仅是因为旅途时间短，更重要的是还可以到附近的嘉兴、宁波、温州去玩。南京这方面的条件就差好多了。"因此杭州文化娱乐地位的提升不仅在于杭州城市可达性的增加，还在于城市可达性对周围文化娱乐消费地的整合。对于珠宝首饰、手表消费空间，高速列车运行后各个城市的场强有所增加，然而城市在城市网络的珠宝首饰、手表消费的重要地位存在着巨大变化。珠宝首饰、手表消费是贵重实物商品消费的代表，上海在四城市中贵重实物商品消费地位极大凸显，而其他几个城市在网络中的地位相应地有所退步。

（五）结论与讨论

1、结论

结论一：长三角地区的城际高速铁路对城际文化娱乐、休闲消费空间有较大的扩展作用；对城际的实物商品消费空间的有一定扩展作用，但影响不大；对城际的社会服务消费空间几乎没有扩展作用。这说明由于户籍的限制，很多社会服务，例如医疗保健，还不能完全市场化，这些产品的消费对高铁的敏感度较低。已有的交通运输已经使得各地区在日用品消费上的差距不大，因此普通水平上人们对日用消费品的异地购买意愿并不是很强烈。相比前两者，文化娱乐和休闲消费依托的是地方特色和人们追奇求新的心态，城际高铁的开通对满足人们感受不同的文化，体验另类的风景，并享受这种由新鲜感带来的闲适与悠然提供了很好的条件。

结论二：长三角地区城际高速铁路对各个城市有不同的影响。城际高速铁路提升了杭州、苏州等地的文化娱乐休闲消费地的地位，提升了上海贵重实物商品消费地的地位，却相应降低了杭州、苏州、南京贵重实物商品消费地的地位。

2、讨论

本案例的研究所构造的城际可达性指数在下一步的研究中还须考虑航空、公路、水路等交通方式的影响。城际可达性网络和消费需求结论网络之间的相关性研究及刻画还有待加深，对城际消费空间场强的刻画还有待斟酌。

本案例的研究仅通过一系列数字、指标、访谈记录描述了长三角地区城际高速铁路开通后对城际各种消费空间的影响，但还没有深入本质，探讨其影响机制，这些需要进一步研究。

参考文献：

[1] 蔡国田 . 轨道交通建设对广州市零售商业活动空间影响的研究 [D]. 广州：华南师范大学地理科学学院，2004.

[2] 林耿，张小英，马扬艳 . 广州市地铁开发对沿线商业业态空间的影响 [J]. 地理科学进展，2008，27（6）：104-111.

[3] 张小英，巫细波 . 广州购物中心时空演变及对城市商业空间结构的影响研究 [J]. 地理科学，2016，36（2）：231-238.

[4] Gutiérrez J，González R，Gómez G，The European high-speed train network：predicted effects on accessibility patterns[J] .Journal of Transport Geography，1996b，4（4）：227-238.

[5] Chen C L，Hall P，The impacts of high-speed trains on British economic geography：a study of the UK's InterCity 125/225 and its effects[J]. Journal of Transport Geography，2011（19）：689-704.

[6] 苏文俊,施海涛,王新军 . 京沪高铁对鲁西南沿线主要城市的影响 [J]. 复旦学报（自然科学版），2009，48（1）：111-116.

[7] 孟德友,陆玉麒 . 高速铁路对河南沿线城市可达性及经济联系的影响 [J]. 地理科学，2011，31（5）：537-543.

[8] 王士君，浩飞龙，姜丽丽 . 长春市大型商业网点的区位特征及其影响因素 [J]. 地理学报，2015，（06）：893-905.

[9] 李文倩 . 轨道交通建设对北京市商业空间布局的影响 [J]. 都市快轨交通，2008，21（6）：19-22.

[10] 王宁 . 消费社会学：一个分析的视角 [M]. 社会科学文献出版社，2001：238.

[11] 杨吾扬，北京市零售商业与服务业中心和网点的过去、现在和未来 [J]. 地理学报，1994（1）：9-17.

[12] 宁越敏，黄胜利 . 上海市区商业中心的等级体系及其变迁特征 [J]. 地域研究与开发，2005（4）：15-19.

[13] 林耿，许学强，广州市商业业态空间形成机理 [J]. 地理学报，2004，59（5）：754-762.

[14] 李文翎，阎小培 . 基于轨道交通网的地下空间开发规划探析——以广州市为例 [J]. 城市规划汇刊，2002（5）：61-64.

[15] 林耿，张小英，马扬艳 . 广州市地铁开发对沿线商业业态空间的影响 [J]. 地理科学进展，2008，27（6）：104-111.

[16] 克利斯泰勒 . 德国南部中心地原理 [M]. 北京：商务印书局，2010.

[17] Stansfield，C. A.，Rickert，J. E. The Recreational Business District[J]. Journal of Leisure Research，1970（4）：213-225.

[18] 柴彦威，翁桂兰，龚华 . 深圳居民购物消费行为的时空间特征 [J]. 人文地理，2004，19（6）：79 - 84.

第六章　高速铁路对我国城市旅游业发展的影响

一、概况

旅游作为旅客从客源地到旅游目的地的一种空间活动，深受旅游目的地吸引力、收入水平、交通条件等因素的影响，其中交通条件的变化对旅游的影响最为敏感。高速铁路作为交通条件的巨大进步，极大地改善了城市间的交通条件，缩短了旅行时间，必将会对游客出行和旅游发展产生重要影响。

日本东海道新干线的建成标志着世界高铁的起步，高铁旅游最早发端于日本[1]，之后欧洲一些国家也开始了高铁旅游。第三次世界高铁建设的浪潮使得中国学术界与媒体广泛关注与讨论高铁对旅游的影响。我国高铁沿线各城市纷纷开始采取措施，想要依托高铁发展高铁旅游。

目前京沪高铁沿线城市，武广高铁沿线城市纷纷开始采取应对措施来借力高铁发展城市旅游。如京沪高铁沿线济宁市于 2011 年 6 月下发了《关于迎接高铁时代加快旅游业发展的意见》的通知，指出将调动社会各方积极性，对旅游资源进行深度开发，完善相关配套设施，提升服务标准，打造城市品牌效应，积极对接高铁旅游市场，将高铁变为济宁市旅游业发展的新引擎[2]。而济南市则将重点放在旅游产品的推陈出新及联合营销与宣传推广上[3]。武广高铁沿线的城市也不落后，2010 年 7 月在韶关举行的首届"广深、武广高铁沿线城市旅游发展高峰论坛"针对高铁旅游进行了高峰对话[4]。武汉市则依托其既有的综合交通枢纽优势，在湖北省内增开客运专列，连通武汉与省内重要旅游城市，以期建成武汉高铁旅游服务中心[5]。

不仅京沪高铁、武广高铁沿线城市旅游受益于高铁，郑西高铁的开通，也拉动了陕豫两省旅游业的快速发展，高铁旅游带动了旅游经济的快速发展，从 2010 年 2 月 6 日郑西高铁开通至 2010 年 8 月，陕西省接待境内外游客与旅游总收入分别同比增长 28.2% 和 30.3%[6]。同时中小城市也从高铁的经过中受益匪浅，2010 年春节黄金周期间，郴州市接待游客同比增长了 33.72%；旅游综合收入同比增长了 18.24%[7]。

即使是尚未全线开通的京港澳高铁，也引起了广泛的关注与研究。京港澳高铁连接北京、天津、香港、澳门，贯穿豫、鄂、湘、广、深等省市，将大大缩短沿线城市之间的时间距离，改变人们出行、消费的方式，极大地影响沿线地区的旅游业发展[8]。京港澳高铁沿线京、津、冀、豫、鄂、湘、粤7个省市和31个城市将组成京港澳旅游市场推广联盟，以期打造"京港澳高铁旅游休闲产业带"[9]。

相较于大多数人对于高铁旅游如此高涨的热情和期待，少数人对于高铁旅游做出了冷静而理智的思考，王建民认为高铁旅游在短时间内还难以快速起步。他认为旅游界所谓的高铁旅游，只有高铁，而无与高铁关联的旅游产品，高铁旅游的吸引力无法得以体现[10]。贾云峰则强调了利用高铁整合各市旅游产品的重要性[11]。王洁平认为，高铁旅游在带来机遇的同时也带来了挑战，而由外在机遇转化为内在优势则需要旅游企业和交通部门等多方面的合作[12]。

二、国内外研究现状综述

（一）国外研究现状综述

国外高铁建设比较早，关于高铁对旅游的影响研究也相对较多。大多数的研究表明高铁对旅游产生了积极的影响，带来较大的旅游客流，对商务旅游和休闲旅游的发展影响明显。

日本的研究认为，北陆新干线（连接东京都与大阪市的一条整备新干线）开通后带来了更多的旅游客流，致使客运业者需增新的线路来拓展旅游市场，并新增了5条定期观光巴士[13]。还有学者认为，日本新干线开通后，沿干线地区形成了"旅游走廊"[14]。

法国的研究证明，TGV（法国第一条高速铁路）开通后，巴黎—里昂之间的出行时间缩短到两小时[15]，并对航空造成了较大的影响，两地之间的航班次数大幅度减少[15]。高铁的开通使距巴黎一小时车程的曼斯和图尔斯的人们更加频繁地通勤，由每周一次变成每日一次，且减少了过夜游客量，相应增加了一日游的游客[15, 16]。法国高速铁路推动了里昂休闲、商务旅游发展，商务旅游收入是普通旅游收入四倍[17]，极大地促进了里昂经济的发展。法国高铁不仅促进了曼斯、图尔斯和里尔商务旅游的发展，也带动了当地的经济发展[15]。

英国的研究表明，高铁大大缩短了伦敦到英国各大城市的旅行时间，并促进了英国各城市商务旅游和休闲旅游的发展[18]。覆盖英国全国的高铁网使中西部地区借助于优质体育设施发展商务旅游提供了超过11万个就业岗位[19, 20]。2003年9月，英国第一条高铁线——海峡隧道高铁线开通运行之后一年内，从伦敦到巴黎的市场份额看，欧洲之星占市场份额67.96%，是经营该航线的4家航空公司市场份额（32.04%）的两倍多，高铁已占据伦敦到巴黎的主要交通市场[21]。Behrens调查了从伦敦到巴黎的2648位休闲旅游者和1464位商务旅游者，显示休闲游客中70.9%选择高铁，29.1%选择飞机；商务游客中51.0%选择高铁，49.0%选择飞机，高铁对航空产生的强烈冲击主要作用于休闲与商务出行[21]。

瑞典 Svealand 高铁线开通后，高铁以舒适的环境、较低的票价、节约时间等优势吸引了原有的自驾游者选乘高铁，高铁开通使得 Eskilstuna 城市出游人数增长了 6%[22]。

在美国加州，高铁对旅游客流的刺激，促进了当地食宿业、零售业、文化娱乐业的发展[23]。支持（加州高铁）者预测高铁能提供与高铁建设相关的就业岗位、与旅游业等相关产业的就业岗位共 60 多万个，并将带动其他行业的发展[24]。Sean Randolph 则结合当地铁路局的相关数据预测了旧金山与加州海湾地区有无高铁时的就业增长率与人口增长率，认为 2030 年修建高铁可为旧金山带来 1.0% 的就业增长率和 1.9% 的人口增长率，为加州海湾地区带来 1.1% 的就业增长率和 1.2% 的人口增长率[23]。可见高铁建设对沿线旅游目的地的人口增长和就业增加有一定的促进作用[25]。

同时，区域旅游也极大地受益于高速铁路[26]。1989 年开通的大西洋高铁，加速了大西洋地区旅游业发展，使勒芒城商务旅游市场由本地区扩展到整个国家乃至国际市场[27]。而由于停留时间的减少，高铁对酒店业的发展产生了消极影响，大西洋高铁开通后，曼斯商务游客增多了，但较少的停留时间使得入住酒店者减少，影响到酒店业的发展[17]。高铁对地中海旅游影响的研究结果显示，高铁的开通在增加游客量的同时，也提高了大中城市旅游者的旅游欲望，改变了旅游者行为规律[28]。欧洲高铁系统提升了高铁沿线城市之间的可达性，使 2010 年欧洲主要经济活动区域范围与 1993 年相比扩大了很多，从而改变了欧洲的旅游空间格局[29, 30]。高速铁路网络催化了欧洲各国之间的融合，深化了国家与区域间的旅游合作[31]。

高铁对一些城市的旅游发展会带来积极的效应，但对另一些城市而言，可能会分流原有的旅游客流。如法国佩皮尼昂——西班牙巴塞罗那段高铁的运行，缩短了旅行的时间，促进了两地短途游的发展，但两地旅游市场表现出失衡的状态，高铁对巴塞罗那旅游流表现出正向影响，而对佩皮尼昂则为负向影响[17]，这与两地的旅游吸引力不无关系。核心—边缘理论[32] 使旅游活动集聚于巴塞罗那，对佩皮尼昂的旅游客流起到一定的分流作用，形成了高铁的"过滤效应"[17]。

归纳以上具有代表性的一些国外高铁对旅游影响的研究，可以看出，高铁对旅游的影响因区位不同城市不同而不一样，因乘坐高铁的人群不同对某些特定的旅游（如商务旅游）产生不同的影响，因此高铁对旅游的影响研究必须考虑到研究区域与研究对象的具体情况。

（二）国内研究现状综述

从我国第一条高速铁路——京津城际铁路开通以来，国内学者就一直很注重高铁对旅游业发展的影响研究。目前，国内学者对于高铁对旅游业影响的研究已经有了不少成果。

（1）基于高铁对城市旅游发展带来的机遇、挑战及对策的研究。这部分研究主要集中于京沪高铁与武广高铁沿线城市。崔乔分析了京沪高铁沿线的山东省旅游发展的机遇与挑战，提出了山东旅游目的地的发展路径[33]。胡芬、张进、王洁、刘亚萍等分析了武广高铁沿线湖北省旅游市场变化、发展机遇与挑战，从产业联动、产品创新等方面提出了相应的战略[34-35]。张莹、薛东前运用SWOT分析方法，分析了郑西高铁沿线郑州与西安两市旅游联动发展的优劣势、机遇与挑战[36]。黄爱莲以新经济地理模型为理论基础，讨论武广高铁与沿线区域旅游的关系，并提出相应的政策建议[37]。蔡晶晶分析了高铁背景下海西区旅游在资源配置、产业结构、区域合作等方面面临的挑战，并着重于从旅游产品的更新来推动旅游产业升级[38]。张丽娟、廖珍杰分析了武广高铁在微观层面——游客与宏观层面——旅游企业及旅游业发展格局带来的影响[39]。王雪峰以洛阳市为例，深入分析了郑西高铁开通后洛阳旅游的变化[40]。曾婷婷以厦门市为例，就经济、环境、游客行为、旅游企业和旅游发展格局等方面，全面分析了高铁网建设给城市旅游带来的影响[41]。周仁亮则指出武广高铁的开通将改变沿线城市的旅游格局[42]。

（2）高铁背景下旅游空间结构、空间区位与转化等的研究。梁雪松、王河江、邱虹对比分析了湖南与河南的旅游区位，探讨了基于武广、郑西两条高铁视角的湘、豫旅游空间区位优势转换[43]。路东姣强调了交通对旅游发展的重要性，她认为城市旅游空间结构优化的重点在于改善市内及外部的交通条件，完善高铁沿线城市交通节点功能至关重要[44]。蔡卫民、熊翠认为武广高铁等高铁将很可能促进湖南省温泉旅游总体格局的转变，进而使旅游者的空间行为模式由传统的线性向基营式和环型转变[45]。刘军林、尹影认为中小城市需要提升高铁辅助交通服务能力，改善城市在高铁旅游轴线中的节点地位，改变旅游空间结构的竞争格局，从而提高自身旅游竞争力和吸引力[46]。

（3）对于旅游主体——"游客"旅游行为（旅游目的地选择、旅游需求变化等）的研究。康晓利着重于"人"这一主体，分析高铁开通后不同人群的旅游行为意向、目的地选择的变化及意向影响选择的机制[47]。刘伏英认为武广高铁的运营使得消费者进入了快ררr旅时代，游客消费需求产生了变化，并分析了游客在旅游时间、频率、方式及目的地选择等方面产生的变化，给出了整合旅游线路，主推短线游的建议[48]。李敏敏、王计平分析了京沪高铁旅游发展现状，基于消费者需求的变化，设计出"四圈"（旅游圈）及"四线"（精品旅游线路）[49]。汪德根、牛玉、王莉认为高铁开通前后影响目的地选择的主要因素是不同的。高铁开通前，旅游目的地和客源地之间的空间距离是最为重要的影响目的地选择的因素，而高铁开通后，旅游地的网络密度、旅游资源禀赋和旅游服务接待能力则成为重要的影响因素[50]。王华认为高速铁路由于能够加速人流、资金流、信息流的流动等特性，具有显著的时间效益，加上自身较好的便捷性和舒适性，能够对城市居民旅游行为产生显著拉动效应[51]。

（4）高铁背景下旅游资源整合、旅游区域协调与合作的研究。方微以武广高铁为载体，建议建立联动鄂湘粤旅游的高铁旅游生态圈，从多方面探讨了武广高铁旅游生态圈的策略，并提出了相应的保障机制[52]。蒋丽芹指出在世界范围内的经济全球化、区域经济一体化背景下，我国区域合作与发展的战略必然从极化发展转向泛化发展，从以城市为中心转向以城市群为中心，并探讨了高铁背景下泛长三角区域旅游合作体系的问题[53]。唐中明则结合武广高铁背景下湖南旅游发展的现状，对湖南省旅游资源整合这一问题进行了分析[54]。刘丽莉独辟蹊径，以湖北省乡村旅游的游客管理为研究对象，运用游客管理的基本理论，初步构建了高铁背景下游客管理的体系[55]。

总体来看，目前国内关于高铁对旅游发展的影响研究主要集中在宏观层面的机遇、挑战与对策研究。从研究方法上来说，多采用定性分析方法，定量的研究不多；从研究区域上来讲，关于武广高铁对其沿线及湖北省旅游业影响的研究较多；从研究内容上来讲，这些研究多关注的是高铁背景下城市旅游业发展的战略与对策等宏观方面，以人为主体的微观层面的研究有待加强。

三、高速铁路对城市旅游业发展的影响机理

（一）旅游系统的要素构成

从供给和需求的角度来看，旅游系统可以分为旅游供给系统和旅游需求系统。其中，旅游需求系统主要是指旅游市场，可以分为客源地子系统、旅游者子系统和旅游行为子系统。而旅游供给系统则包括四个三级系统：①旅游地地域系统，具体可细分为旅游资源子系统、旅游区域环境子系统、旅游生态环境子系统等五个子系统。②旅游服务系统：包括旅游宾馆饭店子系统、旅游交通结构子系统等五个子系统。③旅游教育系统：包括旅游人才结构子系统和旅游教育培训子系统。④旅游商品系统：包括旅游产品生产子系统和旅游商品结构子系统[56]。在旅游系统各要素中，从旅游供给层面，高铁的运营将会直接对旅游交通结构系统产生影响，而对旅游资源系统和旅游中心城镇系统则会产生间接影响。从旅游需求层面，高铁则会对旅游客源地系统和旅游者行为产生影响。

（二）高铁对旅游需求系统的影响

高铁对旅游需求系统的影响主要表现在两个方面，首先是高铁对旅游者的影响。高铁的建设运营，给旅游者的出行提供了新的选择，高铁自身快速、便捷、准点率高的特点为旅游者的出行提供更为可靠的服务，而且相对于其他交通方式，高铁不仅快速而且也较为安全，更为舒适。旅游者通过乘坐高铁可以获得更为舒适的出行体验。因此，一方面强化了旅游者的出行需求，另一方面也增强了其出行的欲望。使潜在的具有旅游欲望的人转化为了旅游者，也使得部分非高铁出行的旅游者选择高铁出行。

其次是对旅游客源地系统的影响。高铁对旅游中心城镇系统所产生的影响是通过其他方面实现的间接影响。由于高铁的建设运营，会为沿线的客源地地区带来额外的经济收益，比如带来额外的投资、提高客源地的可达性从而提升其产业的发展水平等，为客源地的经济发展带来优势，促进客源地城镇系统的整体发展水平。而旅游同经济发展水平是息息相关的，收入水平越高的地区其旅游需求也越高，更多的人会选择旅游消费，客源地的旅游人口输出将会增多。

（三）高铁对旅游供给系统的影响

高铁对旅游供给系统的影响主要体现在三个方面：

首先是高铁对旅游资源系统的影响。高铁开通运营，使得旅游资源的可接近性增强，更有利于向旅游者充分展示旅游资源的独特性和吸引力，从而吸引更多游客的到来。旅游者增多，旅游收益增加，则有助于新的旅游资源的开发与建设，也有利于已有旅游资源的维护。

其次是高铁对旅游交通出行系统的影响。高速铁路具有运量大、速度快、准点率高、污染小等特点，高铁的开通运营极大地改变了人们的出行习惯。与航空出行相比，高铁的准点率高，而且不易受不良天气的影响。与汽车相比，高铁具有专门的轨道，不会出现诸如堵车等问题，高铁不但快速而且更为平稳更为安全。

第三是高铁对旅游中心城镇的影响。一方面高速铁路的建设有助于提升旅游目的地的可达性，提升旅游目的地的吸引力，从而吸引更多的旅游人口的到来。另一方面，与旅游客源地相似，高速铁路的建设运营，也会为旅游目的地带来额外的经济收益，促进旅游目的地的经济发展，进而提升基础设施建设，进行旅游资源的开发与品质的提升，改善游客的旅游体验。通过旅游目的地可达性的提升，其市场范围也随之而扩张，能够吸引更广阔范围内的旅游者，为旅游目的地旅游业发展带来更多的机遇。

（四）高铁对旅游发展的影响机理

由上述分析可知，高铁对旅游业的影响是全方位的，有直接影响也有间接影响。首先，高铁通过对出行方式的影响，强化并增加了旅游者的旅游需求，通过对旅游目的地和旅游客源地的经济发展的宏观影响，提升了客源地和目的地的城镇发展水平，一方面提升了旅游者的消费能力，另一方面为旅游目的地的设施建设、旅游资源开发活动提供了支撑，从而间接地促进了旅游业的发展。高铁的开通大大提升了旅游资源的开放性，开阔了旅游市场，为旅游目的地的旅游业发展带来更多的机遇。无论是对作为旅游主体的旅游者还是作为旅游客体的旅游目的地和旅游资源而言，高铁所带来的影响，其根本仍然是通过可达性的提升，进而引起的旅游业发展，其影响的核心环节则在于交通出行和旅游行为的影响。

四、高速铁路对城市游客旅游行为的影响分析

高速铁路的建设，极大地改善了城市间的交通条件，缩短了旅行时间，必将会对游客出行和游客旅游行为产生影响。本部分以南京为例，探讨高速铁路对城市游客旅游行为的影响。

南京为长三角地区仅次于上海的第二大城市，不仅区位优越、经济发达，而且拥有悠久的历史和丰富的旅游资源，是我国重要的旅游目的地城市。京沪高铁和沪宁城际铁路均通过南京，分析高铁背景下南京市游客旅游行为的变化，不仅可为南京市旅游发展提供决策依据，同时也可为其他高铁沿线城市发展旅游业提供借鉴。

（一）研究区概况

作为中国古都之一的南京市，因其良好的区位、便捷的交通、发达的经济水平、丰富的历史文化资源，成为中国著名的旅游城市，不仅仅是著名的旅游目的地，同时也是重要的旅游客源地。2010 年 7 月沪宁城际高铁的开通，以最高时速 300 公里的速度更加紧密地连接了上海与南京及长三角城市群。2011年 6 月开通的京沪高铁，则更加紧密地连接了环渤海城市群与长三角城市群。高速铁路加速了人流的流动，旅游客流作为一种特殊的人流，必将因高铁的开通产生变化。南京是京沪高铁和沪宁城际高铁经过的站点城市，目前我国高铁的建设方兴未艾，因此，探讨高铁背景下南京市旅游客流的变化影响具有典型性和代表性。

1、南京市区位与交通条件

南京位于长江下游，是华东地区重要的副中心城市，辐射带动中西部地区发展的重要门户城市。

南京不仅是连接华北、华东和华中铁路交通的重要枢纽，国家东部地区铁路交通枢纽中心，是国家四纵四横铁路格局中南北、东西干线的重要交汇点；同时也是长江航运物流中心，承东启西的综合交通枢纽城市，铁路、公路、水运、空运、管道等运输方式齐全。南京为四纵线中"北京—上海"一线与四横线中"上海—成都"一线的重要节点。

2、地理环境与自然条件

南京地处北亚热带，属亚热带季风气候。山丘、河湖兼备，气候温和。雨量充沛，四季分明，春秋短、冬夏长，冬夏温差显著，现代植物资源丰富、植物种类繁多。四时各有特色，皆宜旅游。

3、社会经济发展

2012 年南京市完成地区生产总值 7201.57 亿元，比上年增长 11.7%。人均地区生产总值 88525 元，按年平均汇率折算为 14029 美元。产业结构为一产占比 2.6%，二产占比 44.0%，三产占比 53.4%，先进制造业和现代服务业发展水平进

一步提升, 高新技术产业完成工业总产值 2431.96 亿元, 比上年增长 18%。

2012 年年末南京市户籍人口 638.48 万人, 比上年末增加 2.12 万人, 年末常住人口 816.1 万人, 比上年末增加 5.19 万人。城镇化率 80.23%。全年城市居民人均可支配收入达 36322 元, 比上年增长 12.8%; 全年农村居民人均纯收入 14786 元, 比上年增长 12.8%。(注: 以上数据均来自南京市 2012 年国民经济和社会发展统计公报)

4、旅游资源发展概况

2012 年, 南京市全年接待国内旅游者 7950.45 万人次, 增长 10.7%。年末全市拥有星级宾馆饭店 115 家; 拥有旅游景区 73 家, 其中 5A 级景区 2 个, 4A 级景区 10 个; 拥有各类旅行社 535 家, 其中具有组织出境游资质的旅行社 26 家。

南京历来有"六朝古都"的美誉, 文化底蕴极为深厚, 如今在南京城内散落着六朝遗迹, 如台城、玄武湖、莫愁湖、夫子庙、栖霞山等; 尤其明朝时南京为全国的政治、经济和文化中心, 明孝陵、静海寺、朝天宫等明朝遗迹随处可见。南京作为民国文化的典型代表, 现存的民国文化遗迹有 1000 多处, 如中西合璧的建筑群中山码头—中山北路—中山路—中山东路沿线建筑、南京博物院等。南京地处中国南北交界之处, 历史上曾经发生过多次人口的迁移, 使得不同的民俗和宗教信仰在此交汇, 宗教文化游的代表景点有鸡鸣寺、玄奘寺、中山陵藏经楼、无想寺等。同时, 南京市还拥有南大、南师大等知名高校, 雨花台、南京长江大桥等红色旅游景点。

六朝怀古游、大明胜迹游、郑和遗踪游、民国建筑游、宗教文化游、秦淮风情游、科教修学游、滨江风貌游等构成了南京市丰富多彩的旅游市场。

（二）数据来源与数据处理

1、数据来源

本案例的研究采用问卷调查的方式对高铁开通后南京市旅游客流的变化进行研究, 基础数据源于 2012 年 7 月 18 日 ~ 2012 年 7 月 25 日连续七天, 在南京重要旅游景点的问卷调查, 共发放问卷 380 余份, 回收 360 份, 有效问卷 347 份, 有效率 91%。

问卷内容分为旅游目的、旅游形式及信息获取、旅游线路及交通方式的选择、旅游服务接待能力、京沪、沪宁等高铁对旅游的影响、个人基本资料等六大部分。旅游目的主要区分休闲度假、观光游览、商务出行等及乘坐京沪、沪宁高铁是否为旅行的体验项目; 旅游线路及交通方式的选择主要为了分析高铁在交通方式中所占的地位; 京沪、沪宁等高速铁路的影响主要包括高铁开通后, 旅游次数、旅游范围、旅游停留时间等方面的内容; 个人基本资料主要包括性别、年龄、文化程度、月收入、常住地等方面的内容。

各城市国内旅游人次的数据则来自各城市的统计年鉴、国民经济与社会发展统计公报。

2、数据处理

将调查问卷整理后建立数据库，分别从旅游目的地、游客交通方式及路线选择、旅游次数、旅游范围、旅游停留时间、游客流量等方面分析高铁影响下旅游出行的行为特征及其变化。问卷中的数据以定类和定序数据为主，主要运用 Excel、SPSS 对其进行统计分析。游客样本基本构成见表6-1。

游客样本基本构成 表6-1

样本特征项	样本特征值						
性别 /%	男 /59	女 /41	—				
年龄（岁 /%）	<18/7	18-25/36	26-35/25	36-45/21	46-55/10	>56/1	—
文化程度 /%	小学以下 /3	小学 /13	初中 /19	高中，中专 /29	大专 /12	本科 /15	研究生及以上 /9	—
月收入（千元 /%）	<1.5/9	1.5-3/30	3-4.5/23	4.5-6/18	6-7.5/9	7.5-9/6	9-10/2	>10/3

（1）年龄与性别

从被调研者性别结构看，男性占59%，女性占41%，年龄结构中以18～25岁所占比例最高，占36%，其次依次为26～35岁年龄段及36～45岁年龄段，这三个年龄段的游客共占到游客总人数的82%。性别特征上，南京市国内游客男性比女性多出近20%。虽然有研究证明，2003年全国城镇居民国内旅游者之中女性的比例已经增长至54.2%，超越了男性游客。但是针对南京旅游市场这一情况，张安等进行了解释：因南京是特大城市、商贾云集，旅游者来到南京出差机会较多，而男性往往得到较多的出差机会，导致性别比例出现这一结果。当然这一结果可能会受到调查时女性旅游者自我保护意识强的影响。

（2）文化程度与月收入

从被调研者文化程度看，游客中比例最高的文化程度为高中、中专，其次依次为小学、初中；从被调研者月收入来看，游客中比例最高的月收入依次为1500元以下，1500～3000元，3000～4500元，4500～6000元，所占比例依次为23%，39%，12%，12%。文化程度与月收入这两项结果与我们设想的有所出入，旅游是一项消费活动，通常的情况是，文化程度越高者，出游的需求越高；月收入越高者，越有能力进行旅游的消费。出现这一结果，我们可以试解释为旅游不仅仅与经济条件相关，还与有无休闲时间相关。

（三）高铁对南京市旅游客流行为的影响分析

1、旅行目的

在"您此次来南京的主要目的是？"这一问题中，所占比例由高到低依次是观光游览、休闲度假、商务出行、探亲顺便旅游。在"请问乘坐高铁是您此次旅行想要体验的项目吗？"这一问题中，回答"是"所占的比例为38%，回答"否"的比例为62%，可见把乘坐高铁作为一种旅游体验项目的游客占据了一定的比例，但大多数游客未把乘坐高铁作为体验项目。在这些游客中，有50%的游客没有乘坐过高铁，根据问卷及访谈结果可以对这一现象的形成归纳为以下几种原因：票价过高，短途乘坐高铁与动车、普通火车相比无太多优势，中老年群体出于节俭的传统和身体因素的考虑更偏向于乘坐不太快的普通火车，等等。

2、客源地、旅游线路及交通方式的选择

对客源地这一问题的回答结果进行分析，发现来自江苏省的游客最多，占到游客总数的23.68%，其次依次为河南、湖南、上海、河北、安徽，分别占游客总数的8.77%、8.77%、7.02%、6.14%、6.14%，而福建、广西、贵州、海南、黑龙江、湖北、内蒙古、新疆、云南、浙江等地的游客所占比例均不足1%（表6-2，图6-1）。浙江的数据让人感觉不解，浙江与江苏相邻，但是来南京旅游的浙江游客反而很少，这可能与浙江旅游资源同样很丰富、并且两地的旅游资源具有一定的相似性有关，造成南京的旅游资源对于浙江游客的吸引力不高。

南京市国内游客空间分布表　　　　　　　　表 6-2

地区	江苏	河南	湖南	上海	安徽	河北	广东	北京	甘肃	山西	陕西	辽宁	山东
百分比	23.68	8.77	8.77	7.02	6.14	6.14	5.26	3.51	3.51	3.51	3.51	2.63	2.63
地区	天津	江西	四川	福建	广西	贵州	海南	黑龙江	湖北	内蒙古	新疆	云南	浙江
百分比	2.63	1.73	1.75	0.88	0.88	0.88	0.88	0.88	0.88	0.88	0.88	0.88	0.88

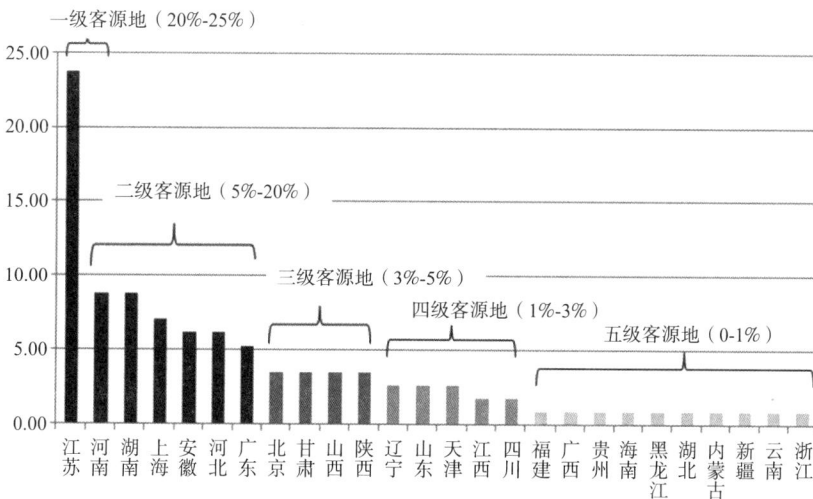

图 6-1　南京市国内游客来源示意图

对出行路线及交通方式这一问题的回答结果进行分析，发现乘坐普快的游客仍然高居第一位，占总数的34%。但是高铁作为一个新事物，也以其高速、舒适的优势得到了一些游客的青睐，选择乘坐高铁出行的游客占游客总数的29%，其余依次为动车、飞机、大巴、自驾。将游客的出发地与交通方式结合起来进行分析，发现选择普通火车的多为山西、湖南、河南、广东、四川等地的游客，这些地方或者没有高铁通过，或者有高铁通过，但在这些距离内，高铁不具备比较优势；选择乘坐高铁旅游的游客多分布在上海、无锡、北京等地，前两者选乘高铁是因为长三角地区由于沪宁高铁、沪杭高铁的开通，已初步将长三角地区的城市用高铁连接起来，而北京的游客选择高铁是因为京沪高铁开通带来的时间节省，且北京至南京，高铁具备比普通火车更节约时间、更舒适的优势；选择乘坐动车的游客主要分布在无锡、杭州、合肥等地；选择飞机的游客多来自辽宁、广东、福建等地；而大巴与自驾的游客多来自比较近的上海、浙江等地，但这一选择的比例并不大。

总结起来可以得出这样的结论，在距离旅游目的地（南京）比较近的区域内，人们的优先选择是高铁及动车，因为这一区域内的高铁交通网已经发展得很成熟，且经济发展水平比较高；而在距离南京更远一些的区域内，即在我国中部的大部分地区，人们多选择普通火车旅游，这一区域没有建成的高铁，或者已有高铁建成，但高铁与整个交通网的衔接度不好，而且在这一距离内，乘坐高铁在时间的节省上对于旅游来讲并不具备比较优势；东北、内蒙古自治区、广东省等比较偏远的地方，游客多选择最具有比较优势的飞机来南京旅游。

在对出行方式及交通工具的选择这一结果进行分析时，我们发现多数游客是从出发地直接到达南京，然后返回；也有许多游客是从出发地到杭州、上海、扬州等地，进行了一次中转或者两次甚至三次中转后到达南京；或者是先到达南京，然后又到苏州、无锡、常州等地，这些游客中转时大多乘坐沪宁城际高铁或沪杭城际高铁。我们把游客的旅游出行路线依次标出来，将出发地之后的第一站到达地称之为第一目的地，第二站称之为第二目的地，以此推之，发现26.42%的游客有第二目的地，11.32%的游客有第三目的地，3.77%的游客有第四目的地（表6-3），这些目的地除南京之外，多集中于杭州、无锡、上海等地，这说明在高铁影响下长三角地区旅游一体化的现象已经有了一定的显现。因此，对于长三角地区的旅游资源进行整合，进而提升区域的整体旅游优势很有必要。南京在长三角旅游一体化这一趋势下，打造自己的旅游特色，准确定位在区域旅游中的位置至关重要。

南京市国内游客主要旅游目的地选择情况　　　　　　　　表6-3

目的地位次	第一目的地	第二目的地	第三目的地	第四目的地	第五目的地
路线1	南京				
路线2	杭州	南京			

目的地位次	第一目的地	第二目的地	第三目的地	第四目的地	第五目的地
路线 3	南京	苏州	杭州		
路线 4	杭州	苏州	南京	上海	
路线 5	杭州	苏州	无锡	南京	上海
数量统计	60	28	12	4	2
百分比（%）	56.60	26.42	11.32	3.77	1.89

3、高铁对游客旅游次数的影响

对高铁开通后游客旅游次数的变化这一问题回答结果进行分析，得到高铁对游客旅游次数的影响如表 6-4。

高铁开通后对游客旅游次数的影响　　　　　　　　表 6-4

定类数据	1	2	3
旅游次数	增加	不变，不受影响	不确定
占比（%）	30	41	29

京沪、沪宁、沪杭等高铁的开通运行，对于南京游客旅游频次有一定影响，30%的游客表示旅游次数增加，41%的游客旅游次数并没有变化，29%的游客表示不确定。而在旅游次数有增加的游客中，有81.3%的游客常住地为上海、无锡、北京等地，这些游客大多乘坐高铁出游。这些城市经济比较发达，人们有更多的经济能力外出旅游。由此可见，高铁对旅游次数增加的影响最先作用于经济比较发达的城市，高铁的开通将提高经济比较发达的高铁沿线城市人们外出旅游的意愿和次数。

4、高铁对游客旅游范围的影响

对高铁开通后游客旅游范围的变化这一问题回答结果进行分析，得到高铁对游客旅游范围的影响如表 6-5。

高铁开通后对游客旅游范围的影响　　　　　　　　表 6-5

定类数据	1	2	3
旅游范围	扩大	不变，不受影响	不确定
占比（%）	40	32	28

京沪、沪宁、沪杭等高铁的开通运行，对于南京游客旅游范围的影响较大，有40%的游客表示旅游范围扩大了，32%的游客表示不变，28%的游客表示不确定。旅游范围扩大的游客中，分布于上海、无锡、北京等城市的游客

占 66.5%，上海、无锡、北京等城市人们收入较高，外出旅游意愿比较强，高速铁路开通后节省了出行的时间，使得这些城市的人们外出旅行时旅途所花时间相对减少，促使旅游时选择范围的扩大。由此可见，高铁对旅游范围有较大影响，促使旅游范围的扩大。这种影响最先作用于经济比较发达的城市，高铁的开通将扩大经济比较发达的高铁沿线城市人们外出旅游的范围。

5、高铁对游客旅游停留时间的影响

对高铁开通后游客旅游停留时间的变化这一问题回答结果进行分析，得到高铁对游客旅游停留时间的影响如表 6-6。

沪宁、沪杭等高铁开通后对旅游停留时间的影响   表 6-6

定类数据	1	2	3
旅游停留时间	减少，当天去当天回	不变，不受影响	不确定
占比（％）	28	40	32

京沪、沪宁、沪杭等高铁的开通运行，对于南京游客旅游停留时间有一定影响，超过五分之一（28%）的游客旅游停留时间因为高铁的开通减少了，可以当天去当天回。停留时间减少的游客中，有 77.8% 的游客常住地为上海、无锡、常州、北京等地，尤以上海、无锡、常州等长三角地区的城市为多。这说明旅游停留时间减少的影响具有非常明显的地域限制条件，即大多位于南京附近的城市，有高铁与南京相连。一方面高铁减少了在途时间，相应增加了旅游观光时间，另一方面为节约食宿费等费用，许多游客选择减少停留时间，这与很多研究[1, 11-13]认为高铁对于商务旅游的影响较大相符。统计表明，高铁带来的停留时间减少多作用于商务目的出游的人群。

（四）主要结论

本案例主要基于问卷调查数据，分析了高铁对南京游客旅游行为的影响，研究表明：

（1）乘坐普通火车的游客仍然数量最多，占游客总数的 34%，可能是出于票价和安全的考虑。高铁作为一个新事物，以其高速、舒适的优势得到了一些游客的青睐，选择乘坐高铁出行的游客占游客总数的 29%，其余依次为动车、飞机、大巴、自驾。高铁增加了游客出游时交通方式及其线路的选择。许多游客从出发地到杭州、上海、扬州等地，中转后再到达南京；或者是先到达南京，然后又到苏州、无锡、常州等地，中转时大多乘坐沪宁或沪杭城际高铁，表明在高铁影响下长三角地区旅游一体化的现象日益显现，高铁的出现加速了长三角旅游一体化进程，对长三角地区的旅游资源进行整合很有必要。

（2）高铁的开通运行对于南京游客旅游次数有一定影响，30% 的游客表示旅游次数增加，29% 的游客表示不确定，41% 的游客旅游次数并没有变化，高铁的开通提高了经济比较发达的高铁沿线城市人们外出旅游的意愿和次数。

（3）高铁的开通运行对于南京游客旅游范围的影响较大，有40%的游客旅游范围扩大了，32%的游客不变，28%的游客表示不确定。高铁对旅游范围有较大影响，高铁的开通将扩大经济比较发达的高铁沿线城市人们外出旅游的范围。

（4）高铁的开通运行对于南京游客旅游停留时间有一定影响，28%的游客旅游停留时间因为高铁的开通减少了，可以当天去当天回。停留时间减少的游客主要来自南京附近的长三角地区的城市，这一点说明了旅游停留时间减少的影响具有非常明显的地域限制条件。

（5）高铁开通后普通火车的运行次数下降，高铁相对较高的票价带来交通成本的上升，部分游客可能会减少出游的机会。高铁对于城市旅游是交通条件的改善，而非旅游发展的主要动力或原因。

五、高速铁路对城市旅游客流的影响分析

对旅游客流的研究一直是旅游研究的重要内容，旅游客流的影响因素主要包括旅游资源的吸引力、客源地与目的地的空间距离和交通便捷程度、旅游接待服务设施的完善度等。研究高速铁路对城市旅游客流的影响，对于各城市采取正确的对策促进旅游发展具有十分重要的意义。本节选取南京、武汉、西安等城市，探讨高速铁路对城市旅游客流的影响。

（一）研究方法

孙根年等经过较长时期的理论分析和应用实践研究，提出旅游发展的本底趋势线理论和模型[57]。本底趋势线理论认为，一个地区旅游客流量统计值的变化主要受本底趋势和事件旅游冲击的影响，用模型表达为：

客流量统计线（TSC）= 本底趋势线（BTC）+ 事件旅游影响（ETI）

其中：

本底趋势线（BTC）= 长期趋势项（LTI）+ 长周期波动项（LCI）+ 短周期波动项（SCI）+ 季节波动项（SWI）

客流量统计线即根据实际客流量的统计值绘制得到的曲线。

一般而言，一个地区旅游客流量的长期趋势项和周期波动项（包括长周期波动、短周期波动和季节波动）是有规律的，可以根据较长时间的历史统计数据通过模拟建模得出一个地区的旅游发展的本底趋势线方程，而事件旅游的影响具有随机性。

本底趋势线可以用来研究一些大的事件对一个地区游客量的影响。

（二）高速铁路对南京市旅游客流的影响

借用本底趋势线分析高铁开通对南京旅游客流量的影响。通过部分访谈和相关分析可以认为高铁主要影响南京的国内游客，因此本节只探讨高铁对南京

国内游客的影响。南京是国内著名的旅游城市，每年接待数以千万计的国内游客。从1995年到2012年,南京市接待国内游客从654万人次增长到7950万人次,18年来增长了十二倍多。本节选取1995～2012年南京市国内旅游客流量数据,消除2003年SARS危机、2009年金融危机的冲击和影响,用"四次多项式"对其进行数值模拟,得到南京市国内游客流量本底趋势线方程如下式所示:

$$Y(t) = -0.087t^4 + 3.71t^3 - 28.03t^2 + 225.6t + 477.2$$

其中,$Y(t)$为国内客流量的预测值（趋势值）,单位:万人次;t为时间变量,从1995年起到2012年t依次取1,2,3,……,18。

决定系数R^2=0.999,说明趋势线拟合的可靠性很高。（注:R^2是趋势线拟合程度的指数,它的数值大小可以反映趋势线的预测值与对应的实际数据之间的拟合程度,拟合程度越高,趋势线的可靠性就越高,其取值范围在0～1之间,当其等于1或接近1时,其可靠性最高,反之则可靠性较低。）

根据孙根年基于本底趋势线理论的建模与分析程序,南京市国内旅游人次本底线和统计线图如图6-2所示。

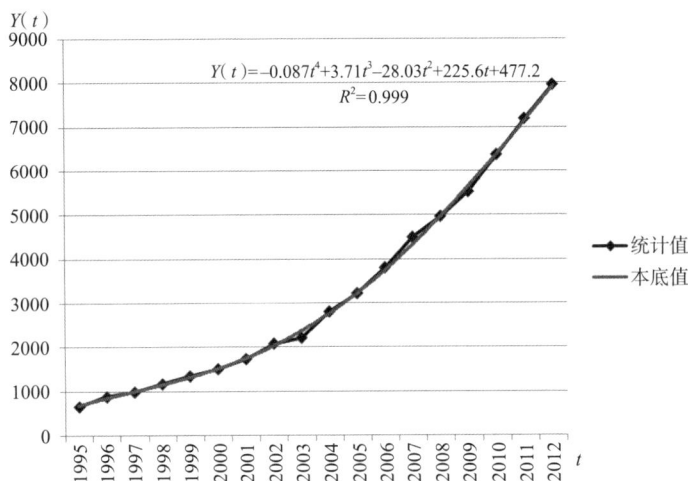

图6-2　1995～2012年南京市国内旅游人次统计线与本底线

图6-2为南京市国内旅游本底线与统计线,整体来讲,南京市国内旅游客流量的变化是以多项式增长的,但在某些特定的年份,增长偏离了本底线,出现了两个"凹形谷"和一个"凸形峰"。其中,SARS的冲击和影响是2003年南京市国内游客流出现凹形谷的重要原因,2009年金融危机使其出现了第二个凹形谷,而2010年,2011年,2012年本底值与统计值相差不多。通过趋势线方程计算本底值,进而计算客流损失量与客流损失率,结果如表6-7所示。（注:客流损失量 = 本底值 - 统计值,客流损失率 = 客流损失量 / 本底值）。

近年来主要事件对南京市国内客流量的影响 　　　　　表 6-7

年份	序列	统计值（万人次）	本底值（万人次）	客流损失量（万人次）	客流损失率（%）	可能产生影响的事件
2003 年	9	2206	2371	165	7.0	SARS
2009 年	15	5520	5671	151	2.7	金融危机
2010 年	16	6366	6406	40	0.6	上海世博会、沪宁城际铁路开通
2011 年	17	7181	7173	−8	−0.1	京沪高速铁路开通
2012 年	18	7950	7960	10	0.1	沪宁城际铁路、京沪高速铁路

　　结合本底趋势线计算的结果，2010 年南京市国内客流量损失了 40 万人次，损失率 0.6%，这一结果与上海市 2010 年举办的世博会分流了南京市国内市场的游客不无关系，沪宁高铁开通运行可能为南京增加部分旅游客流，但与上海世博会的分流作用相比，效果不是很明显；2011 年南京市国内客流量统计值高于本底值 8 万人次，这可以理解为世博会之后南京市国内客流量的回流及京沪高铁开通对南京旅游交通条件改善所带来的客流增加；而 2012 年，在世博会的影响已基本可以忽略的情况下，虽然京沪高铁、沪宁高铁给南京的旅游交通条件带来改善，但南京市国内客流量损失 10 万人次，损失率 0.1%。因此，我们可以推断，京沪、沪宁等高铁的开通对于南京市国内旅游市场的客流量产生的影响不是很大，2012 年甚至使游客有所减少。结合前文关于南京市游客经济属性的分析，收入低者占据着游客市场的较大份额（月收入 3000 元以下的游客占据了 62% 的比例），高铁开通后普通火车的运行次数下降，高铁相对较高的票价带来交通成本的上升，占据游客市场较大份额的低收入者受限于经济条件，可能会减少出游的机会。同时，这一点与南京市处于旅游地生命周期中稳定发展时期也有关系。吸引力是旅游地赖以生存和发展的基础，所以城市或者区域想要保持其旅游业持久旺盛的生命力，注意自身定位、旅游产品的升级、旅游线路设计的创新更为重要。

（三）高速铁路对武汉和长沙市旅游客流的影响

　　武汉和长沙位于武广高铁（京广高铁南段）沿线。武广高铁位于湖北、湖南和广东境内，2009 年 12 月 26 日正式运营。武广高铁的开通不仅推动武广沿线都市圈城市的繁荣，还打破了制约华中、华南地区经济社会发展的交通瓶颈，对于珠三角打破腹地劣势具有重要意义，同时对沿线城市的旅游产生影响。基于数据的可获取性，我们选取武汉与长沙两城市近年来国内游客旅游人次进行分析。

　　1、武汉

　　武汉是我国华中地区重要的中心城市，地理位置优越，交通便捷，铁路交通与水运都很发达，自然风景优美，名胜古迹众多。本节选取 1996～2012 年武汉市国内游客流量数据进行分析，消除 1998～1999 年亚洲金融危机、2003 年 SARS、2008 年南方雪灾、北京奥运会等的影响，用四次多项式对其进行模拟，得出武汉市国内游客流量的本底趋势线方程如下：

$$Y(t) = 0.407t^4 - 5.718t^3 + 16.13t^2 + 151.3t + 1299$$

其中，$Y(t)$ 为武汉市国内客流量的预测值，单位：万人次；t 为时间变量，从 1996 年到 2012 年，t 依次取 1，2，3，……，17。

决定系数 $R^2=0.995$，趋势线拟合的可靠性很高。

武汉市国内游客流量的统计线和本底线如图 6-3 所示。

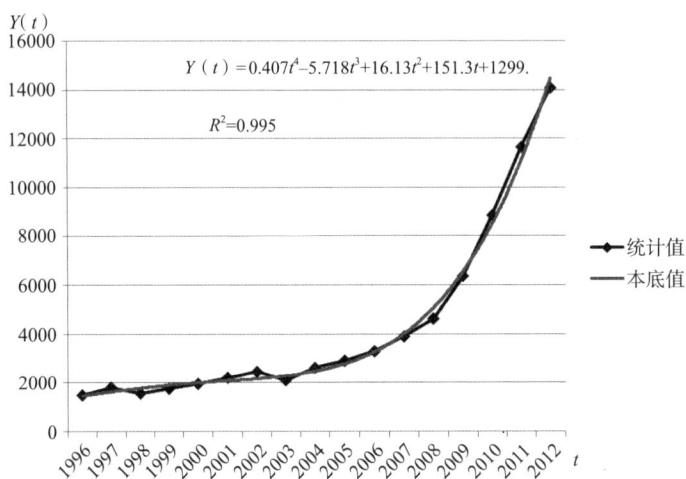

图 6-3　1996～2012 年武汉市国内旅游人次统计线与本底线

图 6-3 为武汉市 1996～2012 年国内旅游人次统计线与本底线，考虑 2009 年 12 月 26 日武广高速铁路开通以后，2010 年、2011 年本底线相较于统计线形成了一个凸形峰，通过本底趋势线方程计算 2009 年以来国内游客的本底值，进而计算客流损失量与客流损失率，得到表 6-8。

近年来主要事件对武汉市国内客流量的影响　　　　　　　　表 6-8

年份	序列	统计值（万人次）	本底值（万人次）	客流损失量（万人次）	客流损失率（%）	可能产生影响的事件
1998	3	1558	1777	219	12.3	金融危机
1999	4	1748	1901	153	8.0	金融危机
2003	8	2099	2281	183	8.0	SARS
2008	13	4613	5054	441	8.7	南方雪灾、北京奥运等

年份	序列	统计值（万人次）	本底值（万人次）	客流损失量（万人次）	客流损失率（%）	可能产生影响的事件
2009	14	6360	6524	164	2.5	合武客运专线运营、武广高速铁路开通
2010	15	8852	8504	−348	−4.1	武广高速铁路
2011	16	11636	11101	−535	−4.8	武广高速铁路
2012	17	14068	14433	365	2.5	石武高速铁路（郑州—武汉段）开通

　　计算结果表明，2009 年，武汉市损失国内游客 164 万人次，2010 年统计值高于本底值 348 万，2011 年统计值高于本底值 535 万，2012 年损失国内游客 365 万人次。高铁开通后的 2010 ～ 2012 年，武汉市国内游客有增有减。

　　2、长沙

　　长沙为湖南省省会，长株潭城市群龙头城市。本节选取 1998 年至 2012 年长沙市国内游客人次数据，用四次多项式进行模拟，得出长沙市国内游客流量的本底趋势线方程如下：

$$Y(t) = 0.965t^4 - 26.15t^3 + 266.2t^2 - 1053t + 3282$$

　　其中，$Y(t)$ 为长沙市国内游客流量的预测值，单位：万人次；t 为时间变量，从 1998 年到 2012 年，依次取 $t=1，2，3，\cdots\cdots，15$。

　　决定系数 $R^2=0.997$，趋势线拟合的可靠性很高。

　　长沙市国内旅游者人次的统计线和本底线如图 6-4 所示。

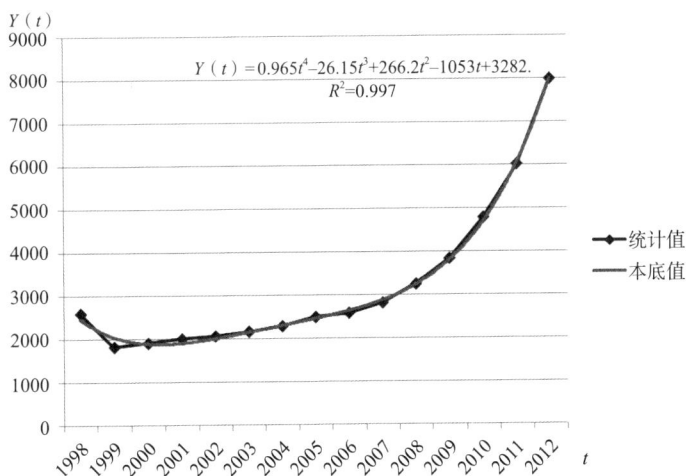

图 6-4　1998 年 ～ 2012 年长沙市国内旅游人次统计线与本底线

95

长沙市国内游客统计线与本底线拟合度很高，2009 年以后无明显的凸出或凹陷，通过本底趋势线方程计算，得到表 6-9。

近年来主要事件对长沙市国内旅游客流量的影响　　　　　表 6-9

年份	序列	统计值（万人次）	本底值（万人次）	游客损失量（万人次）	游客损失率（%）	可能产生影响的事件
1999	2	1815	2047	232	11.3	亚洲金融危机
2009	12	3837	3808	−29	−0.8	武广高铁开通
2010	13	4784	4691	−93	−2.0	武广高铁
2011	14	6014	6031	17	0.3	武广高铁
2012	15	7989	7979	−10	−0.1	武广高铁

计算结果显示，2009 年，长沙市游客统计值高于本底值 29 万，2010 年统计值高于本底值 93 万，2011 年游客损失 17 万人次，2012 年统计值高于本底值 10 万。整体趋势长沙市自武广高速铁路开通以来游客实际人次高于预测值，武广高速铁路开通后长沙市游客有一定的增长。

（四）高速铁路对西安和洛阳旅游客流的影响

西安和洛阳是郑西高铁沿线上的重要旅游城市。郑西高铁是我国高速铁路网中"四纵四横"中徐兰客运专线的中段，2010 年 2 月 6 日正式投入运营。

1、西安

我们选取 1995 年至 2012 年西安市国内旅游者人次数据，用四次多项式进行模拟，得出西安市国内旅游者人次本底趋势线方程如下：

$$Y(t) = 0.304t^4 - 7.894t^3 + 71.42t^2 - 102.4t + 806.4$$

其中，$Y(t)$ 为西安市国内旅游者人次的预测值，单位：万人次；t 为时间变量，从 1995 年到 2012 年，依次取 t=1，2，3，……，18。

决定系数 R^2=0.994，趋势线拟合的可靠性很高。

西安市国内旅游者人次的统计线与本底线如图 6-5 所示。

自 2010 年以来，西安市国内旅游人次统计线较本底线略高，形成一个略微的凸起，通过本底趋势线方程的计算，得到表 6-10。

计算结果表明，2010 年，西安市国内游客统计值高出本底值 160 万人次，2011 年高出 240 万人次，2012 年游客损失量 115 万人次。总体来看，2010 年至 2011 年，郑西高速铁路对于西安市游客流量的增加具有积极的促进作用。

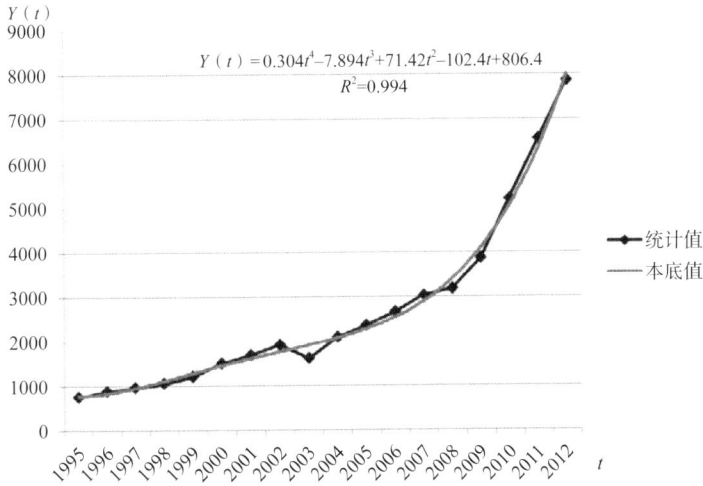

图 6-5　1995～2012 年西安市国内旅游人次统计线与本底线

近年来主要事件对西安市国内旅游客流量的影响

表 6-10

年份	序列	统计值（万人次）	本底值（万人次）	游客损失量（万人次）	游客损失率（％）	可能产生影响的事件
1998	4	1058	1112	54	4.9	亚洲金融危机
1999	5	1205	1283	78	6.1	亚洲金融危机
2003	9	1614	1910	296	15.5	SARS
2008	14	3169	3388	219	6.5	南方雪灾、汶川地震
2009	15	3862	4088	226	5.5	经济危机
2010	16	5201	5041	−160	−3.2	郑西高铁开通
2011	17	6553	6313	−240	−3.8	郑西高铁
2012	18	7863	7978	115	1.4	郑西高铁

2、洛阳

洛阳为河南省第二大城市，中原经济区副中心城市，是有着"国色天香"之美誉的牡丹花都，拥有龙门石窟、白马寺等历史文化遗迹。在本文所分析的城市中，洛阳为中西部中等城市的代表。选取 1999 年至 2012 年洛阳市国内旅游者人次数据，用本底趋势线进行模拟，得出洛阳市国内旅游人次的本底趋势线模型如下所示：

$$Y(t) = -0.532t^4 + 13.95t^3 - 71.06t^2 + 211.1t + 804.4$$

其中，$Y(t)$ 为洛阳市国内旅游人次的预测值，单位：万人次；t 为时间变量，从 1999 年至 2012 年，依次取 $t=1$，2，3，……，14。

$R^2=0.996$，趋势线拟合的可靠性很高。

洛阳市国内旅游者人次的统计线与本底线如图 6-6 所示。

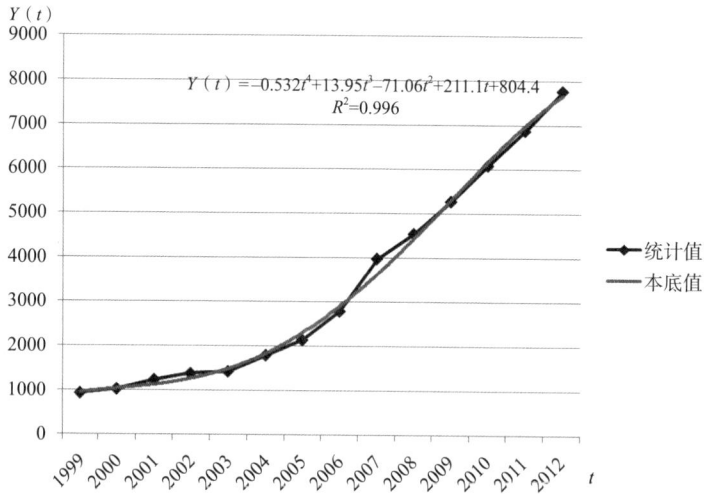

图 6-6　1999 年～2012 年洛阳市国内旅游者人次统计线与本底线

相较于西安自 2010 年以来统计线较本底线的略高，洛阳市 2010 年以来表现为统计线略低于本底线，通过本底趋势线方程计算结果如表 6-11 所示。

近年来主要事件对洛阳市国内旅游客流量的影响　　　表 6-11

年份	序列	统计值（万人次）	本底值（万人次）	游客损失量（万人次）	游客损失率（%）	可能产生影响的事件
2005	7	2132	2308	176	z7.6	
2006	8	2781	2913	132	4.5	
2010	12	6079	6186	107	1.7	郑西高铁开通
2011	13	6870	6993	123	1.8	郑西高铁
2012	14	7765	7674	−91	−1.2	郑西高铁

计算结果表明，洛阳市 2010 年损失国内游客 107 万人次，2011 年损失 123 万人次，直到 2012 年，这一趋势才开始逆转，国内游客统计值高于本底值 91 万人次，但总体来说，在郑西高速铁路开通后的两年内，洛阳市国内游客一直表现为损失，高铁没有为洛阳市带来更多的客流。

（五）高速铁路对杭州旅游客流的影响

杭州是沪杭高铁沿线的重要旅游城市。杭州为长三角的副中心城市，中国东南重要的交通枢纽，素有"鱼米之乡"、"人间天堂"的美誉，湖光山色秀丽，

名胜古迹闻名中外，是我国著名的旅游胜地。本节选取 1995～2012 年杭州市
18 年间的国内旅游者人次数据进行趋势线模拟，得出杭州市国内旅游者人次
的本底趋势线方程如下：

$$Y(t)=0.117t^4-2.526t^3+31.42t^2-90.53t+2131$$

其中，$Y(t)$ 为杭州市国内旅游人次的预测值，单位：万人次；t 为时间变
量，从 1995 年至 2012 年，依次取 $t=1$，2，3，……，18。

决定系数 $R^2=0.998$，趋势线拟合的可靠性很高。

杭州市国内旅游人次的统计线和本底线如图 6-7 所示。

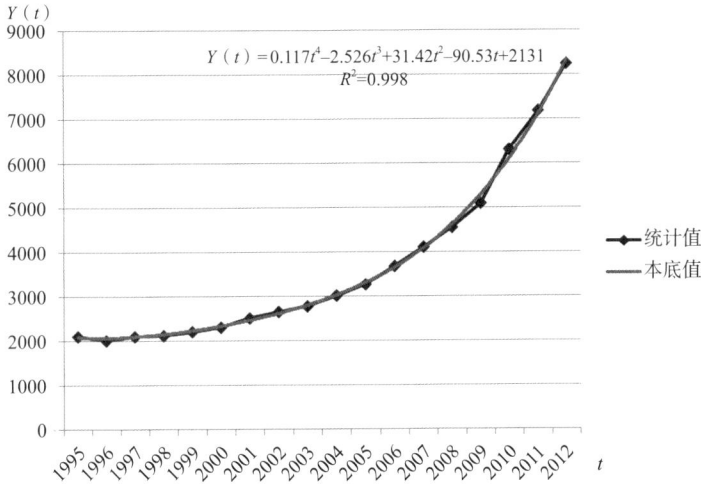

图 6-7　1995～2012 年杭州市国内旅游人次统计线与本底线

沪杭高速铁路开通于 2010 年 10 月 26 日，从趋势线与统计线来看，2010
年杭州市国内游客统计值高于本底值，趋势线方程计算的结果如表 6-12 所示。

近年来主要事件对杭州市国内旅游客流量的影响　　　　　　　　表 6-12

年份	序列	统计值 （万人次）	本底值 （万人次）	游客损失量 （万人次）	游客损失率（%）	可能产生影响的事件
2009	15	5094	5240	146	2.8	金融危机
2010	16	6305	6047	−258	−.3	沪杭高速铁路开通运营，上海世博会
2011	17	7181	7034	−147	−2.1	沪杭高速铁路
2012	18	8237	8232	−5	−0.1	沪杭高速铁路

计算结果表明，2010 年，杭州市国内游客统计值高于本底值 258 万人次，

2011 年高出 147 万人次，2012 年高出 5 万人次。沪杭高速铁路对于杭州市国内游客流量增加的积极效应十分明显，但从 2010 年到 2012 年，这一客流增加量在逐渐减少。

（六）主要结论

表 6-13 总结了各城市自高速铁路开通后国内旅游人次的变化，对于大多数城市而言，高铁确实带来了更多的人流，从上文各城市国内旅游人次统计线与本底线图来看，大多数城市在有高铁经过后 2～3 年内国内旅游人次统计线略高于本底线，2～3 年后这一趋势减弱，形成一个并不十分明显的凸起。

各城市高铁开通后国内旅游客流变化情况

表 6-13

单位：万人次

城市	2009年	2010年	2011年	2012年	综合影响	去除奥运年世博年后的影响
南京	—	-40	8	-10	-42	-2
武汉	-164	348	535	-365	354	—
长沙	29	93	-17	10	115	
西安	—	160	240	-115	285	
洛阳	—	-107	-123	91	-139	
杭州	—	258	147	5	410	152

南京、长沙旅游统计线与本底线相差不多，计算结果表明，南京国内游客在高铁开通后略有损失，这一结果更多地由于世博会分流作用引起；而长沙市在 2009～2012 年国内游客实际值比预测值高出了 115 万人次。

武汉、西安、杭州国内游客统计线与趋势线走势表现较为一致，这三个城市在 2010～2011 年统计线均高于趋势线，形成小的凸起，武汉市 2009～2012 年共增加游客 354 万人次，西安 285 万人次，杭州 410 万人次，即便去除 2010 年上海世博会可能为杭州带来游客增加的影响之外，杭州市国内游客统计值依然高于预测值 152 万。

较为特殊的是洛阳市，2010～2012 年，洛阳市共损失国内游客 139 万人次，这一点，本节试解释为郑西高速铁路两端的郑州、西安城市实力均强于洛阳，对其形成"过滤作用"。

案例城市中，南京、杭州这两个同样受上海世博会影响的城市，表现出的结果截然不同，南京市国内游客略有减少，杭州市国内游客却大有增加。这一点与杭州市"上海的后花园"定位不无关系，南京市与上海市却更多地表现出竞争的关系。这一结果有助于南京市更多地去思考与上海的关系以及在区域中的定位。武汉、长沙、西安则因高铁的经过受益不小，这与其区域性中心城市的地位不无关系，武汉为华中地区的中心城市，长沙为环长株潭城市群的中心城市，西安为西部地区的中心城市，高铁的开通对于中心城市的中心性地位有加强作用。而对于洛阳，郑西高铁两端的郑州、西安对其资源、人流形成了一定的袭夺，反而使其国内游客有所减少。

总之，高速铁路对于旅游的影响，可以归纳为，原有的区域性中心城市，其中心性地位因高铁的经过而加强，并为其带来了更多的旅游客流，而区域性中心城市周边的副中心城市或中小城市则表现出不同的结果，这一点与城市自身吸引力、职能定位密切相关。城市想要在高铁背景下发展旅游，提高自身旅游资源的吸引力，准确定位城市在区域中的位置至关重要。

参考文献：

[1] 中国首届行进中的高铁旅游营销大会专家精彩演讲集锦 [N]. 中国旅游报，2011-07-08（12）.

[2] 周鲁宁 . 对接高铁旅游推动产业升级——我市出台《关于迎接高铁时代加快旅游业发展的意见》[N]. 济宁日报，2011-05-19（2）.

[3] 马国军 . 京沪高铁旅游联盟将落户泉城 济南旅行社将组建高铁旅游推广中心 [N]. 济南日报，2011-06-10（2）.

[4] 张俊 . 把脉高铁旅游 论道快旅慢游时代——首届"广深、武广高铁沿线城市旅游发展高峰论坛"在韶关举行 [N]. 中国旅游报，2010-08-04（18）.

[5] 车莉 . 从跻身"金砖四省区"看湖北跨越 我省将建高铁旅游服务中心 联手重庆打造三峡无障碍旅游区 [N]. 长江日报，2011-02-27（2）.

[6] 李玲 . 高铁旅游"蛋糕"越做越大 [N]. 中国旅游报，2010-08-18（9）.

[7] 曾西林 . 高铁旅游成为我市虎年春节旅游市场新亮点 春节长假旅游综合收入达1.88亿元 [N]. 郴州日报，2010-02-20（1）.

[8] 张太明 . 抢抓高铁旅游发展机遇 京港澳高铁沿线打造一流旅游休闲产业带 [N]. 河北日报，2012-12-25（9）.

[9] 司雨 . 京港澳高铁沿线省市将组建旅游市场推广联盟"快旅慢游"打造高铁旅游休闲产业带 [N]. 河北日报，2012-10-04（3）.

[10] 王健民 . 高铁 + 旅游 ≠ 高铁旅游 [N]. 中国旅游报，2011-09-09（2）.

[11] 贾云峰 . 高铁旅游如何实现高速传播 [N]. 中国旅游报，2011-04-11（10）.

[12] 王洁平 . 高铁旅游营销：从双赢到多赢 [N]. 中国旅游报，2012-09-21（2）.

[13] 陈才 . 新干线对日本旅游业的影响 [N]. 中国旅游报，2011-03-04（8）.

[14] 林上 . 日本高速铁路建设及其社会经济影响 [J]. 城市与规划研究，2011，4（3）：132-156.

[15] Harman R. High speed trains and the development and regeneration of cities[J]. London：Greengauge 21，2006，6：5-126.

[16] Brian D Sands. The development effects of high-speed rail stations and implications

for California[R]. California：The university of California Transportation Center，University of California at Berkeley，1993.

[17] Masson S，Petiot R.Can the high speed rail reinforce tourism attractiveness? The case of the high speed rail between Perpignan（France）and Barcelona（Spain）[J]. Technovation，2009，29（9）：611-617.

[18] Givoni M. Development and impact of the modern high-speed train：a review[J]. Transport Reviews，2006，26（5）：593-611.

[19] David Frost，Jim Steer. High speeds，high time the business case for high speed rail[R].London：British chambers of commerce，2009.

[20] Banister D，Berechman Y. Transport investment and the promotion of economic growth[J].Journal of Transport Geography，2005，9（3）：209-218.

[21] Behrens，Pels E，Intermodal competition in the London-Paris passenger market：high-speed rail and air transport [J].Journal of Urban Economics，2012，71（3）：278-288.

[22] Oskar Froidh. Market effects of regional high-speed trains on the Svealand line[J]. Jouranl of Transport Geography，2005，13（4）：352-361.

[23] Sean Randolph. California high-speed rail economic benefits and impacts in the San Francisco Bay Area[R].San Francisco：Bay Area Council Economic Institute，2008.

[24] Wendell Cox，Joseph Vranich. The California high speed rail proposal：A due diligence report[R]. Los Angeles：Reason Foundation，2008.

[25] 汪德根，陈田，李立，章鋆.国外高速铁路对旅游影响研究及启示[J].地理科学，2012，32（3）：322-328.

[26] Lopez-Pita A，Robuste F. Impact of high-speed lines in relation to very high frequency air services[J].Journal of Public Transportation，2005，8（2）：17-36.

[27] Krugman P. Increasing returns and economic geography[J]. Journal of Political Economy, 1991，99（3）：483-499.

[28] Ureña J M，Menerault P，Garmendia M. The high-speed rail challenge for big intermediate cities：A national, regional and local perspective[J]. Cities,2009,26（5）：266-279.

[29] Gutiérrez J. Location, economic potential and daily accessibility：an analysis of the accessibility impact of the high-speed line Madrid-Barcelona-French border[J].Journal of Transport Geography, 2001，9（4）：229-242.

[30] Gutiérrez J，González R，Gómez G. The European high-speed train network，predicted effects on accessibility patterns[J]. Journal of Transport Gevgraph，1996，4（4）：227-238.

[31] Peeters P，Szimba E，Duijnisveld M. Major environmental impacts of European tourist transport[J].Journal of Transport Geography，2007，15（2）：83-93.

[32] 汪宇明.核心—边缘理论在区域旅游规划中的运用 [J].经济地理，2002，22（3）：372-375.

[33] 崔乔."高铁时代"下山东省旅游目的地发展浅析 [J].旅游管理研究，2011（5）：27-29.

[34] 胡芬，张进."高铁时代"湖北旅游发展战略的思考 [J].当代经济，2010（10）：82-84.

[35] 王洁，刘亚萍.高速铁路与城市旅游发展研究——以武汉市武广高铁旅游发展为例 [J].资源开发与市场，2011，27（12）：1146-1149.

[36] 张莹，薛东前.郑西高铁开通后旅游整合联动发展的 SWOT 分析 [J].经济师，2010（4）：210-212.

[37] 黄爱莲.高速铁路对区域旅游发展的影响研究——以武广高铁为例 [J].华东经济管理，2011，25（10）：47-49.

[38] 蔡晶晶.高铁时代海西区旅游业发展的战略思考 [J].2012（8）：90-98.

[39] 张丽娟，廖珍杰.武广高铁对沿线旅游经济的影响分析 [J].乐山师范学院学报，2011，26（5）：67-69.

[40] 王雪峰.郑西高铁开通对洛阳旅游经济的影响与对策思考 [J].兰州学刊，2011（2）：216-218.

[41] 曾婷婷.高铁网络建设对城市旅游的影响——以厦门市为例 [J].经营与管理，2013（1）：95-96.

[42] 周仁亮.以高速交通建设为契机的旅游地效应与升级对策研究——武广高铁以及沿线旅游地实证分析 [J].旅游管理研究，2011，（5）：49-50.

[43] 梁雪松，王河江，邱虹.旅游空间区位优势转换发展机遇的再探讨——基于"武广高铁"与"郑西高铁"视阈 [J].西安财经学院学报，2010，23（3）：26-31.

[44] 路东姣.武广高铁对武汉市旅游空间结构的影响研究 [D].武汉：华中师范大学地理科学学院，2012.

[45] 蔡卫民，熊翠.高铁发展对湖南省温泉旅游格局的影响研究 [J].热带地理，2011，31（3）：328-333.

[46] 刘军林，尹影.高铁交通体验对中小城市旅游空间结构的影响——以涪陵为例 [J].经济地理，2016，36（05）：190-194.

[47] 康晓利.高铁背景下游客目的地选择行为的影响机制研究 [D].福建：福建师范大学旅游学院，2011.

[48] 刘伏英.快旅时代旅游消费需求变化研究——以武广高铁鄂湘粤地区为例 [J].学术论坛，2010（2）：77-81.

[49] 李敏敏，王计平.京沪高铁旅游产品设计与开发研究 [J].淮海工学院学报（人文社会科学版），2012，10（10）：61-63.

[50] 汪德根，牛玉，王莉.高铁对旅游者目的地选择的影响——以京沪高铁为例 [J].地

理研究, 2015, 34（09）: 1770-1780.

[51] 王华. 城市居民出游的高铁选乘行为研究——以广西五市为例 [J]. 社会科学家, 2016（05）: 15-20.

[52] 方微. 浅析武广"高铁旅游生态圈"的构建策略及保障机制 [J]. 广东轻工职业技术学院学报, 2012, 11（2）: 15-19.

[53] 蒋丽芹. 关于高铁背景下泛长三角区域旅游合作体系的构建 [J]. 生态经济, 2011（9）: 150-152.

[54] 唐中明, 陈满雄, 孔勤. 高铁时代与湖南省旅游资源整合 [J]. 湘南学院学报, 2011, 32（4）: 23-27.

[55] 刘丽莉. 高铁时代下的湖北省乡村旅游游客管理 [J]. 武汉职业技术学院学报, 2010, 9（3）: 100-103.

[56] 刘丽梅, 吕君. 区域旅游开发与规划研究 [M]. 北京: 中国财政经济出版社, 2008.

[57] 孙根年. 我国六大境外客源市场旅游本底趋势线的建立 [J]. 系统工程理论与实践, 2000（1）: 140-143.

第七章　高速铁路对我国城市房地产业的影响

一、高速铁路对城市土地利用和地价的影响

（一）高速铁路对城市土地利用的影响

　　高速铁路是通过可达性的改善，形成磁铁效应，促进城市经济活动向高铁站点地区集中，从而引导城市土地利用分异，促进城市土地高密度和混合利用。根据高铁站点与城市中心的相对位置，可以把高铁站点分为三类：位于城市中心区的高铁站点（核心型）、位于城市边缘的高铁站点（边缘型）和位于城市外围的高铁站点（外围型）。核心型高铁站点位于城市中心或者中心边缘位置，一般是利用原有的车站改建或扩建，其周围土地开发强度大，服务整个城市甚至周边城市；边缘型高铁站点距离城市中心有一定的距离，其周围土地开发强度较大，服务城市的一个区域或整个城市；外围型高铁站点距离城市中心较远，位于城市郊区或者城市新建区，可达性相对较差，其周围土地开发强度相对较低。本节从高速铁路对城市土地的利用方向、土地利用结构、土地开发模式和土地开发强度等方面阐述高速铁路对城市土地利用的影响。

　　1、高速铁路改变城市土地利用方向

　　我国高铁建设起步较晚，多数高铁站点是在城市郊区开发修建，极少数是在原有火车站的基础上改建或扩建。高速铁路站的建设将活跃站区周边的经济，站区成为城市发展的新增长极，带动站点周边商业、居住、办公等用地的开发。高铁站点与市中心有便捷的交通，加上高铁出行的便利，高铁站点周边将成为中高收入者新的居住、工作选址。

　　对高铁站点周围土地的开发除了平面空间开发外，竖向的地下空间开发利用也是土地开发集约利用的大方向。高铁站点周边一般都充分利用地下空间发展城市综合交通系统和地下商场，以提高土地的空间利用效率，促进土地的功能多样性。

　　赵倩等的研究发现，高铁站点区用地类型，除道路交通之外，居住和商务商业用地的比重较高。站点土地开发与高铁交通功能密切相关，京沪线站点周边的开发规模远大于武广线，且商业类用地占比更高[1]。

　　2、高铁站点周边的土地利用布局

　　国外学者舒茨（Schütz）[2]、波尔（Pol）[3]等人结合高铁站点周边地区开

发的案例研究，提出了高铁站点"3个发展圈层"的结构模型：即第一圈层、第二圈层和第三圈层。第一圈层为核心区，距离车站约5~10分钟的步行距离，主要发展高等级的商务办公功能，建筑密度和建筑高度都非常高；第二圈层为拓展区，距离车站约10~15分钟的步行距离，主要集中商务办公及配套功能，建筑密度和高度相对较高；第三圈层距离车站15分钟以上的步行距离，为外围的影响区，会引起相应功能的变化，但整体影响不明显。三圈层结构模型在我国也得到普遍认可和借鉴，目前我国一些学者也将高铁站点周边土地利用分为三个圈层。例如杨维认为第一圈层土地及房地产价值相对较高，多开发为高档办公、居住场所，高档次的职能也可能建于第二圈层，但房产价值和建筑密度将比第一圈层有所降低；至于第三圈层，高速铁路可能与这些地区的发展不存在十分密切的直接相关性[4]。根据郑德高等人的研究，上海虹桥与嘉兴南站的商务区可以分为三个圈层，第一圈层为商务核心区，第二圈层为商务区，第三圈层为功能拓展区；在功能定位上，高铁商务区主要包括第一圈层与第二圈层，整体构成城市的商务副中心；依据城市与站场的等级不同，其辐射的区域也不同，同时这两个圈层都以就业为主；第三圈层一般整体定位为综合性新城，包含较大量的居住功能，实现职居平衡。在功能结构上，三个圈层的功能以商务功能为主，一般第一圈层的核心区商务功能为50%左右，第二圈层的商务功能为30%左右，第三圈层的商务功能的比例不是很明显[5]。

3、高铁站点周边的土地开发强度

一般而言，高铁站点周边地块的平均容积率为3.0，在高铁站点的影响范围内，距离高铁站点越近容积率越高。核心区土地开发强度最高，容积率最大，核心区向外土地开发强度依次递减[6]。

高铁站点所处城市的等级越高，车站周边地块的容积率也越大，土地开发强度也越大；反之，则越小。核心型高铁站点通常其周围地块容积率会达到8~10左右；边缘型高铁站点其周围地块容积率稍低，一般在5~8左右；外围型高铁站点因其可达性相对较弱，地块开发强度稍低，容积率一般在3~5之间。

4、高铁站点周边的土地开发模式

根据国外高铁站点开发经验，高铁站点周边土地开发可遵循TOD（Transit-Oriented Development）理论。依据此理论，高铁站点周边地区以高铁站点为核心，混合各种功能，呈圈层结构布局。TOD理论优先发展公共交通，以公共交通为导向，布局周围土地利用方式。通过站点周边交通可达性的改善，吸引更多的人流、物流汇集，从而形成功能齐全、土地高效利用的综合交通枢纽经济区。

根据高铁站点周边土地开发的特点，可将高铁站点周围土地开发模式分为商务居住复合模式、旅游/商业居住复合模式、综合居住模式[7]。商务居住复合模式依托当地产业基础和交通优势，发展特色商务办公区，发挥高速铁路、地铁、高速路的交通优势，开发中高档居住区，利用高速铁路对高端客群的聚集作用，提升居住功能的价值，获得更高的土地收益。旅游 / 商业居住复合模式依托当地特色旅游，开发旅游地产，发挥交通优势，开发中高档居住住宅区，通过主题游乐 / 商业功能获得经营税收，同时提升居住功能的价值，获取较高的土地收益。综合居住模式以居住为主，商业、商务、公共服务为辅，发挥高速铁路的交通优势，完善商业、公共服务的配套，开发中高档居住区，同时开发少量商务办公，从居住功能获得土地出让收益，其他配套的商业、商务、公共服务用以提升居住功能价值。

高铁站点不仅仅是交通枢纽，同时承载了商务办公、商业金融、休闲娱乐等综合功能，土地开发也呈现一种"城市综合体"的特点[8]。当前我国许多地区的高铁建设运营都有较大的资金缺口，高铁盈利困难，这对高铁的长期发展是不利的，但是通过国家政策支持，与地方政府利益共享，通过获取站点地区土地利用开发权，与地方规划衔接，合理选择开发业态，吸引社会资本的参与，有助于铁路部门增收，减小亏损，进而有助于铁路建设的可持续发展，有助于站点周边地区城镇化的健康发展并增强铁路企业的竞争力[9-10]。高铁站点土地开发过程中，开发经营者应大力盘活铁路生产经营性划拨用地，加强与政府主体的沟通与协调，明确各自权责，共同探索完善土地综合开发的模式，实现站点地区土地综合开发产业化，最后利益分配要兼顾各利益主体的权益[11]。

（二）高速铁路建设对城市土地价格的影响

在影响土地价格的众多因素中，区位因素是决定因素，西方经济学家在强调区位对土地价格的作用时，曾用"location，location，and location"来体现区位的重要性[12]。高铁站点的建设提高了可达性，改善了区位条件，吸引了大量人流、物流、资金流聚集，从而使得周围土地增值，土地价格提高。同时，随着站点周边土地的开发，周围商业、公共服务设施配套的完善，会吸引更多的人流、物流汇集，土地价格提升幅度更大。高铁站点地区的建设投资对其周边地区的土地具有重要影响[13]。高铁站点的开发建设带来本地可达性的改善，并提升周边地区的环境品质，促进新的经济活动的产生，最终引起站点周边土地价值的上升和租金的上涨。但是由于不同的站点本身存在着诸如服务水平、服务范围等的差异，因此对其周边的不动产价值的影响也有所差别。位于法国 TGV 大西洋线的勒芒站（Le Mans），已经成为一个活跃的地区经济中心，在 1996 年进行新的投资开发提升其在交通网络中的通达性之后，短短三年内站点周边土地价值增长了一倍；而同样的 TGV 大西洋线旺多姆（Vendome）站，作为一个发展较为成功的站点，于 1990 年启用，截至 1997 年站点周边土地价值只增长了 35%[14]。

国内曾有学者预测京沪高速铁路的建成可使沿线城市土地价格在 2020 年上升 40% 左右[15]。长株潭城际轨道交通对沿线一定范围内土地升值有重要影响，2km 圈层内的地价上升速度明显高于圈外附近区域地价上升速度[16]。

　　另外，不同位置的高铁站点对其周围土地价格的影响程度是不同的。通常而言，土地价格增长幅度是外围型＞边缘型＞核心型。对于核心型高铁站点，周边交通可达性和通达性比较高，公共交通、商业等配套设施也相对比较完善，高铁站点的修建对其区位通达性的影响程度相对较弱，土地的增值效应相对较低。对于边缘型和外围型高铁站点而言，高铁站点的修建可明显增强站点周围区位的可达性，周围土地的开发程度相对较低，设施配套完善度较低，周围土地价格增幅空间更大。

　　高铁站点区具有节点功能、场所功能和交往价值，高铁站点建设会促进土地价值的提升，这种影响主要是通过站区节点、场所和交往价值实现的。高铁站点区的建设提升周围地区的交通可达性，通过可达性的提升提高地区的用地吸引力，进而提升土地价值。高铁通过高铁站点区的交通枢纽功能、产业和人口集聚及优化城市空间结构对土地价值进行影响。不同城市高铁站点区开发对土地价值的影响路径有所不同，大城市站区开发对土地价值的影响主要是节点功能与场所功能综合作用，中小城市站区开发对土地价值的影响以节点功能为主，并且大城市站区周围的土地开发情况和效果要好于中小城市[17]。

二、高速铁路对城市房价的影响

（一）高速铁路对房产价格影响研究方法

　　目前学者在研究某些因素对房地产价格的影响时，使用最多的方法就是特征价格模型。特征价格模型（Hedonic Price Model），又称享乐价格模型、隐含价格模型和内隐价格模型等，是一种根据房屋特征（一系列属性）所带给人们的效用来决定房屋的价格的方法。通常选取的特征变量包括：区位特征变量、邻里特征变量和结构特征变量。

　　区位特征变量主要反映房屋的区位特征，通常用该房地产所在区位的可达性来反映，如采用出行时间、出行成本、便利程度、不同交通方式的可用性等来衡量，也经常采用到高铁站点的距离、到 CBD 的距离、到城市主次干道的距离、到高速公路入口的距离、到城市轨道交通站点的距离等来衡量。邻里特征变量主要指房地产所在区域的经济、社会、自然环境与配套设施特征，如家庭收入、年龄、文化程度、职业、家庭结构、邻里的社会阶层、种族构成等以及周围的学校、医院、商场（购物中心）、娱乐和体育设施等。结构特征变量主要是反映该房地产项目自身的特征，如户型结构、面积、朝向、楼层、装修、通风、空调、供暖、采光、保温、隔热、智能系统、地下室情况、停车场情况、物业管理费、绿化率、容积率等。高速铁路对房屋价格的影响主要是通过区位可达性的提高，带动区域产业经济发展与商业、娱乐等配套设施不断完善，增加了区位的便捷度和吸引力，从而造成周边房屋价格的上涨。

（二）高速铁路对房价的影响

高速铁路对房价的影响，主要是高铁站点对其周边房价的影响，一般需要一段时间才能显现出来。对于不同的物业类型，高铁对其价格的影响程度有所不同。

1、高速铁路对住宅价格的影响

不论是新建还是改建的高铁站点，随着高速站点规划方案的公布，会吸引部分商务人员到此买房居住，周围住宅价格随即开始上升，但是影响并不显著；站点建设期间在站点 200m 范围内，由于噪声或治安的影响价格将出现稍微的下降。由于人们对高铁的良好预期，在 200～700m 范围内楼市出现了小幅涨价局面；高铁建成开通之后，其对住宅价格影响效应凸显，但考虑到辐射效应的影响，在辐射范围外，高速铁路对住宅价格的影响是很小的，几乎可以忽略 [18]。2009 年 12 月 26 日，武广高铁正式开通后，沿线一些城市的房价均出现不同程度的上涨。以武广高铁岳阳—长沙—衡阳段为例，至 2012 年，高铁对沿线住宅价格的平均增值幅度为 19.48%，其中长沙市高铁沿线住宅价格的平均增长率为 27.04%，岳阳市的平均增长率为 16.63%，衡阳市的平均增长率为 14.76%；住宅项目每靠近高铁站点 1 米，住宅价格平均上涨 0.08745 元 /m²；3km 范围内的每个住宅项目平均增值 21399549.32 元 [19]。

2、高速铁路点对商业房产价格的影响

高铁服务的主要群体是高端商务人员，他们对交通可达性的要求高，追求时间效率。同时，由于高铁的便利性，会使得大城市的一些商务活动辐射或迁移到中小城市，形成一小时或二小时商务圈。如沪宁城际铁路的开通，加速了上海通过沪宁线向苏南其他城市辐射，周围一些城市商业楼盘价格出现明显涨幅。但也有学者指出，高铁站点周边商业地产的明显涨幅可能是因为开发商对高铁概念的过度宣传，以及人们对高铁经济的过高预期造成的 [20-21]。

有研究认为站点开发对居住和商业地产价值的影响程度有所不同，而且这种影响具有明显的空间分异特征。在距离站点四分之一英里的范围内，商业地产比其他地区高 16.4%，而住宅的价格、租金比其他地区高 4.2% [22]。

3、高速铁路站点对写字楼价格的影响

高铁站点地区开发对写字楼办公场所的租金具有显著影响，而且站点地区办公场所租金具有明显的空间自相关特征，相邻的办公区具有相似的价格特征。与站点的距离和铁路服务质量决定了站点地区办公场所的租金水平。租金水平随着与站点距离的增加而衰减。站点所提供的高铁服务水平对租金水平具有正面影响 [23]。

从研究内容上看，已有研究涉及了不同类型的房地产，从商业地产到住宅地产；也研究了不同的站点类型对房地产价格的影响。站点可达性和站点地区的环境品质、站点服务等级是影响高铁站点地区房地产价格的主要因素，但房

地产本身的内在因素才是决定价格的关键。研究方法上，特征价格模型是研究站点地区开发对房地产价格影响的主要方法，GIS 空间分析方法也越来越多的用以探索价格影响的空间特征。

三、案例分析：天津西站对天津城市土地利用和房地产开发的影响

天津西站是集高速铁路、城际铁路、普速铁路、城市轨道交通、长途客运、城市公交、出租和停车于一体的大型综合交通枢纽，经过发展，其周围必将形成天津市的又一中心地区。而土地利用类型的多样性促进了城市功能的多样化，使得生产方式多样获得多方向的经济效益，促进区域多产业经济发展。因此本案例以天津西站为研究对象，探讨高铁对站点周边土地利用的影响。通过实地观察调查，对比天津西站高铁站点建成前后的土地利用类型变化、用地规模变化、方向的变化等等，深入挖掘高铁站点的建成运行对站点周边的土地利用的影响，揭示天津西站周边地区的土地利用特点与问题。

（一）研究区概况

天津西站位于天津市红桥区，中心城区西北部。老西站始建于 1909 年，老西站站房是全国铁路枢纽站中修建最早、规模最大的德国新古典主义风格建筑（图 7-1）。主站房建筑面积 2058 平方米，占地面积 930 平方米，坐北朝南呈凸字形。老西站的一站台为核心站台，全长 563 米，每天有 24 趟旅客列车在此停站，平均日旅客流量达几千人。还有 5 个站台也分别在中国铁路第五次大提速之前改造完毕。现已被平移至距新西站不过 500 米的位置，它会作为铁路博物馆永久保留下来，未来会收集并收藏百年铁路发展的相关实物、照片等珍贵历史资料，成为西站副中心的永久历史地标。

图 7-1　老天津西站站房图

2009 年为配合京沪高铁建设，进行了扩建，新建西站有 24 个站台，与北京南站相同，跻身亚洲特大火车站行列。现代化的天津西站功能合理、设施完

善、环境优美，逐渐成了具有领先水平的大型城市交通枢纽。新西站的占地面积约 68 万平方米，站房主体结构为地上二层、地下三层，总面积 18 万平方米，站房面积 10.4 万平方米、雨棚面积 7.6 万平方米。候车大厅东西宽 135 米，南北进深 336 米，横跨铁路车场。地下一层为出站厅，东西两侧为出租车出站车道，候车平台长 126 米，中央 24 米通廊南北贯通。站房设计以圆拱和放射状百叶形象表现光芒四射，寓意天津城市发展的美好前景和光辉未来。以向前倾斜的、充满动势的圆拱寓意着京沪高速铁路的建成使用，天津西站成为拉动这一地区发展的"火车头"。57 米高面向广场的半圆形空间效果与结构完美结合，具有强烈的韵律感，通过表面肌理的处理，显得丰富而细腻，白色的编织网状屋顶钢结构成为天津市新的地标式建筑（图 7-2）。

图 7-2　新天津西站景观图

南广场位于西站客运站站房南侧，规划范围东至西站前街、西至复兴路、南至南运河北路、北至西青道。规划总占地面积 20 公顷，总开发量 30 万平方米。按照规划方案，南广场主要由集散广场、景观公园、特色商业区三部分组成。集散广场的设计以津味文化地面浮雕及标志塔为主，体现天津西站的文化意蕴。景观公园以绿地和各种灌木为主，保证视线通透。特色商业区业态以主力卖场、餐饮、大型超市、站前特色商业、酒店为主。但目前修建尚不完善，招商引资不完全，拆迁仍在进行中，发展比较缓慢。

北广场位于天津西站站房北侧，规划范围南至基本站台、北至子牙河、西至复兴路，规划总占地面积 16.5 公顷，总开发量 10 万平方米。规划定位为交通、景观休闲、枢纽控制中心、公交首末站、出租车停车场、社会停车库和自行车库组成的综合性充满人文气息的广场，形成"一带、两中心、多节点"的景观格局。一带是指滨河景观带；两中心是指由休闲广场和交通广场组成的两个立体景观中心;多节点是北广场区域内局部绿化。

目前天津西站的通车情况,主要是高铁线路,京沪高铁、京津高铁、津保高铁、津秦客运专线交汇于此。其中津保车场3台5线,普速车场1台4线,津秦津沪车场8台11线,城际车场3台6线。

(二)天津西站交通可达性的变化

1、区际可达性的变化

老西站时期,西站一般作为过路站,列车类型以空调普快与空调快速为主,日均发车辆63次,发往沈阳、德州、日照、南京等全国各大中小城市。新西站通车之后,增加了从西站首发的高速动车和动车,过路车车次有所减少。日均发车辆46次,其中普快减少到7次,空调特快10次,空调快速10次,其余均为高速动车及动车组共19次。

西站的重建使得城市之间的可达性发生了明显的变化。经过作者的统计,2009年以前的西站通车范围包括安徽、山东、黑龙江、吉林、辽宁、河北、福建、广东、陕西、山西、内蒙古、湖北等省份;新西站以发展高铁及动车组为主,所以发车范围远没有原来广泛,并且车次有所减少。作者针对几个高铁建成前后仍然停靠的车站进行了详细对比,见表7-1。

2004-2013年间天津西站发车次数及运行时间　　　　表 7-1
单位:次、小时

站点	开通车次数	2004	2006	2007	2008	2009	2011	2012	2013	开通车次数
		普快、空调普快、空调快速→空调特快、高速动车、动车组								
德州	3	2:54	2:54	2:51	2:51	3:17	00:57	00:57	00:57	4
济南	1	3:45	4:55	2:19	2:17	2:20	1:10	1:17	1:17	7
镇江	1	15:57	15:53	16:05	16:05	16:20	6:32	6:32	6:32	1
上海	2	18:00	18:00	13:56	8:55	9:02	5:02	5:07	5:01	5
南京西	1	15:44	15:44	13:07	13:07	13:57	3:40	3:52	3:40	5
青岛	2	9:54	7:47			5:09	4:49	4:50	4:47	2
徐州	1	9:44	9:44	10:28	10:28	10:34	2:23	2:23	2:23	5
杭州			13:52	20:56	13:11	13:27	6:02	6:00	6:00	2
北京	14	1:21	1:21	1:04	1:03	00:40		1:20	1:20	10
沈阳北	2	9:41	9:40	9:08	9:08			5:22	5:22	2
唐山			2:07					1:26	1:26	2

根据作者的统计,从2004年到2009年间,表7-1停车站点车次几乎没有变化,除了由天津西发往北京的车次有所增加,2009年时发往北京的车次数

已达 25 次。通过对表 7-1 的研究，可以明显地发现，高铁开通之后，西站的列车等级升高，行车效率大幅度提升，每条线路的行车时间都缩减 50% 以上，提高了单位时间的经济效益。通往济南、上海、南京等地区的高铁站点方便而又快捷。可以说，高速动车的发展为人们出行提供了新的选择，对于部分建有高铁站点的城市，城市之间的可达性大大提高，但由于高铁建设要求条件高，一部分城市现阶段还无法实现，故而通车范围缩减，所通车次数量减少。

2、城市内部可达性的变化

城市轨道交通的引入可以最大程度地提高站点周边区域的可达性，从而影响该地区的经济活动，并直接反映在该地区用地功能的变化上，从而最终影响该地区发展[23]。在市场机制的作用下，商业、办公以及居住功能设施通常会被聚集到轨道站点周边以及沿线地区并呈现高密度高强度的开发特征，形成特有的城市空间特征。不同区域的城市功能又主导了该地区的土地利用类型，故而首先探讨西站周边可达性变化很有必要。

新西站修建之前，天津西站是天津市历史最悠久的车站，多年来从未进行过大规模的改造，但由于来往车辆与乘客相对天津站较少，所以客流和交通矛盾并未完全凸显出来。随着 2006 年天津站的改造工程的实施，更多的车次临时改停在天津西站，这使得天津西站的客流量和车流量急剧增加，尤其是黄金周，站前交通更是面临着严峻的考验。

新西站现在的交通可达性状况较以前有相当大的改善，现在的西站地区除了有高速铁路以外，还有两条地铁经过（一号线和六号线在建），同时还有长途汽车（客运西站），公交汽车的综合换乘站。所以从交通系统的设施来看，可达性有明显的提高，但笔者认为这种可达性是宏观的，以天津西站为中心，小到天津市各区县，大到北京、石家庄、秦皇岛等周边大城市的宏观可达性确实提高了，不仅如此，由于高铁的开通，速度的上升，也缩短了行程时间，提高了效率。但经过作者的实地走访调查，发现对于天津西站周边的影响并不像实际预想的那样。

首先从公共汽车的角度，西站南广场公交首末站有 10、24、31、52、153、161、601、651、661、688、810、15、683、687、829、904（及 904 区间）、635、840、718，19 条公交线路，西站北广场公交首末站有 503、652、806 这 3 条公交线路，22 条公交线路构成了西站地区的公共交通网，分别延伸到天津市各区县，一些中心地带如天津站，则有多条线路同时经过。作者在公交站出口观察了 10 分钟，共有 6 辆公交车开出，可见，西站站前的公交车间隔时间较短，分流较快，有助于缓解客流高峰时的拥堵。

其次，从地铁的角度考察西站的可达性。目前在天津西站开通的只有一号线，一号线的开通缓解了西站陆上交通的拥挤，对人流的分散起到了关键性作用。未来还将开通四号线和六号线，实现交通零换乘。作者针对地铁可达性随机地在地铁站出口访谈了一位男士，他说："我住在双林那边，一般情况从双林到西站，自己开车在不堵车的情况下要四十多分钟，乘坐公交车则需要一个多小时，但是，坐地铁，不用半个小时就到了。"从他的回答中看以看出地铁的开通，大大减少了人们到达西站的时间，其带来的方便和快捷无须赘述。

（三）天津西站对天津城市土地利用和房地产开发的影响

在 Google Earth 上获得了 2004 年和 2013 年的遥感数据。西站建成前的资料收集不完全，大部分依靠的是 Google Earth 历史影像以及当地居民口头描述的空间布局，所以高铁站点建成前的还原图像尚不完整。

利用 ENVI 遥感图像处理软件进行土地利用类型的监督分类，根据分类结果进行面积统计，还原高铁站点建成前后的不同地类的面积比例见图 7-3。

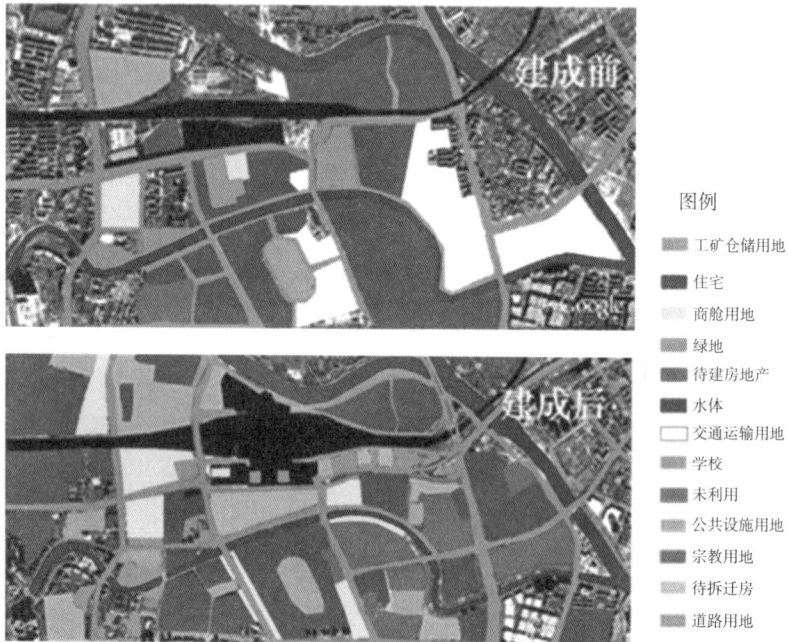

图 7-3　高铁建成前后土地利用格局示意图

1、天津西站周边地区土地利用的变化

经过分类统计，得到高铁建成前后不同地类的利用面积。可以看出：①原有住宅用地由于拆迁等减少了 15 万平方米左右，但由于新建住宅楼层增高，住宅建筑面积有较大增长，待建住宅建筑面积 8 年间增幅达 56.71%。②道路建设更加完善，马路拓宽，道路用地增加面积达 13 万平方米。③西站、西客运站的扩建，轨道数增加，使得交通运输用地大幅度增长，从 36.51 万平方米提高到 61.6 万平方米。④西站周边乃至整个红桥区都更加注重城市绿化，绿地面积包括公园修建在内共增长了 15.18 万平方米。⑤商服用地面积较以前有大幅度下降，原来的老店铺都被拆迁改造了，但新建的商业楼层很高，商业建筑面积大幅度增加。

2、天津西站对房地产开发的影响

2009 年以前的天津西站周边，到处都是破旧的平房，很少可以见到高楼。高铁建成后，西站周边的低矮平房区被全部拆除，部分用来修建站前广场，部分用来开发房地产，部分用来建设酒店旅馆餐馆用于发展商业。

西站周边一个明显的变化就是房地产面积增多，楼房建筑高度不断增高，并且投资商并不只注重开发居民住宅用地，同时也配套建设开发美食街、写字楼、休闲中心等商服用地。位于站前南侧小伙巷地块的陆家嘴广场，是西站地区最早启动的商业项目之一。该项目总建设规模超过 120 万平方米，总投资近 150 亿元，包括集商业、办公、文化、娱乐、餐饮、酒店、休闲等功能于一体的陆家嘴广场和虹桥国际社区——陆家嘴河滨花苑（目前仍在建设中）。除此以外，鹏欣集团在此开发的鹏欣水游城，现已全面开业，详细内容之后有所介绍。这两大商圈与西站交通枢纽互相促进，共同发展，实现了该地区"三角形"发展的经济模式，形成了西站带动周边地区发展的核心圈层。

鹏欣天津水游城坐落于天津市红桥区大丰路西侧，距天津西站约 1000 米，是集购物、餐饮、娱乐、文化等为一体的一站式都市休闲购物中心。总建筑面积 18 万平方米，其中包括：一栋建筑面积 3 万平方米的星级酒店；沿大丰路的商业面积共为 8 万平方米，四幢建筑面积共 4 万平方米的写字楼；地下建筑面积 3 万平方米；能够很好地满足消费者的一站式消费需求。

2008 年天津西站城市副中心的空间发展战略一提出，随着开发建设工程的实施，一大批项目陆续落户红桥区。仅西站周边，就有陆家嘴集团、鹏欣集团等知名大企业前来投资，早在 2000 年这块地有零星的平房，当时开发利用不完全，闲置地较多，2004 ～ 2009 年间，这块地一直为闲置地，没有开发商来投资。西站的重建，吸引了鹏欣集团来此投资水游城项目。

2011 年 09 月 29 日，鹏欣天津水游城在万众瞩目下盛大开业，开启了第五代商业地产新模式，为天津商业消费市场注入一股全新的活力，引领津门时间型消费新时代。鹏欣水游城是西站周边住宅用地转化为商服用地的最成功的例子。作者亲自去水游城考察之后发现，那里现已发展为很成熟的商业区，人群熙攘，已成为西站地区的商业核心区。

参考文献：

[1] 赵倩，陈国伟. 高铁站点区位对周边地区开发的影响研究——基于京沪线和武广线的实证分析 [J]. 城市规划，2015，39（07）：50-55.

[2] Schütz E. Stadtentwicklung durch Hochgeschwindigkeitsverkehr（Urban development

by High-Speed Traffic）[R].Heft 6, 1998：369 - 383

[3] Pol P M J. The Economic Impact of the High-Speed Train on Urban Regions[C].ERSA Conference Paper from European Regional Science Association，2003，10（1）：4-18.

[4] 杨维 . 高速铁路站区交通与土地利用协调发展研究 [D]. 重庆：西南交通大学管理学院，2011.

[5] 郑德高，张晋庆 . 高铁综合交通枢纽商务区规划研究——以上海虹桥枢纽与嘉兴南站地区规划为例 [J]. 规划师，2011，27（10）：34-38.

[6] 殷铭 . 高铁站点周边地区的土地利用规划研究 . 山西建筑，2009（11）：29-30.

[7] 张潘 . 吉安高铁站点周边地区土地开发策略研究，2012，硕士：97.

[8] 李胜全，张强华 . 高速铁路时代大型铁路枢纽的发展模式探讨——从"交通综合体"到"城市综合体"[J]. 规划师，2011，27（07）：26-30.

[9] 付良玉，焦道娟 . 高速铁路站区土地综合开发方案探讨 [J]. 高速铁路技术，2016，07（02）：90-94.

[10] 边头保 . 铁路企业实施高铁站点区土地综合开发策略研究 [J]. 铁道经济研究，2015（06）：35-37.

[11] 王慧云 . 基于土地发展权的高铁站点区开发权利分配研究 [D]. 北京：北京交通大学经济管理学院，2015.

[12] 高燕 . 苏州高速铁路客运站选址和布局的探讨 [J]. 淮阴工学院学报，2008（05）：85-88.

[13] Hess D B, Almeida T M. Impact of Proximity to Light Rail Rapid Transit on Station-area Property Values in Buffalo, New York[J]. Urban Studies, 2007, 44（5）：1041-1068.

[14] Haynes K E. Labor markets and regional transportation improvements：The case of high-speed trains An introduction and review[J]. ANNALS OF REGIONAL SCIENCE, 1997, 31（1）：57-76.

[15] 陈有孝，林晓言 . 铁路长大干线社会经济效益评价的地价函数法研究 [J]. 经济地理，2006（02）：308-312.

[16] 杨琳，王慧晶 . 长株潭城际轨道交通对沿线房地产的影响及对策分析 [J]. 企业技术开发，2013（16）：99-100.

[17] 周曦 . 高铁站点区开发对土地价值的影响研究 [D]. 北京：北京交通大学经济管理学院，2016.

[18] 郭垂江，王慧晶 . 城际铁路对沿线城市住宅价格的影响分析 [J]. 铁道运输与经济，2013（1）：88-92.

[19] 何里文，邓敏慧，韦圆兰 . 武广高铁对住宅价格影响的实证分析—基于 Hedonic Price 模型和微观调查数据 [J]. 现代城市研究，2015，（8）：14-21.

[20] 车骥冲 . 高速铁路对商业地产价格影响及其成因分析 [J]. 中国房地产金融，2011

（11）: 10-14.

[21]　车骥冲. 高铁对沪杭嘉兴段房价的影响分析 [J]. 上海房地，2011（10）: 19-21.

[22]　Debrezion G，Pels E，Rietveld P. The Impact of Railway Stations on Residential and Commercial Property Value：A Meta-analysis[J]. The Journal of Real Estate Finance and Economics，2007，35（2）: 161-180.

[23]　Debrezion G，Willigers J. The effect of railway stations on office space rent levels：The implication of HSL South in station Amsterdam South Axis[M]Railway Development. Physica-Verlag HD，2008: 265-293.

第八章　高速铁路对我国城市空间结构的影响

一、高速铁路对城市空间结构的影响机理

高速铁路对城市空间结构的影响从 20 世纪 70 年代开始就备受关注。根据已有的研究，高铁交通对区域整体空间格局的影响并不明显，作用主要发生在站点附近[1]。大多数国外学者都认为高铁站点及其周边区域是受高铁作用最强烈的地区。Schutz E 认为车站周围 10 分钟步行可达区域为受作用最强烈区域，由于其可达性最好，该区域总能吸引新的公司和居住者在此聚集，从主要圈层（第一圈层）向外，依次为第二、第三圈层，区位影响依然存在，但没有第一圈层显著[2]。高铁对城市空间格局的影响主要通过影响人口、经济的空间分布来实现城市空间结构的改变。高铁站点不同的位置，也会产生不同的空间影响，位于城市老中心区的高铁站点，如布鲁塞尔南站、鹿特丹中央车站等，主要是提高城市的空间质量；而位于城市中心边缘的高铁站点，很有可能发展成为城市的补充型副中心。位于郊区的高铁站点，通常是利用新建一个高铁站点位基础发展一个新的经济区域。位于中心边缘和郊区位置的高铁站点，在一定程度上分担城市中心的牵引力，吸引新的经济活动在站点地区发展，开发未利用土地[3]。

从空间质量发展的角度，Jose M 认为高铁总会被视为一种机会，通过发展城市新的项目和吸引高质量的服务来改变城市中心的结构同时改变整个城市的景象。高铁本身就是一种高质量的服务，所以经常成为城市竞争中考虑的要素[4]。而过去的火车站点一般比较大，土地类型单一，土地利用率低，因此高铁提供一种有效的机会去开发类似高密度和相对空白的地区，从而发展成为新的城市中心[5]。

高铁交通究竟导致区域空间分散还是集中，对这一问题也有许多研究。一部分研究表明，高铁交通导致区域融合加强，形成走廊经济，区域高铁交通将导致空间格局更加集中[6]。

（一）高速铁路对城市空间发展的效应

1、触媒效应

"触媒"（Catalyst）是化学中的一个概念，即催化剂，是一种与反应物相关、通常以小剂量使用的物质。它在化学反应中的作用是改变或加快反应速度，而

自身在反应过程中不被消耗。"触媒"在发生作用时对其周围环境或事物产生的影响程度被称之"触媒效应"。一座城市的发展演变也是在各种各样"触媒"的作用下得以发生和发展的。每当城市中出现新的"触媒"元素，城市物质环境形态就会发生一定程度的变化。高速铁路站点作为新型交通中心，以其便捷的交通连接与集散大规模的人口、大容量的信息，成为城市发展过程中一个重要的"触媒元素"，无疑将对城市发展及其空间结构产生深远的影响[7]。

2、集聚和扩散效应

高速铁路建设极大改善沿线设站城市的区域可达性，加速各类经济要素集聚。伴随着高铁枢纽站的投入使用，快捷的交通吸引更大范围的人流、物流、信息流等生产要素集聚。交通条件的改善和要素的集聚必然促进城市相关产业发展，尤其是服务业、旅游业、房地产业等，进而促进产业结构的完善和城市总体经济水平的提升[8]。在随后的发展过程中，以高铁站点区为引擎，推动城市整体功能不断完善，产业结构、空间结构逐渐合理化、高级化，环境不断优化[7]。城市的经济活动、交通以及土地利用之间的互相作用必然引起城市空间的重构与发展，大量人流的集散所引发的消费需求直接吸引商业贸易、商务金融、休闲旅游、科技研发等相关企业的选址与投资，为本市提供大量的就业机会，站点地区就业密度大幅增高[8]。城市的空间结构正是在这种集聚分散中演变，不断寻求新的平衡，原有的城市空间结构被打破进而重构。

3、节点—网络效应

高铁开通以后，各设站城市被高铁线路串联在一起，区域中心城市成为节点城市。高铁主导时代的区域空间形式不再是"地方空间"（Space of Places），而是"流动空间"（Space of Flows），流动空间通过时间对空间的替代，逐步改变传统的空间关系。流动空间将弱化区域行政边界、社会关系及制度安排的限制作用[9]。高铁的引入改变了区域内部不同节点的区位可达性，通过对于不同节点的强化与弱化，客观上有助于经济活动的重新分配，进而支持多中心城市网络格局的形成[10]。每一个高铁站点都是一个节点，在城市发展中起着地区枢纽的作用。围绕着这一节点，吸引外部的人员、物质、信息等要素集聚，为城市带来新的投资机会，引起用地结构和空间结构的变化，形成不同等级的组团格局，在城市或更大的区域空间中成为网络空间的一个组成要素。

4、圈层效应

由于高铁站点周围的时空间可达性不同，引起各类要素的集聚有所不同，因而形成不同产业集聚区和影响区。可以把高铁站点所在区域及影响区域以枢纽站点为中心，划分成核心区、拓展区和影响区，形成圈层空间结构。核心区和拓展区往往具有密度高、城市布局紧凑、换乘系统便捷、土地混合使用及步行环境适宜等特点。

（二）高速铁路引起城市空间结构变化的过程

1、初期阶段

高铁对于城市的影响最初主要是高铁站点区的建设。尤其是那些在城市边缘或外围的站点，都是超前规划和设计、高标准建设。规划的配套设施比较齐全，预留的产业用地类型多以商务办公为主。通过高铁快速集散走廊连接城市功能区和高铁客运站区，通过城市主要功能区和高铁站点区的空间互动，在城市空间发展用地宽裕的情况下，高速铁路站区倾向于沿集散走廊向城市既有功能区方向发展。同时，高铁快速集散走廊沿线的公共交通站点具有较高的可达性，土地价值提升并吸引大量居住和产业聚集，形成高铁站点区导向的城市组团空间 [8]。

2、中期阶段

随着城市发展和快速交通网络完善，高铁站点与公共交通站点的集聚能力持续增强，城市出现多条高铁站点区快速集散走廊和更多高铁导向城市组团空间，原有的沿高铁站点区快速集散走廊形成带状发展空间并不断扩张延伸，城市各类功能区空间规模逐渐扩大，形成网络化的城市功能区域。

3、成熟阶段

这一时期高铁站点区空间、围绕公共交通站点所形成的高铁导向城市组团空间，以及城市功能区空间规模持续扩大并连接成片，城市建成区的可开发用地达到极限，高铁功能区开始越过高速铁路线，向与城市老城区相反的方向发展，或突破原有城市建成区界限，融入更大的区域性发展空间。

二、高速铁路引导下城市空间结构的变化

（一）强化城市原中心和促进新的城市中心的产生

在城市空间演化的过程中，市区中的某些地方或郊区会出现一些有一定吸引力的就业、服务或交通聚集区，并逐渐成为城市次中心。城市次中心的形成，除了与相应区域的区位、经济等因素有关外，交通条件的改善起到了重要的作用。交通枢纽是城市中人流和物流汇集点，是城市最具有活力和生命力的场所。交通枢纽是连接人们各种交通出行行为的纽带，没有交通枢纽，形成不了交通网络，更谈不上一体化的交通系统，缺乏枢纽支撑的交通是低效的，对于城市发展来说，有效的交通系统是城市中心持续发展的基本条件。高铁站点作为重要的交通枢纽，也是城市交通系统中的关键节点，能够促进城市新中心的产生，也能够在原有发展基础上，强化原来的城市中心。高铁站点周围地区可达性的提高，不但能吸引更多的人群，而且还会提升周围土地的商业吸引力，越来越多的相关社会经济活动会聚集在高铁站点周围，带动高铁站点周边区域的社会经济发展，改变人们经济活动的空间分布，以高铁站点为核心的高铁综合枢纽区域，很可能成为城市发展的新中心。高速铁路的引入为城市改善空间结构、

促进城市用地布局优化提供了一个前提性条件,有了重新调整土地利用的机会,通过对站点周边区域土地的开发和重新规划,完善高铁站点与城市连接的公共交通可达性,实现无缝换乘,使之充分利用高铁带给城市的发展机会,沿着高铁站点扩展新的城市片区,车站地区很可能发展成为新的城市中心。

高铁站点在城市中不同的位置会带来不同的影响,位于老城中心、通过升级改造的高铁站点,将强化周边区域的发展过程。如法国巴黎北站,是对城市中心的老火车站的改造升级,高铁开通后,站点周边的土地利用形式,根据高铁站点的客流需求进行不断升级调整,注重与周边经济活动的互动衔接及整合发展,巴黎北站地区各种各样的餐厅、咖啡馆、宾馆和商场沿着站前广场依次分布,除了为乘客服务,也吸引了其他人群在此聚集,北站地区已经发展成为巴黎10区的重要文化商业街区之一。位于城市边缘的新建高铁站点,周边土地利用程度一般较低,车站周边的发展一般会促进新的城市中心的形成。

(二)高铁站点的"点—轴"模式促进城市发展轴的形成

良好的交通条件能引导城市的有序发展,城市的发展又能促进交通的发展,二者相辅相成。城市总是在有利的交通位置生长,并沿交通线的节点或走廊发展,形成城市"点—轴"发展模式。高铁站点通常会成为城市重要的交通枢纽之一,是城市交通系统中的关键节点。如果一座城市有两个或多个高铁站点,各个高铁站点将构成城市空间扩展的发展轴,形成了沿轴线的连续性扩展或是沿轴线的高密度点状扩展,通过城市公共交通连接的多个高铁站点将成为城市空间形态发展的轴线。我国天津市和苏州市均有多个高铁站点,城市空间结构将会向"点—轴"模式演变。

(三)高速铁路影响站点周围土地利用结构

高速铁路是城市对外联系的重要交通工具,对于城市内部空间的影响,其更多的是通过其催化或者促进城市其他要素发展来影响城市空间的变化。高铁的连接会给城市带来新的经济活动,不断带动新的经济增长。高铁的连接也会进一步促进城市基础设施的不断完善,不断发展新的基础设施。高速铁路的到来,催化城市中新经济活动的产生,带来了新客流,促进站点周围及整个城市交通的不断完善,改变城市尤其是站点地区的土地利用,进而对城市空间产生影响。交通技术的改进、投资与服务的变化都会影响整体或特定地点的可达性,可达性的变化将导致土地使用功能、强度的改变,从而使土地使用在空间上重新分布、调整。城市是否能够有效利用这种机会,引导高铁带给城市正面影响,主要取决于高铁综合交通系统的发展阶段和发展质量,在城市本底条件的基础上,城市中不同空间利益主体,做出的反映,影响高铁进入城市的接入点即高铁站点及其周边区域的发展,可以说是高铁对城市空间产生影响的风向标。

三、案例分析：高速铁路对天津市城市空间结构的影响

（一）催化城市新中心的产生

天津共有专用及混用高铁站点8个，其中四个为主要高铁站点，其他为辅助车站。主要高铁站点为天津站、天津西站、于家堡站和滨海新区站；辅助站为武清站、塘沽站、张家窝站（天津南站）和军粮城站。从区位来说，只有天津站位于老城中心，其他站点基本上都位于市郊或郊区。对于天津站地区的发展，高铁的引入，促进了周边区域公共交通的完善和提高。对于天津西站、于家堡站和滨海新区站而言，高铁的到来，为这些区域注入了发展的活力，高铁站点的建设，成了开发这些区域的重要触媒。这些站点区域以建设高铁站点为起点，为配合高铁站点的中高端服务，全面开发周边区域，站点周围基本从零开始发展，这为发展新的城市中心提供了空间条件。天津西站、于家堡站和滨海新区站不但具有好的外向交通条件，也具有完善的城市内部的公共交通网络。根据天津的未来发展规划，这些地区将不断完善站点周边区域的公共交通，提高区域可达性，将吸引更多的经济活动和人群在此聚集，不断地催化周边区域发展，使高铁站点周边区域逐渐发展为城市新的中心。

（二）改变土地利用结构

高铁站点的开发建设，一般会改变站点周边甚至更大范围内的土地利用，土地利用类型多元化。如天津西站拆迁后大面积的平房居住区转变成商服用地、高层住宅区，带来站点地区土地利用结构的变化。交通运输用地、商服用地等大幅度增长；拆迁导致住宅用地减少但住宅楼层提高，住宅建筑面积大幅度增加；站前公园与绿地面积增加，城市景观进一步美化（表8-1）。

高铁天津西站建成前后站点地区土地利用结构比较　　　　　表8-1

建成前			建成后		
土地利用类型	面积（万平方米）	比例	土地利用类型	面积（万平方米）	比例
住宅	167.95	33.5%	住宅用地	152.57	28.7%
道路用地	84.30	16.8%	道路用地	103.07	19.4%
水体	73.95	14.8%	水体	67.24	12.7%
闲置空地	63.03	12.6%	交通运输用地	61.60	11.6%
交通运输用地	36.51	7.3%	商服用地	32.71	6.2%
工矿仓储用地	32.00	6.4%	待建房地产	32.66	6.1%
公共设施用地	13.88	2.8%	公共设施用地	25.39	4.8%
商服用地	9.54	1.9%	绿地	20.97	3.9%
待建房地产	7.95	1.6%	学校	20.89	3.9%

建成前			建成后		
土地利用类型	面积（万平方米）	比例	土地利用类型	面积（万平方米）	比例
学校	6.40	1.3%	待拆迁房	13.93	2.6%
绿地	5.79	1.2%	宗教用地	2.79	0.5%

数据来源：作者根据遥感影像和实地调查整理

（三）引导天津城市空间轴的形成

根据《天津市城市总体规划（2005—2020年）》，天津未来的空间结构将在原布局结构的基础上，结合近几年城市发展的现状和今后的发展趋势，重点建设滨海新区，完善和提高中心城区，市域城镇形成"一轴两带三区"的空间布局结构。在天津城市空间结构的转化过程中，高铁站点将起到重要的引导和推动作用。天津正处于产业全面转型，从第二产业过渡到第三产业的关键时期，天津市以高铁引入城市为契机，以高铁站点为重要综合交通枢纽点，构建城市内部重要的交通网络，这些重要的交通节点催化和促进了城市交通网络的完善与升级，提高了沿线区域的可达性，吸引人流、物流到可达性好的地区聚集，使得天津城市空间沿交通线逐渐成长，发展成为新的城市空间发展轴。高铁天津站、天津西站、于家堡站和滨海新区站都是既作为重要的交通枢纽，又作为城市发展的新中心进行规划定位。天津西站地区将发展新的城市副中心，于家堡站地区将成为重要的国际金融中心。天津站位于旧城中心，天津站的升级更新，进一步提高了周围区域的空间质量，提高了老城中心的竞争力。武清站虽为辅助站，但是武清站是连接北京到天津的经停车站，武清城区位于天津市西北部，处在京津大通道的轴向位置，也处在京津城市发展的主轴上，西距北京72公里，东距天津中心城区25公里，区位条件十分优越。武清交通十分便利，境内拥有京津塘高速公路、京塘公路、津围公路等12条干线公路。武清高铁站点的建设更是为武清如虎添翼，依托这些区位优势，武清将发展成为京津城市发展主轴的重要节点和现代化新城。天津站、天津西站、于家堡站和武清站将成为天津的发展主轴，最终形成"武清新城—中心城区—滨海新区核心区"构成的天津城市发展主轴。

（四）提升天津的城市空间形象

天津是我国北方第二大城市，全国第三城市，距离北京仅有120km，天津自古是因漕运而兴起，城市的发展也沿着河流两岸扩展。随着水运逐渐被路上交通所取代，过去遗留下来的城市空间问题也逐渐显露出来。2008年京津高速铁路的开通，提高了天津在京津冀区域中的城市地位，加速了北京同天津的同城化效应。国家"十二五"规划中，将天津视为重要的高铁交通枢纽城市之一，天津将成为北方的集海运、空运和陆运于一体的重要的交通枢纽城市，高铁线路的汇集，使天津成为我国可达性最好的城市之一。天津的四大高铁站点各有特色，根据城市发展需要以及周边区域特点，成为带动周边区域的重要交通节点。各站点地区，以高铁站点为中心，进行了相应的土地开发，站点周围多为高端商业办公用地，创造了新的城市中心，改变了天津过去的老工业城市形象。天津各高铁站点及其周边区域的发展是在高铁站点交通功能的基础上进行的，高铁站点提高了站点区域可达性，吸引人群和经济活动的集聚，带动站点周边区域土地的全新开发，催化新城市空间的产生，大大提升了天津的城市空间形象。

参考文献：

[1] Knight RL，Lisa L L. Evidence of land use impacts of rapid transit systems systems[J]. Transportation，1977，6（3）：231-247.

[2] Schütz E，1998，Stadtentwicklung durch Hochgeschwindigkeitsverkehr（Urban development by High-Speed Traffic）[R]. Heft 6, 1998, pp 369 - 383.

[3] Tapiador FJ，Burckhart K，Mart-Henneberg J .Characterizing European high speed train stations using intermodal time and entropy metrics[J]. Transportation Research Part A：Policy and Practice [J].2009，43（2），197-208 .

[4] Ureña Jin，Iuenerault P，Garmudia Ih.The high-speed rail challenge for big intermediate cities：A national，regional and local perspective [J].Cities, 2009, 26（5）: 266-279.

[5] Jan Jacob Trip.Urban Quality in High-speed Train Station Area Redevlopment：The case of Amsterdam Zuidas and Rotterdam Central[J].Planning Practice&Research，2008，23（3）：383-401.

[6] Sasaki K，Ohashi T，Ando A. High speed rail transit impact on regional systems does the Shinkansen contribute to dispersion[J].The annals of regional science，1997,31,（1）：77-98.

[7] 石海洋，侯爱敏，吉银翔，王立新等 . 触媒理论视角下高铁枢纽站对城市发展的影响研究 [J]. 苏州科技学院学报（工程技术版），2013，26（1）：55-59.

[8] 姚涵，柳泽，刘晓忱.高速铁路影响下城市空间发展的特征、机制与典型模式——以京沪高速高铁为例 [J]. 华中建筑 . 2015，（5）：7-13.

[9] 方大春,孙明月 . 高铁时代区域空间结构重构研究 [J]. 当代经济管理,2014,36（2）：63-66.

[10] 张艳，华晨 . 解析高铁作为城市空间重组的结构性要素：法国里昂案例分析 [J]. 国际城市规划 .2011，26（6）：102-109.

第九章 我国高速铁路站点地区的规划与建设

高速铁路站点地区是指包括高速铁路火车站在内，及与站点密切相关的周边邻近区域。随着我国高速铁路建设的快速扩张，高速铁路站点数量不断增多，截至 2015 年底，我国大陆共有 529 个高铁站点[1]，其中围绕高铁站点拟规划和建设的高铁新城近 100 座。许多地方决策者借力高铁站点开发，大力推行高铁新城建设，一时间高铁新城遍地开花，"定位雷同，人气不足，空城隐忧"等问题接踵而来，高铁站点的不适当开发造成了严重的发展资金和土地资源的浪费，也违背了城市发展的基本规律。

站点地区是高铁效应作用最为显著的区域。高铁站点将高铁网络沿线的各城市区域联通为一个整体，为沿线地区的区域交流与合作提供了媒介。对于城市本身而言，站点地区的开发建设是进行城市更新，塑造或改善城市空间结构的重要途径。站点地区的开发可以为城市发展注入新的活力，通过大型建设项目的实施促进城市的扩张，并推动城市化进程。站点也是城市对外宣传，展示城市形象与区域特色的窗口。

一、国内外高速铁路站点地区研究现状

1964 年日本新干线开始运营，高铁站点地区的发展就成为学术研究的热点，产生了大量的研究成果，这些成果对于我国高铁站点地区开发建设具有一定的参考价值。因此，有必要对已有研究成果进行梳理，为我国高铁站点地区的开发建设提供参考，避免站点开发建设的盲目性和随意性。

（一）国外研究概况

国外高铁站点地区发展研究起步较早，总体来说，国外对于站点地区的研究主要包括以下四个方面：站点地区范围界定的研究，站点地区可达性研究，站点地区产业发展研究，站点地区发展影响因素研究。

1、站点地区范围界定研究

高铁站点地区范围的界定是进行站点地区规划与开发建设的基础性工作，也是构建站点交通需求预测模型的基础[2]。最常用的界定站点地区范围的方法是以站点为中心确定一个一定半径的缓冲区域[3]，这个缓冲区域是以一个适宜步行的距离为半径的环状区域。"适于步行的距离"可以是 500m，也可以是一个时间距离，比如 10 分钟的步行长度。圈层结构模型将站点区按照步行时

间划分为三个圈层，其中 5 至 10 分钟为第一圈层，10 到 15 分钟为第二圈层，15 分钟以上为第三圈层[4]。这种确定站点地区范围的方法十分简便，易于操作，但也有明显的缺点，由于现实中障碍物的存在或者使用者采用不同交通方式，都会对站点区的范围和形状产生影响，而且此方法对站点所处的自然、社会条件等因素缺乏考虑。

Martinez H S 等基于空间综合分析方法，根据距离和客流量之间的关系，提出了分析高铁站点地区范围和形状影响因素的方法，并对西班牙萨拉戈萨、塞尔维亚、巴利亚多里德等六个高铁站点进行了实证分析，结果表明由于不同的高铁站点所处的环境以及自身特点的差异性，不同因素对其边界和范围的影响效果也不同。附近其他交通节点会对高铁站点区服务范围产生两种相反的影响，一种是为旅客提供其他交通选择而减少对高铁的使用，从而限制高铁站点区的服务范围；另一种是与高铁站点相互协作，从而扩大其影响范围[5]。也有研究表明认为在交通畅通的情况下，驾驶汽车 4 到 6 分钟所行驶的距离作为站点的影响半径更加合适[6]。

当距离高铁站点的距离小于 0.8km 时，人们对站点的使用率要远远高于 0.8 到 5km。并且当人们从更远距离搬迁到距离交通站点 0.8km 以内的范围时，先前靠汽车通勤的人中有超过半数的人会转而使用公共交通[7]，可见 0.8km 即半英里是站点地区的最优半径。但是这并非对所有站点都适用，不同的研究目的、区域的差别，都可能造成范围确定的差异[8]。

研究方法上，一般通过构建数学模型，并以 GIS 空间分析为辅助手段，对高铁站点地区范围及其影响因素进行研究。人口、距离、客流量、列车频次等成为衡量站点地区影响范围的常用指标[9-10]。在对站点地区进行规划设计时，应当对当地的人口、劳动力、站点附近的企业和家庭进行社会调查，合理进行出行需求预测，从而确定站点地区的范围[8]。

2、站点可达性

对于高铁站点城市而言，高铁站点建设减少了站点所在城市与其他城市之间的通勤时间，使得城市的区域可达性得到极大的提升。高铁站点的地方可达性包括步行、公共交通和汽车等。高铁站点的核心影响范围是以适宜步行的距离为半径的环状区域，良好的步行可达性可以提高站点周边地区的居民对高铁设施、站点空间的利用率，促进站点核心区的发展。但是，不同的城市、不同的人群具有不同的出行方式偏好。因此，高铁站点应当提供能够满足不同需求的多样化的服务。例如，增加公共交通线路的数目、建立四通八达的公共交通服务以增强站点的公共交通可达性[11]；提高停车场及道路交通设施的建设以提高汽车可达性。由于当前乘客关注的重点已经不是站点到站点（Station-to-Station）而是出发点到目的点（Door-to-Door）的总旅行时间，更注重如何从出发点到达高铁站点、从高铁站点如何到达最终目的地，以及在这个过程中的舒适性[12]。因此，高铁站点的地方可达性就显得尤为重要。而且对于边缘型站点来说，其发展的好坏与其自身的地方可达性关系密切。

可达性对站点发展具有重要作用。高铁站点良好的区域可达性不仅可以扩大企业的市场范围，而且也可以更好地吸引劳动力，从而为企业发展提供支持。另外，站点地区良好的汽车可达性可以方便企业的商务出行，因而对企业来说也是非常重要的方面[13]。对于流动性较强的企业来说，高铁站点是个理想的办公场所，因为首先这里具有良好的可达性，可以极大地节约出行的时间成本[14]。高铁建设带来的站点地区地方和区域可达性的变化，为站点地区带来新的投资机会，吸引了人口和相关产业的集聚，促进了站点周边地区的城镇化，深刻地改变了站点地区的土地覆被[15]。

3、站点地区产业发展

高铁建设触发的经济活动主要包括信息产业、通讯和娱乐业，主要是城市内生型企业。这些经济活动的发展区域主要集中在或邻近高铁站点。从区域的角度来看，高铁建设所触发的其他建设项目，一般都位于城市内部，并没有扩散到城市边界以外的其他地区[16]。

法国 TGV 南锡站（Nantes）成功发展成为商务企业选址优先考虑的地点，其从巴黎吸引了许多大型商务公司。而且由于高铁的出现，也使得一个大型的城市复兴项目开始实施，并为再开发区域带来 20% 以上的额外经济增长。由于站点距离原有的城市中心较近，车站的开发也带来了城市中心的复兴。但部分位于城市边缘区的站点，发展十分缓慢，如蒙沙南（Montchanin）高铁站点[17]。德国 ICE（InterCity Express，城际特快列车）卡塞尔—威海姆苏赫站（Kassel-Wilhelmshohe Station）是一个新建的位于两个城市之间的高铁站点，在其运行后两年，站点周边的办公、零售、酒店空间需求出现显著的增长，站点周边已经开始大面积开发，为信息和服务类企业的进驻做准备[18]。

Willigers J 和 Van Wee B 以荷兰兰斯塔德地区为案例，研究了高铁站点的服务等级（Level-of-Service）对企业区位选择的影响。结果显示，能够提供国际高铁服务的站点对企业的区位选择具有一定的影响，只能提供国内服务的站点对企业区位选择来说显得并不重要。对企业选址具有显著吸引力的高铁站点区的范围并没有十分明确的边界，但是 10 ~ 15 分钟的步行时间是比较合理的范围。第戎（Dijon）高铁站点的 663 家被访企业，有三分之一的企业认为高铁是其在企业选址时考虑的因素，但只有 4 家企业宣称高铁是其选址的关键因素[19]。高端服务业并没有表现出在高铁站点区选址的兴趣，商务旅游和会议则从高铁服务中获益，但由于过夜停留的总量减小，使得人们减少了包括住宿及其他消费支出[17]。

新干线站点的建设使其周边的商业用地价格增长了 67%，商业得到较快的发展。但是法国 TGV 勒·克鲁索站（Le Creusot），由于孤立的站点位置、交通不便、历史基础差等原因，对周边地区的就业、商业扩张和企业发展几乎没有产生积极影响。良好的换乘系统、与中心城市良好的交通连接对站点地区的产业发展尤为重要[18]。

4、站点地区发展影响因素

高铁站点地区的开发建设一直是各国学者研究的热点问题，不同的学者从不同的角度出发，选取不同案例，分析了高铁站点地区开发建设成功的经验与失败的教训[20]。总的来说，高铁站点地区开发成功与否取决于三方面因素。

首先是可达性。可达性对高铁站点地区的影响在上文已有论述，其对站点地区发展的影响是全方位的，是影响站点地区开发的最关键因素。发展好的高铁站点，与城市内部、与区域其他城市之间都具有很高的可达性。具体来说，一个成功的站点，在可达性的建设方面，要做到多交通方式联运，满足乘客的不同需求，使乘客不论是到达站点还是离开站点都具有多样而又舒适便捷的出行选择[21]。对于边缘型站点来说，加强与城市中心的连接是最为重要的[20]。

其次是站点的区域环境。区域环境主要包括区域经济发展水平、区域产业集群、区域形象和人口密度[13, 21]。区域经济发展水平与站点地区开发是一荣俱荣一损俱损的关系。良好的区域经济发展带来显著的集聚经济效益，会为站点投资带来较高的回报，从而吸引企业的入驻、促进产业的发展等，为站点发展注入活力。如果一个区域的经济发展水平很低，那么对站点来说，区域缺乏足够的消费能力，政府能够提供的站点开发资金又十分有限，站点的设施建设滞后，企业也不愿意入驻，产业不会繁荣发展，站点的开发不会取得成功。阿姆斯特丹是荷兰重要的企业总部集聚中心，法兰克福是德国最重要的银行业集聚中心，得益于这些不同类型的企业集群，这两座城市的高铁站点的区位优势得到增强，也成为欧洲发展比较成功的高铁站点地区。区域形象对于站点来说十分重要。一个形象良好的热点地区如地标建筑、知名商圈等，对企业形象具有正面的影响，会提高企业的知名度，因此可以提升站点的吸引力。而一个充满暴力与犯罪的环境，是没有企业愿意进驻的，比利时布鲁塞尔南站的发展就证明了这点[13]。站点应该建设在人口稠密的地区，首先，这样可以保证站点具有丰富的客源；其次可以为站点带来足够的消费人口；第三，可以一定程度上保证站点的活力。

最后是站点地区的规划和设计。一个好的规划不仅可以为站点地区带来经济繁荣、还可以改善站点环境，并提高站点地区城市环境的吸引力，而且会提升人们对公共交通的使用率从而减少对环境的危害[22]。好的城市设计会有效地将站点与周边城市肌理和街道网络整合在一起，引导站点地区成为富有活力的经济活动中心。基于 TOD 的站点规划开发模式已经在北美和欧洲广泛应用，并取得不错的效果。但站点地区是城市的延续，是城市空间的一部分，站点地区应当具有更丰富的功能，而不仅仅是一个交通设施[23]。健康的发展成熟的站点地区应当是处于节点与场所功能高水平同步发展状态。站点的规划和设计不仅要遵循 TOD 理论，更要寻求节点和场所功能的平衡，将站点地区塑造成为具有高品质的城市场所[24]。一个成功的站点规划需要政策制定者和居民的认同与支持，并且站点开发战略要与城市发展愿景一致。在规划实施的过程中，需要政府、私人投资者和其他机构共同组成目标统一的区域战略网络，而且要有强有力的领导来协调不同参与者之间的利益冲突[25]。

综上所述，良好的可达性和区域环境，优秀的规划、精心的设计，是站点地区开发获得成功的必备要素。

（二）国内研究概况

国内关于高铁站点地区的研究主要集中在站点地区选址影响因素、站点地区空间范围研究、站点地区功能定位、站点地区开发与城市空间及产业的关联、站点地区交通组织、站点地区产业发展及空间布局研究等方面。

1、高铁站点选址影响因素

此类研究主要关注高铁站点的选址、区域高铁站点布局的优化。认为高速铁路客站总体布局的核心原则是"快速集散"、"便捷换乘"和"与周边及城市一体化开发"，而确定高速铁路客站总体布局方案时应综合考虑高速铁路方面、站区场地方面和客流需求方面等众多因素的影响[26]。选址时也要对站点所在城市的规模和性质、既有铁路枢纽的类型、客运专线的引入方向和数量、城市规划及现状评价，并结合旅客换乘需求、客流量、工程实施难度等因素进行综合分析[27]。高祥选取投资费用、与区域经济的发展与铁路运量的适应度、与既有站点的衔接度、与城市交通网的衔接、与城市规划的配合度五个因子建立了布局方案评价框架，并以西安枢纽站为例进行了布局方案的优选，最终认为高铁站点与原西安站并站为最优方案[28]。张本湧等基于武汉市区域竞争态势、城市定位及国家战略，分析了武汉市铁路枢纽布局现状及拟定选址存在的问题，并借鉴国际高铁枢纽布局的空铁联运、选址中心化及铁路枢纽互联互通的发展趋势，提出打造武汉市空铁联运一体化的高铁交通枢纽[29]。刘倬函采用城市空间结构绩效评价方法，对不同类型的高铁站点选址结合具体案例进行分析，指出了各类选址的优点与不足[30]。冯振宇提出了基于旅客出行费用最小的高速铁路客运站选址方法，并通过具体的案例验证了方法的可行性和适用性[31]。

2、高铁站点地区空间范围研究

郝之颖在高速铁路站场地区空间规划的研究中，依据"三圈层"理论将高铁客站的直接影响区定义为 $3\sim5km^2$ 的范围[32]。从广义上来讲，高速铁路站点区影响范围可以分为三个层面：①国家级（国际级），沟通国家内部各大城市区域，或者与其他国家的核心城市直接连通；②区域级（区际级），国家内部一个区域的核心交通枢纽，担负着该地区与其他重要城市区域交通连接的责任；③城市级（城际级），担负一个城市区域或者不同核心城市之间的交通任务[33]。高铁站点核心区域是城市形象的重要体现，也是高铁站点周边地区发展的源头，在确定其范围时，应综合分析其城市肌理、空间结构和功能布局[34]。高铁站点地区是由高速铁路的修建而发展起来的客运站，以及与之相关的周边区域；这个区域的范围与设站城市的发展水平、交通可达性等因素有关，与城市其他空间是相互融合的，并不独立于城市空间和城市功能之外[35]。

林辰辉通过问卷调查，发现我国高铁枢纽的影响范围为乘客步行20分钟可达的区域（步行速度以4.5km/h计，20分钟步行距离约为1500m）。结合站区的不同情况，每个高铁枢纽的具体影响范围依据下列四个条件划定：①以客站为中心，半径1500m的区域；②叠加实际道路情况；③在实际道路上确定步行1500m可达的区域；④综合考虑地块完整、自然要素等因素确定该客站的实际影响范围[36-37]。王丽等将高铁站点区划分为以站点为中心半径分别为500m、1000m、1500m、2000m和2500m五个圈层，作为站点区的影响范围[38]。王兰等将高铁站点影响区分为核心区、影响区和外围影响区，并结合站点周边建设的实际情况，确定各圈层半径，最终划定的圈层半径分别为核心区2km、影响区4km、外围影响区8km[39]。卢杰在对高铁客运站公共空间的研究中，提出除了根据国外圈层结构模型确定站区影响范围之外，还要根据站区与城市规划的关系、与现状道路与自然界线的关系、与现状用地功能结构布局的关系来综合确定站区影响范围[40]。刘芳在站点地区空间形态的研究中，将站点地区的范围界定为高铁设站城市在站点及周边地区规划设计文本中所设定的研究范围，并参考我国部分大型高铁站点区规划范围，最终将高铁站点具体范围界定在站点周边1500m半径范围内，和周边6km^{2}面积范围内[41]。

3、高铁站点地区功能定位研究

高铁站点具有交通节点和城市场所的双重功能属性，其开发建设应当追求两种功能的平衡发展[42]。高铁站点核心区域的功能构成类型以围绕第三产业的服务业为主，呈混合式、复合化的功能布局特点[34]。目前高铁站点地区的发展正向城市综合发展区转变[43]。高速铁路站点地区是一个多功能混合的地区，包含商贸、交通、物流、商务办公、酒店等多种功能，其中市场、酒店、办公和居住是四种主要功能类型。高铁站点区功能定位不能"千站一面"，而应充分发挥所在城市自身的特点，因地制宜规划建设高铁站点，实现高铁站点与城市空间发展的和谐良性互动[44]。侯雪等对比分析了天津南站、于家堡站、阿姆斯特丹南站和鹿特丹中央火车站等高铁站点地区的发展，采用"节点—场所"功能分析方法，从"属性—节点—场所"功能和站点发展功能类型方面进行分析，发现高铁站点在城市发展中起促进作用，郊区型站点地区的发展具有土地资源的优势，而中心型站点则具有发展基础好、配套设施健全的优势，站点地区的功能发展要结合特定的城市区域背景[45]。

4、高铁站点地区开发与城市空间、产业的关联

当高铁作为一个新生事物嵌入城市系统的时候，必须与城市空间发展格局和发展趋势相协调、相适应，方能发挥最大效用。高铁站点开发建设与站点所在城市之间存在着催化与被催化作用[46]。站点是城市的站点，城市是站点的城市，站点地区的开发离不开城市的支撑，城市空间的发展也受制于站点地区开发的成败。只有两者紧密结合，方能实现共振、共鸣和共赢[47]。高速铁路站点的设置会使城市的空间重心向高速铁路站点地区倾斜，从而能够通过高速铁路联系外部区域，吸引外部资源和人才，开拓外部市场[48]。许多城市试图以高铁站点地区为核心，促进城市经济增长和城市空间演化，进而催化发展出新的城市中心，因此站点区域与老城区的联系以及站点区域的复合功能建设尤其重要。依托高铁站点进行的高铁新城建设，满足了快速城市化对于城市空间扩张的需求，改变了郊区原有的面貌，但这种"强政府 + 弱市场"主导下的新城开发，不应忽略公众的发展诉求和城市特色的保护[49]。刘雨结合长沙高铁站点分析了高铁站点对城市空间结构造成的正面、负面影响，并提出了相应的应对机制[50]。段进从城市发展的微观角度出发，探索了高铁站点与城市综合交通枢纽周边地区的空间应对，并指出高铁与城际综合交通枢纽的建设不能只注重交通价值而忽略城市功能价值，并且在城市功能价值中应注重城市空间发展的综合功能，而不仅仅是注重形象美学功能[51]。

5、高铁站点地区交通组织研究

随着我国高速铁路的快速发展，集多种交通方式于一体的大型高铁综合交通枢纽将不断出现。因此在站点交通接驳体系设计中，如何实现枢纽内部各种交通方式的便捷换乘，为乘客的出行选择提供多样化的服务，应当成为规划的重点目标[52]。牛玉等以乘客出行行为为基础，选取上海和苏州为案例，分析高铁站点与城市交通接驳的特征与模式，并提出城市交通与高铁站点交通接驳的规划建设策略[53]。城市发展背景、高铁客站选址、高铁站点区的功能定位和高铁新区基底现状条件是影响高铁新区交通综合网络规划最主要的四个因素[54]。高铁站点地区规划与发展应遵循 TOD 模式，但也应该适当有所拓展[55]。

6、站点地区产业发展与空间布局研究

高铁站点地区通常会被当作未来城市中心之一来建设。因此，产业会高度聚集，与之相关的产业包括商业、餐饮、教育和培训、交通和物流等。该区域不宜发展价值过低、劳动密集或有环境污染的产业，比如批发、采购中心、重化工业等[35]。日本新干线车站地区的经济贡献明显集中于信息交换、投资咨询、商务服务业、商业、房地产服务等。日本新宿（Shinjuku）站在 20 世纪 90 年代已经成为东京都的副中心，以新宿站为中心，西口区、南口区和东口区连成一体，共同构成了一个大型交通枢纽设施和商业文化活动中心[56]。

高铁站点地区由内向外一般划分为三个圈层，商务经常作为重要的功能之

一，被布局在紧邻站点的"第一圈层"或"核心区"内[57]。第一圈层土地及房地产价值相对较高，多开发为高档办公、居住场所，高档次的职能也可能建于第二圈层，但房产价值和建筑密度将比第一圈层有所降低。至于第三圈层，高速铁路可能与这些地区的发展不存在十分密切的直接相关性[58]。高铁站点地区的开发，应当以高铁枢纽本身的特点、高铁所在城市的特色为基础，拟定产业发展与高铁建设相辅相成的发展战略，通过引进具有集聚客流能力的大型活动设施和合适的产业，以加速高铁枢纽地区的开发[59]。

王丽基于利益相关者理论，通过对高铁乘客的问卷调查，结合三圈层模型，对高铁站点区产业的空间分布进行了研究，发现第一圈层是高铁站点场交通服务区域，产业主要包括高铁运输服务、市内交通换乘服务、企业总部、区域驻地、金融服务，以及包括酒店、会展、咨询在内的专业服务等，这些经济活动的增长和产业的规模与高铁的运营水平直接相关，往往随着高铁的开通而产生；第二圈层是对第一圈层各种功能的拓展和补充，产业发展主要包括对时间较为敏感的产业，如商务办公、研发、金融等生产性服务业和商业餐饮、百货零售、文化娱乐、旅游等消费型服务业，这一圈层产业与高铁站点关联性也很高，其集聚时间稍晚于第一圈层产业，但是集聚以后发展迅速，其大规模发展对推动高铁站点区的发展影响巨大；与第一圈层相比，第三圈层各类产业与车站关联性降低，逐步向常态的城市功能组织、空间结构过渡；第三圈层产业包括一般办公、居住、文化、教育等，这一圈层产业与高铁的运营没有直接关系[60]。总体而言，由于站点等级、所在城市规模不同，站点地区的辐射范围也有所不同，但在功能结构上，三个圈层的产业功能以商务为主，第三圈层的商务功能的比例不是很明显，同时包含大量的居住区，以实现区域职住平衡[61]。

二、高铁站点发展机制分析框架

（一）"节点—场所"模型

高铁站点发展机制分析一般采用 Bertolini L. 提出的"节点—场所"模型（图 9-1）[62]。"节点—场所"模型的基本内容是：提高站点所在区位的交通容量（节点功能），改善可达性，可进一步强化与多样化站点地区的活动。站点地区活动的强化与多样化（场所功能），将导致交通需求的增加，从而创造出适于进一步发展的基础设施的条件，进一步促进节点功能的发展，二者相互促进。由于站点创造的仅是"条件"，这意味着存在的发展潜力与其真正实现程度间的区别，其实现程度还取决于交通与土地利用以外的因素，因此站点地区的开发也可能走向不同

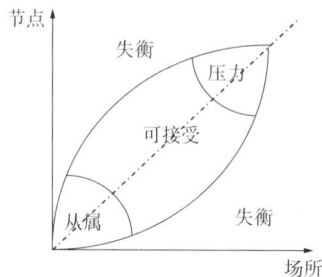

图 9-1 "节点—场所"模型

的方向。这一模型区分了5种典型状况，沿中间斜线两侧是"可接受"区，表示节点功能与场所功能平衡发展；中线顶部是"压力"区，表示交通流与城市活动的强度与多样性处于最大状态，这就意味着交通及场所的发展潜力均达到最大；中线底端是"从属"区，其交通与城市功能的需求均很低，小城镇的站点一般为此类型；图的左上方是"失衡节点"，即交通发展相对优于城市活动的发展，如城市边缘新建成的站点；图的右下方是"失衡场所"，如可达性较差的城市中心站点。

（二）高铁站点节点功能的发展

高铁站点的节点功能是指高铁站点的交通功能，既包括高铁站点提供的外向交通服务，又包括与高铁服务紧密相连的城市公共交通服务。只有外向交通与内向交通高效衔接，才能够发挥高铁站点的快速疏散与集聚的能效。

1、城市外向交通条件

城市外向交通条件是指城市与其他城市或区域联系的交通条件，对于一个城市来说，高铁的设站会改变城市的区位条件。根据高铁线路经过城市的形式，城市的高铁站点可以分为经停站、枢纽站和终端站。经停站一般只有一条高铁线路经过，且停留时间较短，带来客流量有限，这样的高铁站点对城市发展产生影响的平台较小。枢纽站是多条高铁线路在城市中汇集经停，明显地改变了城市的交通区位，将会带来大量的客流，为高铁给城市带来正面影响奠定了良好的基础条件。终端站是高铁线路始发站或终点站，终端站是高铁集聚与分散效应体现最明显的站，它为高铁给城市带来影响奠定了良好的基础条件，也带来了巨大的挑战。

高铁只是影响城市交通区位条件的因素之一，出行者从始发地到目的地之间可能需要多种交通方式换乘，需要各种不同交通的无缝衔接和方便换乘，例如航空、普通火车、汽车等交通方式。如果高铁城市能够将这些外向交通方式无缝衔接，那么不但会缩短出行时间，人们也可以非常方便快捷地选择其他交通方式，这将大大提高高铁城市的吸引力，带来更多的客流，提供更多的发展机会。总之，一个城市良好的外向交通条件，特别是多种高铁线路的汇集、完善的高铁后续交通选择，对于高铁站点的发展具有重要作用。

2、城市内向交通条件

高铁站点作为城市间长距离和城市内短距离的换乘枢纽，既是区域交通网络中的节点，又是城市内部交通网络的节点。与高铁的连接，旅客数量的不断增加，无论是到达高铁站点还是从高铁站点出发到达其他目的地，意味着对终端换乘能力的需求提高。通常来说，高铁的连接对城市的内部基础交通条件提出了较大挑战。相比其他交通方式，高铁的优势在于节省出行时间，可以实现"一日往返"，为人们从事其他活动提供更多的时间。但高铁节约的出行时间，一方面是由于高铁本身的高速，另一方面由于其与市内交通的无缝衔接，缩短了附属交通时间。可见城市内部的交通条件是高铁站点地区发展的重要前提之一，良好的城市内部交通才能更好地发挥高铁的作用[63]。城市内部交通条件主要是指高铁站点周围的公共交通条件，包括各种交通方式的无缝衔接和停靠条件。

高铁站点与其他交通方式的无缝衔接包括两种情况，第一是高铁与城市公共交通（轻轨、地铁、公交等）的无缝衔接。与高铁相连的城市公共交通系统需要具有满足高铁客流的交通能力、交通服务质量和交通频率，高铁带来了大量的人群，产生大量的服务需求，城市内部交通需要好的适应能力去满足这些要求。另外，高铁不同于普通火车，它更多的是服务于中高端人群，服务对象发生改变，这就要求提供的链接交通服务能够在速度和舒适度上与高铁提供的服务质量尽量相似，才能更好地吸引人们选择高铁出行，也刺激更多的商务出行选择高铁。车站区域的更新也为重新升级城市公共交通提供了机会，例如可以发展地铁和轻轨。高铁站点与其他交通方式的连接可以提高公共交通的换乘能力和质量，减少换乘时间或者说整个旅程时间，这些辅助性质的公共交通的投资建设会给高铁乘客以及车站周边区域相关利益主体提升良好的交通选择价值。第二是高铁站点与机场的直接相连，既能够提高车站区域甚至整个城市区域作为商业区位的吸引力，同时，也能够加强高铁作为补充航空交通方式的吸引力[64]。例如上海的虹桥高铁站点，荷兰阿姆斯特丹的斯基普车站，就分别同城市内的机场相互补充、相互促进。与机场相连可以说是高铁站点地区更新工程的重要组成部分。但是从以往的经验来看，有时实现这两种交通方式的整合会有很大的阻力，只有巨大的额外投资和不同利益主体的通力合作才能够克服这样的困难。

同时高铁站点的停靠条件也是刺激人们使用高铁的一个重要因素，从服务质量的角度来说，私家车或出租车的服务与高铁的服务质量是最为相似的，尤其是对于那些潜在的偏于使用私家车或出租车的高铁乘客，以及那些商务乘客，他们非常注重舒适度和出行时间。当车站的私家车的可达性提高时，高铁这种交通方式就会更加有吸引力，在以往的调查中，可以发现高铁乘客多为中高端商务出行，这类乘客更偏爱于选择私家车作为城市内部交通方式，因此，高铁站点的私家车的可进入性变得十分重要，成为高铁站点节点功能的重要指标之一。公共交通的停靠与高铁站点的选址是密切相关的，高铁站点的选址通常有城市中心型、近郊型和外围郊区型。近郊型是我国很多城市选择的站点位置，这个位置的站点往往公共交通有一定的发展，但还不能满足高铁客流的需求，需要在后期发展中不断引导才能发挥正面效应；中心型高铁站点一般是过去旧火车站的升级，周围公共交通比较完善，利于不同交通方式的无缝换乘，会很快地适应高铁站点带来的客流需求，尽早发挥高铁的效应，但是中心型高铁站点受到周围土地的限制，发展空间有限，并且私家车的可进入性差。外围郊区型站点位于距离市中心较远的区域，周围公共交通不完善，与高铁的无缝衔接差，交通服务质量也不能满足高铁乘客的需求，这对于高铁发挥效应产生一定影响，大大削弱了高铁对人们的吸引力，只有后期不断地完善公共交通，高铁的效应才会不断地发挥出来。因此高铁车站的节点功能的发展应包括通过增加多种公共交通方式来提高站点的可达性，在节点能够汇聚的交通方式越多，这个节点的吸引力就越大[65]。

（三）高铁站点场所功能的发展

高铁站点的场所功能指高铁站点地区的城市功能。站点区域作为城市的公共空间之一，它能够聚集人群，并吸引商业活动的到来。只有较好的城市空间质量，不单纯强调土地开发的密度和强度，更重视土地开发的多样性，以及与节点功能的搭配协调度，才能够充分地发挥高铁站点的驻留城市活力与转变城市生活之效应[66]。

1、站点周边区域新经济活动的集聚

高铁提高了站点周边区域的交通可达性，若公共交通配合得当，则高铁站点的中心性被不断加强，高铁站点地区将会对城市的空间信息流产生集聚性影响，吸引新的城市经济活动，无论是商业、商务还是居民都更愿意选择能够提供较好可达性的高铁站点地区。尤其是对于新开发的站点区域来说，在空间组织上，高铁站点的建设表现出最大限度地立体综合开发利用城市空间，释放大量的城市空间，包括地上、地下、车站周围等土地，为城市新的经济活动提供空间[67]。充足的城市空间，有条件吸引更多新的经济活动在此聚集发展，为城市创造新的经济活动场所。在高铁站点高可达性的带动下，高铁站点周围区域会吸引大量城市经济活动聚集，例如办公、商场、宾馆、房地产、会议中心以及城市娱乐休闲等等，促进高铁站点场所功能的发展。

2、站点周边区域城市活动的重新配置

高铁不同于普通铁路，其服务人群更偏向于中高端人群，高铁站点周围区域的服务也就不同于普通火车站周边区域。在原有火车站改扩建的高铁车站区域，过去的城市活动很可能不再适合。在市场的引导下中高端活动不断进入，低端活动被迫外迁到其他地区发展[68]。这样的重新分配效应对于当地的发展是有益的，促进了站点周围区域经济活动的更新升级，提高站点周围城市空间质量，为城市发展注入活力[69]。尤其在城市中心部分，高铁的到来，促进了车站周边区域的升级改造。

三、不同利益主体对高铁站点地区发展的影响

高铁站点地区的建设与开发是一个极其复杂的城市发展项目，涉及城市中的政府性主体、市场性主体和社会性主体。每一个类型的主体，都依据其各自对高铁的发展需求、能力和行为影响着高铁的建设和高铁站点地区的开发。

（一）政府性主体对高铁站点地区发展的作用机制分析

政府性主体作为独立的利益主体，具有社会职能，是社会不同群体或阶层意志和利益的集中代表，它的主要目标是社会福利的最大化和最优化。高速铁路作为一种快速的交通方式，对城市的发展将产生巨大的影响，但地方政府对待高铁的认同及其采取的发展措施是高铁带来影响的关键。政府是高铁相关项目的提出者和协调者，政府性主体尤其是地方政府会根据当地的实际情况，提出相应规划，以应对和充分利用高铁带来的发展机会。可以说在高铁对城市发展影响的过程中政府性主体起到了关键的决策引导、协调不同利益的纽带作用。

1、需求

政府性主体有代表自身社会利益的需求和自身利益需求两部分，政府城市土地使用权的转让费成为政府预算外收入的重要来源。地方政府具有不断扩展城市空间规模的利益动机，政府将城市空间作为发展的载体，作为体现其政绩的工具，在这样的利益需求指向下，政府对高速铁路所带来的城市发展可能不只是为连接区域及城市内部交通的重要交通枢纽，而且可能还包括带动车站周边城市发展，提升土地价值，利用这种区位变化，为城市社会经济发展筹集资金，改变城市形象，推销城市空间，借城市形象宣传政府政绩等等功能[70]。这些需求可以通过高铁站点地区的发展得以实现，首先是利用高铁站点可以重振当地的经济发展。城市可达性的提高不但提升了区域的吸引力，而且创造了新的城市发展空间，并不断地吸引新的经济活动和居民聚集在此地，不断推动城市经济发展。再则，政府性主体想通过一系列措施提升站点周围的城市环境质量，例如，改善车站区域的交通功能、保持高铁车站周围区域经济活动的多样性和平衡性。最后，政府性主体希望能够最大化地保持高铁车站周边区域的土地价值。

2、能力

政府性主体是高铁车站区域发展过程中的最重要的影响主体，它是发展规划的发起人，是整个发展过程中的协调者。它具有最丰富的发展站点区域的不同能力，政府性主体控制着站点周围土地开发的许可权，决定着未来城市发展的方向。在没有市场性主体、国家层面上的政府的支持下，对于城市政府性主体来说，实现高铁站点区发展规划的最大困境就是资金问题。因此，政府决策者运用其所掌握的政治权利，对各种社会利益需求进行折中和平衡，在政府性主体制定的规划中，通常要考虑到市场性主体、社会性主体的需求，以期获得资金投资，并获得最大的社会效益。

3、实现方式与结果

政府性主体对待高速铁路带来的发展机会和挑战的态度和采取的措施直接决定高铁站点及其周边区域的发展状况。地方政府根据当地需求和实现能力，决定对高铁站点的建设投入及发展方向。通常情况下从高铁站点及其周围区域的交通功能、城市功能和区域空间质量三个方面得以体现。

4、案例：欧洲里尔工程

欧洲里尔工程是欧洲高铁发展的最著名案例之一（图9-2），它是高铁带动站点周围大面积房地产开发，形成商业中心，促进城市发展的典型。更准确地说，"欧洲里尔"是指里尔新建的 TGV 车站 0.7km^2 范围内形成的商业和商务区域。高铁的到来吸引了世界各地的公司和企业在此聚集，可以说除了绝佳的城市区位，里尔政府性主体前瞻性的规划和完善的组织协调策略起到了关键性作用。1992 年，里尔工程的市场策略获得了"城市营销"成功案例的典型，这充分肯定了里尔的政府性主体在这项工程中的突出地位。

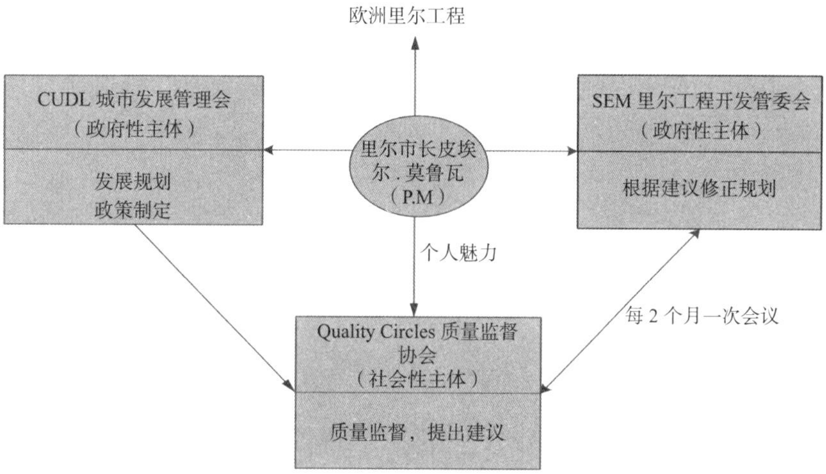

图 9-2　欧洲里尔工程政府主体行为框架

（1）需求

1981 年到 1983 年，法国的第一条高铁线路巴黎——里昂 TGV 线取得了巨大成功。后续的法国高铁车站地区的发展基本上都是以高铁的到来作为重要的发展契机。当地的政府，视高铁为一种发展机会，都竭尽全力地来游说和争取高铁线路的经停。欧洲里尔工程也是同样的情况，里尔当地政府性主体，期望能够借助高速铁路，带动里尔的经济复苏，促进城市的产业升级，为里尔城市带来新的活力。

（2）能力

欧洲里尔工程规划建设时期，一方面法国的铁路管理已经市场化，同时法国的 TGV 技术也相对成熟，这为后期高铁站点的发展做好了铺垫。另一方面，在欧洲里尔工程建设过程中，已经有了较为成功的发展案例，并且里尔的政府性主体，还有自己的最大优势，那就是里尔市长皮埃尔·莫鲁瓦，他具有强有力的人脉网络和超凡的远见，这一切都让欧洲里尔工程的发展如虎添翼。主要有三个重要的机构参与其中，分别是 Communant Urbaine de Lille，简称 CUDL 城市发展管理委员会，Societe d'Economie Mixte（SEM），即里尔工程开发管委会，和"Quality Circles"质量监督协会。其中 CUDL 是由多派政党共同管理的区域和城镇发展规划部门。1989 年，里尔市长皮埃尔·莫鲁瓦（Pierre Mauroy）成了部门主管。该部门主要负责欧洲里尔工程的规划文本及发展策略的决策，之后将规划蓝本交给后续管理开发机构，进行利益协调。SEM 是接纳规划文本的后续协调机构，由政府性主体和市场性主体共同组成，以公司方式运营，不受行政束缚。其中政府性主体占有 SEM53% 的股份，市场性主体占 47%。里尔市长皮埃尔·莫鲁瓦也是 SEM 的负责人。里尔 SEM 中政府性主体主要包括里尔城市发展部门、省级政府部门和大区域级发展委员会构成。市场性主体主要包括法国铁路公司（SNCF）、当地的投资商以及小部分的外资银行。可以说里尔的 SEM 由政府主导，协同市场性主体共同以追求经济效益和社会效益为目标，共同管理里尔工程的建设与开发。当接到规划文本后，SEM 会共同决策，以均衡政府性主体与市场性主体的利益。质量监督协会 QC，其实是学习日本的一种所谓质量委员会的体制，这个协会中的成员都是各领域的专家，分别从建筑、开发项目、经济效果、文化等角度提出专业性的建议，保持每两个月举行一次研讨会，根据里尔工程当时的发展状况提出相应的建议。

（3）实现方式与结果

欧洲里尔工程作为区域经济发展策略的一部分，它的发展包括几个不同的板块，分别为法国银行投资建设的世贸中心板块、里昂信贷机构建设的办公板块、位于两车站中间的商场 / 宾馆 / 娱乐休闲服务设施板块和当地政府与法国政府共同建设的展览馆和会议中心板块。

欧洲里尔工程的规划、建设和管理涉及政府性主体、市场性主体和社会性主体，三类主体在项目中的作用是依次递减的。政府性主体起到了最大作用，并且当时政府主体中主要负责人里尔市长皮埃尔·莫鲁瓦是欧洲里尔工程成功的关键要素。他首先抓住高铁发展机会，为里尔的高铁经停积极争取，然后将三个重要的机构衔接起来，让每个部分各司其职，尽量将如此复杂的工程，进行分割细分，使得里尔工程以政府主体制定的规划文本为基础，在政府性主体主导的组织协调管理下，市场性主体与政府性主体共同开发建设，并根据社会性主体（专家）的专业建议，不断完善与发展。

在里尔工程的建设发展过程中，政府性主体中卓越的领导能力是功不可没的，最主要的就是曾任 28 年里尔市长的皮埃尔·莫鲁瓦的作用。80 年代初期，在打破近一个世纪的犹豫后，英国政府和法国政府（当时皮埃尔·莫鲁瓦任总理）终于决定建设一条穿过海峡的地下通道，该通道主要是用于高铁和汽车的通勤。1987 年荷兰、比利时和德国宣布将加入到欧洲北部的高铁网络中来，与此同时，皮埃尔·莫鲁瓦也全力致力于里尔的发展工作，承担起了代表里尔社会性主体和市场性主体来说服改变高铁线路的重要角色。他们希望高铁穿过的是法国北部加莱地区，并且希望高铁穿过的是里尔市中心而不是里尔的郊区，刚开始法国高铁（SNCF）并不同意这个方案，这样会增加时间成本和经济成本。但是在皮埃尔·莫鲁瓦的努力争取协调下，法国国家政府、法国北部加莱地区、和里尔市共同出资补偿给法国高铁公司，使其按照里尔市的要求改变了高铁线路。1988年欧洲里尔工程正式启动，尽管困难重重，但是皮埃尔·莫鲁瓦依然解决了新建高铁车站地区所涉及的土地问题（说服国家将车站地区部分军用土地赠送给里尔市）。并且在之后站点周围的开发过程中，皮埃尔·莫鲁瓦的个人影响力继续发挥作用，说服市场性主体在站点周边地区投资建设。1990年，在皮埃尔·莫鲁瓦的主持下，欧洲里尔工程的发展逐渐转为政府性主体和市场性主体合作的平衡发展模式，从此欧洲里尔进入了多样化的充满活力的建设发展时期，到目前，欧洲里尔已经成了高铁站点地区发展的典范，而里尔政府性主体的代表皮埃尔·莫鲁瓦的具有远见的眼光和卓越的领导力是成就欧洲里尔充满活力的新城区的关键。

（二）市场性主体对高铁站点地区发展的作用机制分析

市场性主体是城市中的以经济为主要行为的利益集团，作为土地投资者成为城市建设中最为活跃的利益主体，经济组织以实现其权力和利益的最大化为目的，希望自己的意愿在城市发展过程中获得表达的机会，并且在建设的选址、开发强度等方面具有重要的影响。无论是国有、合资、外资还是私有，他们的主要目的是通过城市空间开发获得利润，盈利是他们的根本目的，市场性主体对于高速铁路带给城市发展机遇的认同和利用是高铁站点周边区域发展的基础之一。市场性主体的空间利益行为能力源自其拥有的资源，主要是资本与资本的联盟，资本越是雄厚的企业，能力越强。首先，市场性主体可以依靠资本形成强大的谈判能力，与政府形成利益共同体。市场性主体不仅重视城市中建成环境在生产和资本积累过程中的使用价值，更看重城市建设本身所能形成的市场需要，从而获得巨额的回报。可以说市场性主体为高铁站点及其周边区域发展提供经济支持，他们更在意的是投资所能得到的经济回报，是高铁在城市发展中产生影响的经济投资者和推动者，是高铁站点发展过程中的重要组成部分。

1、需求

市场性主体一般在站点区域投资土地或房地产类，更重视他们投资每年的回报和长期的发展价值。车站周边区域发展的过程中，市场性主体尤其感兴趣创造新的城市化空间，这个空间越大，提供的投资潜力可能就越大，市场性主体往往尽可能地追求最大的投资回报率。投资区域的可达性和区域吸引力会影响他们投资的经济价值。因此，市场性主体会投入大量的精力在这两个方面，通过直接（与政府性主体、其他市场性主体合作）或间接的方式（通过专门的政府赋税）做出经济贡献。通常市场性主体希望分散他们的风险，并不希望在车站周边某一区域投入过大的份额，他们会将投资分散在不同的站点周围，或其他区域。为了减少风险，市场性主体一般不会投资他们评价为高风险的区域。

2、能力

市场性主体最重要的资源是他们拥有发展高铁车站区域的经济能力，他们也知道如何有效地开发区域。部分市场性主体还可能是车站周边某块土地的所有者，这更让他们在高铁站点发展过程中必不可少。市场性主体对高铁站点地区发展的影响取决于公共方式的有效性。公共方式的有效性越少，对市场性经济投入的需求就越大，市场性主体的影响力也就越大。然后，只有较大的回报利润才能吸引市场性主体投资。市场性主体积极开展项目开发并投入资金时所起到的影响作用，要远大于市场性主体仅仅是等待车站的发展。

3、实现方式与结果

市场性主体在政府性主体的引导下，根据社会性主体的市场反应，再根据自身的投资利润需求，通过在高铁站点周围投资建设实现其空间利益诉求，同时影响了高铁站点周边区域的发展方向。

4、案例：日本东京大都市高铁站点地区的发展

日本是典型的市场性主体主导的发展模式，市场性主体在日本的高铁站点地区发展中起着至关重要的作用。以东京大都市的高铁站点发展来说，高铁站点地区的发展主要涉及政府性主体（TMG-Tokyo Metropolitan Government）和私有铁路公司（private railway operators），也就是东京公司（Tokyu Corporation）和东日本铁路公司（East Japan Railway Company），但其实政府性主体，在高铁站点地区的发展过程中的作用是十分有限的，政府部门主要就是利用规划制定一些土地开发利用的发展条件，如提出开发利用的最大最小容积率等。但是私有的铁路公司在高铁站点地区发展过程中却发挥了重要的作用。

（1）需求

日本的铁路公司，除了拥有高速铁路运营权和管理权外，站点周边地区的多数土地也都属于这些公司，有时某些土地本属于政府，但是政府也会通过拍卖，将土地流入市场。在日本，政府对高铁站点地区的发展的行政影响很小，仅仅能制定一些土地利用容量等指标。多数时候，相关的政府会制定一些鼓励型政策，如制定相比其他区域较高的 FAQ，来鼓励相关的市场主体到站点周围开发。另一方面，为了保证票价的合理性和社会性主体的社会福利，日本的铁路管理部门严格限制高铁票价，这就使得日本的私有铁路公司，如果要获得更大的经济利益，就必须要提高铁路服务，并且借助高铁带来的可达性效应，开发站点周边，获得更多的高铁经济效益。

（2）能力

首先高铁站点地区的发展规划是由市场性主体在政府性主体的土地开发指标要求下，自己根据发展需求制定的。市场性主体也拥有大量的铁轨周边的土

地，他们可以利用这些土地建造房子、大学、商场、各种娱乐设施。在经济利益的诉求下，这些私有铁路公司会越来越多地积极利用高铁带来的可达性，积极开发站点周边土地。除了从事铁路、公交、出租车以及物流等交通相关的事业外，他们还会参与车站周边地区开发房地产、零售业、娱乐和服务业等非交通相关的事业。市场性主体能够同时从事车站周边非交通的业务，一方面是由于市场性主体本身需要其他投资来保证车站的活力，保证通勤人数，追求经济利益，另一方也是由于东京政府性主体提供的好的政策条件，如开发车站周边土地的优惠税收政策、无限期的使用权，使得他们能够实现长期的发展计划。因此在这样的背景下，对于东京大都市区的市场性主体来说，他们具有很大的积极性来发展建设车站周边区域。

（3）实现方式和结果

大东京地区的私有铁路公司，他们通过开发车站相关的交通基础设施，提高车站的可达性；另一方面这些私有铁路公司积极开发车站周边的土地，注重土地开发多样化发展，他们的开发包括房地产、零售业和各种配套娱乐设施等。这些市场性主体期望通过建立站点地区交通功能与城市功能的有效的互利机制，来最大化地获取高铁带来的经济利益。首先车站的交通可达性与车站周围的土地开发是互相促进的，车站可达性的提高使得站点周围土地地价上升，这为站点周围土地开发带来了动力。房地产的开发又带来了更多的人流，增加了交通的使用率。同时车站的可达性带来了更多的人在站点周围消费，促进零售业发展；而零售业又不断地吸引人群，利用交通在此集聚。零售业与房地产业之间也互相推动，零售业带来了城市活力，提高了地价；而房地产业为零售业带来了更多的消费者，可以说在这样的一个综合互利的机制下，相关市场性主体积极开发车站及其周边区域，充分利用高铁带来的发展机会和经济效益，使得东京大都市地区的高铁站点都欣欣向荣地发展。

（三）社会性主体对高铁站点地区发展的作用机制分析

社会性主体主要是指高速铁路的日常使用者。社会性主体是城市空间的最终使用者，也是高速铁路交通及其相关资源的消费者与使用者，社会性主体的态度和反应决定了高铁站点及其周边区域发展的未来，是市场性主体的利益导向，也影响政府性主体相关发展政策的制定。社会性主体是高铁对城市产生影响过程中的反馈者，由于社会性主体本身及我国社会制度的属性特点，社会性主体往往不能直接参与到高铁发展建设的决策和投资环节，但是却可以通过自己的选择行为和出行行为来影响市场变化，引起政府性主体和社会性主体的重视，进而在制定规划与投资建设的过程中，有所针对。

1、需求

高速铁路的日常使用者是高速铁路交通的主要消费者，是高铁站点周边区域经济活动的带动者，他们重视交通的无缝连接的便捷性和车站周边区域好的城市质量，便捷方便的换乘交通系统，会吸引更多的人使用高速铁路，并聚集在高铁站点周围，带来消费的增长。但是高铁站点周围区域的城市质量、吸引力，甚至是给出行人的各种感受，进一步决定着这些日常使用者使用高铁的频率以及到此消费的决心。这也就间接地影响了车站周围的发展。他们用自己的选择行为，影响着高铁站点及其周边的发展。而城市内部的居民希望他们的周边区域有好的城市质量和好的可达性，如果高铁站点的发展能够提高这两个要素，他们就会对高铁站点的发展产生兴趣。但是他们更关注的是自己居住区域的城市质量，如果车站区域的发展可以提高可达性，但是会对城市质量有所损害，他们仍然会通过自己的选择行为与出行行为投出"反对票"。

2、能力

社会性主体通常没有直接地决定未来规划的发展能力，但是社会性主体通过自己的出行选择行为、消费行为等方面来影响市场发展，影响市场性主体和政府性主体的决策，进而影响车站周边的发展方向。若高速铁路及其周边区域发展能够满足社会性主体的需求，社会性主体将会不断地促进这种发展，而高铁周边区域的不断发展又会吸引更多的人群在此聚集。总之，社会性主体虽没有直接影响高铁站点地区发展的权利和财力，但是市场性主体与政府性主体，为实现各自的城市发展需求，会根据社会性主体的消费、出行、选择行为等不断进行改变，进而社会性主体间接影响着高铁站点周边区域的发展。

3、实现方式与结果

正如前面所说，社会性主体通常不能直接参与到发展决策的制定，他们通过自身的选择行为和出行行为影响市场需求，进而间接影响决策制定。但是社会性主体产生的影响，需要集体力量的发挥，少数人的行为并不能产生大的影响，但是多数人的选择倾向和集体效应会反馈到市场，对高铁在城市中的发展产生间接影响。

4、案例：德国斯图加特 21 项目（Stuttgart 21）

德国斯图加特 21 是欧洲高铁站点地区发展规划规模最大的工程之一，也是近代历史上，欧洲最有争议的城市大型工程之一。它由于大规模的社会性主体的反对，而被迫中止。关于该工程所引起的社会争议恐怕在欧洲很难找到与之相提并论的案例了。斯图加特 21 是德国铁路公司私有化后提出的 21 世纪工程的一部分，该工程的核心思想是重新规划与发展巴登符腾堡州的首府中心的火车站周边区域大约 $0.1km^2$ 的土地，通过将地上车站移到地下，同时最大化地提高周边土地的经济价值。20 世纪 90 年代初期第一次提出斯图加特 21 工程的初级规划文本，当时考虑到斯图加特的特殊地理位置（位于一个狭窄山谷中）和不同利益主体的发展需求，最终规划在斯图加特现有的火车站地下建设一个经停高铁站点，将现有铁路线路改为地下，穿过山谷，通过地下轨道继续连接德国乌尔姆，这样不但可以克服斯图加特地理位置的限制，还可以利用高铁提高城市中心区域的可达性，也很可能实现与机场的相连，最大化地提高城市的可达性。当时这个规划的提出，相关的政府主体（当地政府、州级政府等等）认为这是一个改变斯图加特一直被铁轨分割发展的城市结构的关键城市工程。而市场性主体（DB公司等）也认为这是一个绝好的计划来创造经济价值。但是少部分社会性主体（一些环保组织和相关学者）也对该计划产生了质疑，因为这项工程将穿过城市公园，对城市公共环境造成很大影响。但是相关的政府性主体仍然认为斯图加特21是一个天赐的机会来提升城市在区域中的地位，使其能够成为一个不但适合投资也同样适合居住生活的城市。1997年站点地区规划方案出台，该规划将涉及两个城市区域的地区开发成为高端商务区，但是需要拆除斯图加特最重要的公园和大部分的历史建筑物。与此同时，DB公司新任董事会认为该项目经济风险过大，有意放弃该项目，但是相关的政府性主体始终认为这是城市发展的关键工程。为了鼓励DB公司继续参与该项目，2001年当地政府性主体以高于市场价的价格购买了DB公司卖不出去的房地产。2007年该项目被重新提上日程，斯图加特高铁站点项目，本身就对城市的公共空间产生一些负面影响，而当地政府对投资商的破例经济补贴行为，更是让社会公众无法接受，在德国这种民主体制的背景下，社会性主体虽不能直接参与城市工程建设，却可以通过一些途径和形式来影响项目的实施。因此，公众们自主集合大约67000人的签名，要求政府性主体公开关于此项目的财政支出明细，并且通过公民投票来决定该项目是否开展，但是斯图加特城市发展委员会拒绝这些要求。从此该工程成为从开始只是一部分绿色环保的社会性组织的反对，演变成了全州甚至全德国的抗议工程。2010年下旬，各种各样的社会不同组织，大约10万民众抗议游行反对这项工程。很多的服务行业停摆，对斯图加特的城市运行产生了巨大影响，最后当地政府不得不通过德国最具声望的政客来调停此事。斯图加特工程规划文本提出已超过15年，本应早已建设完毕，但是社会性主体的反对和抗议，使得该项目至今为止仍然是停止开发，该项目昂贵的经济成本、社会成本很可能使得斯图加特21项目永远无法实现。

四、高铁站点地区发展的动力机制与发展类型

（一）高铁站点地区发展的动力机制

高铁站点地区既作为城市的交通枢纽之一，又作为城市公共空间的一部分，具有节点功能（交通）与场所功能（社会经济活动）两个基本特性。节点代表其交通功能，场所主要反映其城市社会经济功能。高铁站点的场所功能与节点功能之间存在着竞争与协同的关系，需要在城市发展过程中不断进行调整和平衡，某一站点地区交通功能（节点功能）的发展，将提高区域交通可达性，这就为站点周边区域社会经济发展提供了良好的条件。高铁站点地区全新的交通系统和升级后的交通条件能够带来新的客流并改变过去的交通模式，为站点地

区的土地开发和社会经济发展提供动力。相应地，站点地区场所功能的发展能够吸引新的城市活动聚集到站点区域，增加使用高铁站点地区交通服务的出行者数量，促进交通的发展。从理论上来看，站点地区节点功能和场所功能相互影响，互相促进，循环发展。但是在现实中由于受到复杂的社会、经济、制度等多方面因素影响，站点地区的节点功能与场所功能并不总是同时发展的，甚至出现节点功能与场所功能没有良好耦合，不能协调发展的情况。

站点地区节点功能与场所功能具有各自的发展特点，并且两者之间具有良好的循环互馈机制，但在现实中，每个城市提供了不同的基础发展平台和成长动力（图9-3）。城市的本身条件为站点地区发展提供基础动力；城市的宏观区位影响城市可达性的变化；站点在城市中的位置，为站点周边的发展设置了"硬件条件"；城市的社会经济条件，为站点周边的发展设置了"软件条件"。城市的这些基本条件都决定着城市对高铁的发展需求、高铁站点的发展条件以及站点地区的发展与城市空间的关系。从高铁站点的场所功能来说，依据城市本身条件，就会形成不同的发展类型。例如有些城市将高铁站点地区的发展定位为城市的大型更新工程，或者强化城市中心的工程，或者重新利用工业用地项目，也有一些城市将高铁站点地区的发展定位为创造新的城市中心（尤其是位于城市中心外围的车站）。欧洲里尔工程和鹿特丹中央车站都属于强化中心型，而里昂南站和阿姆南站都是创造新的经济区类型。从车站的节点功能来说，车站的可达性也不仅仅是指外向交通，与之相连的城市内部交通服务也是非常重要的，位于中心的高铁站点通常具有多样的公共交通条件，但私家车的可进入性较差；位于郊区的高铁站点，私家车的可进入性较好，但是需要大量建设其他公共交通设施。只有完善、多样并且无缝衔接的内向交通，才能够最大化地发挥高铁的积极带动作用。

另一方面，不同的相关利益主体，在不同的制度下，以不同的组合方式，为站点地区发展提供不同的成长动力，带来不同的影响。在高铁站点及其周边地区发展过程中，不同的主体根据实际情况和各自的利益需求采取行动，影响高铁站点的发展方向。如政府性主体可能既期望高铁站点周围交通功能的不断完善，节点功能显著，又期望高铁站点的周边城市功能的建设，惠及大众，吸引众多的经济活动集聚，促进城市社会经济的发展。市场性主体则是以经济利益为首要目的，重视投资的回报率，无论是节点功能还是场所功能的建设，只要有经济效益，他们都会积极参与，因此更关注高铁站点双重属性带来的经济效益。社会性主体更注重高铁带给城市的社会效益，包括高铁快捷的城际交通，高铁站点周边完善的公共交通，良好的城市空间质量等。不同利益主体的相互联系、相互促进成为高铁站点发展的成长动力。但不同利益主体的不同的联系方式和表现使得高铁站点的节点功能和场所功能沿不同的方向发展。市场性主体主导的合作方式，有利于高铁站点周边的土地开发和社会经济活动的集聚，高效率的利用交通服务；政府主体引导、市场主体合作的方式，有利于高铁站点地区兼顾公共城市空间和经济开发的双重效益；政府性主体主导的方式，有利于最短时间内集聚最多的社会经济资源开发高铁站点地区，保证高铁项目的顺利实施。因此，不同利益主体间利益的协调、紧密合作、共同的积极参与是高铁站点地区成功发展的关键。

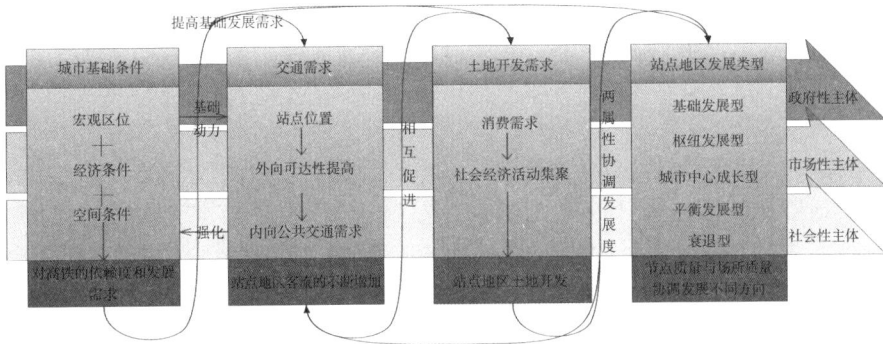

图 9-3　高铁站点发展动力机制示意图

（二）高铁站点地区的发展类型

高铁站点地区的发展是一个不断完善和更新的过程，如前文所述高铁站点地区具有节点功能和场所功能两个基本属性，两种功能之间具有相互促进的互馈机制，但是在城市本底基础以及城市中不同利益主体的影响下，两种功能存在不同的发展阶段和发展状态。对于节点功能而言，内向交通和外向交通系统发展质量的不同，决定着高铁站点到底只是一个交通连接器还是重要的交通枢纽，所谓交通连接器是指高铁站点目前仅具有基本的交通功能，其可达性在城市的整个交通网络中处于初期发展阶段；交通枢纽是指其可达性在交通网络中具有中心地位。而对于场所功能而言，根据空间质量发展阶段的不同，高铁站点周边区域可以分为仅仅是个能够会面的城市地点，还是重要的城市经济中心。所谓会面地点，是指高铁站点周边的土地开发不完全或还未开发，聚集的城市活动单一，仅作为基本的城市空间。城市经济中心是指高铁站点周边土地开发多样，聚集丰富的城市活力，城市空间质量高，在城市空间结构中扮演着重要的经济增长极的角色。节点功能和场所功能发展阶段的不同组合，就形成了不同类型的高铁站点地区。根据高铁站点场所功能和节点功能的发展程度和发展质量，将高铁站点地区分为五种发展类型，即自组织发展型、交通引导型、交通追随型、平衡成熟型和限制发展型。

1、自组织发展型

这种类型的高铁站点多为新建高铁站点，多分布在距离市中心较远的郊区，城市发展条件较差，利益主体的参与性和开发兴趣也较低，交通发展质量和城市空间质量都不是很高，其场所功能与节点功能发展较为初级，目前只是城市交通网络中的"连接器"，高铁站点周边发展还没有大的改变，土地利用类型较为单一，周围服务设施较少，可以作为城市的简单会面地点，还未成为城市的发展中心之一。但是其城市功能与交通功能处于相互依赖、相互调整的发展过程中，可以说这种类型的高铁站点，周边区域还是"一张白纸"，城市中的不同利益主体的利益需求发挥的空间很大，在城市本底基础条件下，利益主体若能抓住高铁带来的发展机遇，则会引导这种类型的高铁站点不断地向城市交通枢纽和城市中心发展。例如京津城际高铁的武清站。

2、交通引导型

这种类型的高铁站点多为新建高铁站点，分布在城市中心区与郊区之间的过渡地带，交通功能已体现较为明显，是城市交通网络的枢纽之一，其节点功能发展较好。相比交通功能，其场所功能还不够完善，高铁站点地区的社会经济发展还不够完善，尚未成为城市的重要发展中心，城市空间质量发展不够好。但这种类型的高铁站点由于公共交通的完善，周围区域的可达性较好，会不断地吸引经济活动和客流聚集，如果城市中的利益主体能够抓住这样的发展机会，这种类型的高铁站点的场所功能和节点功能会逐渐发展，是很有发展潜力的类型。例如北京南站。

3、交通追随型

这种类型的高铁站点多为旧火车站的更新升级，一般分布在中心城区，站点周围已开发土地比例较大，未来发展可利用空间有限，站点周边各种社会经济活动齐全，场所功能体现比较明显，但经济活动多为中低端，与高铁所带来的中高端客流所需要的服务不够匹配，需要在后期发展中不断地更新周边场所功能。站点的交通功能虽已有一定发展，但是不能满足高铁站点带来的大量客流的需求，需进一步完善公共交通。例如日本浦和车站（Urawa Station）。

4、平衡成熟型

这种类型的高铁站点场所功能和交通功能发展都较好，站点及其周围公共交通完善，交通发展质量较好，是城市交通网络中重要的交通枢纽。站点周围土地利用集约度高，社会经济活动丰富多样，且周边多为中高端的经济活动，也是城市的重要经济中心。例如法国里昂帕尔杜诺车站（Gare Part-Dieu）。

5、限制发展型

这种类型的高铁站点发展已经十分成熟，通常是高铁站点发展的后期可能出现的类型。在我国高铁刚刚发展的初期，还未出现。这种类型的高铁站点已度过了平衡成熟阶段，站点及其周边区域的城市功能与交通功能的发展出现了边际不经济，节点功能和场所功能发展得已经十分饱和。站点及其周边区域大量的出行人流以及经济活动聚集阻塞了交通，降低了周边区域的可达性，削弱了站点的交通枢纽功能。周围土地的过度开发利用，人口的集聚，产生了场所质量的不经济性，引起众多环境问题，城市空间质量下降。这种类型的高铁站点处于衰退的阶段，需要城市中的利益主体积极调整。例如日本新宿车站（Shinjuku Station）。

五、高铁站点地区规划评价——以长三角地区为例

随着我国高速铁路的快速发展，沿线城市抓住高铁机遇探索新的城市发展模式，依托高铁站点的高铁新城或高铁新区发展规划相继出台。然而，许多高铁站点地区存在规划规模过大、功能定位过高、同质性严重等问题，由此带来重复建设、无序竞争的隐忧，以及产业培育的难题，对高铁站点地区规划进行有效评估成为一个亟待解决的问题。本部分基于 Bertolini L. 的"节点—场所"模型，通过测算长三角地区 26 个高铁站点的节点（交通）价值和场所（功能）价值，对高铁站点地区的规划进行实证评估。

（一）研究方法

1、节点—场所模型的应用

贝托里尼的"节点—场所"模型认为车站地区包含两种功能：节点功能（交通）和场所功能（社会经济）。节点功能（交通）反映站点的交通属性，可达性是其主要测度指标；场所功能(社会经济)反映站点区域的社会经济发展功能，是对区域活动密度和强度的评估，可包括活动场所面积、商业设施数量、集聚程度等方面的指标。两种功能必须相互协调，交互促进，才能使站点地区形成可持续发展（图 9-4）。

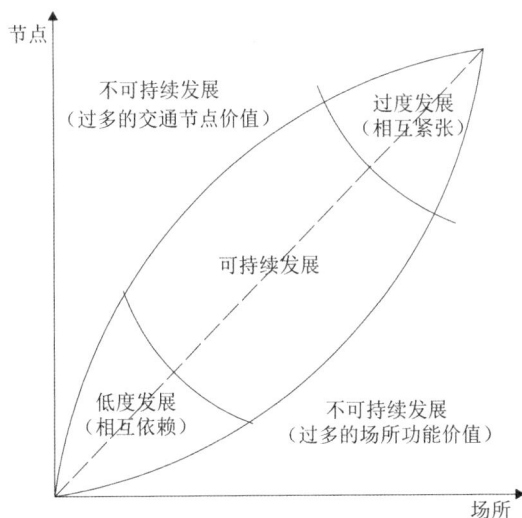

图 9-4　节点—场所模型与站点地区的发展状况

2、节点功能测算方法

节点功能（交通）一般可以采用站点可达性来衡量。常用的可达性计算方法有：潜在可达性、加权平均旅行时间／成本、日可达距离和重力模型法等。其中，潜在可达性是计算交通节点区域可达性应用最为广泛的一种方法。其原理是：可达性对城市发展产生潜在经济影响的前提是基于"距离衰减效应"。即 j 城市对 i 城市所能产生的潜在经济影响与 j 城市的经济规模成正比，与 j 到 i 的距离成反比。公式如下：

$$PA_i = \sum_j \frac{D_j}{t_{ij}^\alpha}$$

式中：PA_i——城市 i 的潜在可达性；

D_j——城市 j 的经济吸引力度，一般用 GDP 表征；

T_{ij}——i 到 j 的旅行时间；

α——距离摩擦系数。

考虑到节点可达性与自身的经济吸引力度存在较大关联，故可采用基于重力模型改进的潜在可达性计算方法。公式如下：

$$A_i = PA_i D_i = \sum_j \frac{D_i D_j}{t_{ij}^\alpha}$$

式中：A_i——站点 i 的可达性；

PA_i——站点 i 的潜在可达性；

D_i、D_j——站点 i、j 的经济吸引力度，取站点所在城市的 GDP 数据代入计算；

t_{ij}——站点 i 到 j 的旅行时间，基于站点间的时间成本数据，通过 ArcGIS 得到高铁站点间最短路径的 OD 成本矩阵数据；

α——距离摩擦系数，区域性的经济活动可达性研究通常取值为 1[71-73]，故此处 $\alpha=1$。

3、场所功能测算方法

由于我国政府部门对高铁站点地区发展有强大的支持力，在政府部门强势推动下的"高铁导向"新城发展模式在长三角地区广泛实施。截至 2014 年底，长三角地区 42 个高铁站点中，共有 26 个站点出台高铁新城规划。本文对站点地区场所功能的测算主要基于高铁站点新城规划情况，综合考虑高铁新城规划的用地规模、规划定位、主要功能等指标。高铁站点的场所功能测算公式如下：

站点场所功能 ＝ 用地规模 × 规划强度系数

规划强度系数 ＝ 等级系数 ＋ 功能系数

其中，用地规模为高铁新城规划的用地面积；等级系数代表高铁新城规划中对自身等级、层次的定位，定位越高，取值越大；功能系数代表高铁新城承担各类区域功能的多样化程度，功能种类越多，取值越大（表 9-1）。

规划强度系数赋值表　　　　　　　　　　　表 9-1

高铁新城规划定位概括	等级系数取值	高铁新城主要功能	功能系数取值
城市副中心	1	综合功能	0.2
城市门户、城市新区、功能中心	0.8	单一功能	0
功能示范区、功能区、功能平台	0.6		
城市窗口、交通枢纽	0.4		
居住社区	0.2		

（二）研究区域与对象

本案例研究的长三角地区包括上海市、江苏省和浙江省（不包括新纳入的安徽省部分地区），区域面积 21.07 万平方公里。该区域的高铁建成时间较早，高铁线路较多，通过高铁促进产业转移、发挥大城市扩散作用等方面扮演着举足轻重的作用。

目前，长三角地区建成高铁包括三条区际高铁线路（杭福高铁、京沪高铁、杭长高铁）和三条城际高铁线路（沪宁客运、沪杭客运、宁杭客运）。选取三条城际高铁与杭福高铁上的站点作为研究对象（表 9-2）。

长三角地区高铁线路与站点梳理　　　　　　　表 9-2

高铁线路	主要高铁站点
沪宁客运专线	南京南站、镇江站、丹阳站、常州站、无锡站、苏州站、昆山南站、上海站、上海虹桥站
沪杭客运专线	上海站、上海虹桥站、松江南站、金山北站、嘉善南站、嘉兴南站、桐乡、海宁西站、余杭站、杭州东站、杭州站
宁杭客运专线	南京南站、江宁站、句容西站、溧水站、溧阳站、宜兴站、长兴站、湖州站、德清站、杭州东站
杭福客运专线	杭州东站、绍兴北站、上虞北站、余姚北站、宁波站、宁海站、临海站、台州站、温岭站、雁荡山站、绅坊站、乐清站、永嘉站、温州南站、瑞安站、鳌江站、苍南站

资料来源：高铁网http://crh.gaotie.cn/（高铁站点不包含停靠次数过少或目前没有列车停靠的站点）

（三）长三角区域高铁站点地区规划现状

在长三角地区的 42 个主要高铁站点中，有 26 个站点出台相应的高铁新城或高铁新区规划（表 9-3），选取这 26 个站点作为研究对象。数据显示，长三角地区高铁站点的开发规模有较大差异。其中开发面积最大的是镇江站，依托高铁枢纽建立南徐新区，规划用地总面积为 29.5km²。其次是上海虹桥站，规划用地面积为 26km²，这两个新区的规划功能用地规模均超过 20km²。嘉善南站（14.3km²）、临海站（12.3km²）、长兴站（12km²）和桐乡站（11km²）的新区规划用地规模在 10 ~ 20km² 之间。嘉兴南站（9.8km²）、温岭站（9.5km²）、余杭站（9.35km²）、杭州东站（9.3km²）、宜兴站（7.5km²）、温州南站（7.19km²）、瑞安站（6.2km²）和南京南站（6km²）的新区规划功能用地规模在 5 ~ 10km² 之间。规划功能用地规模小于 5km² 有 12 个站点，其中最小的是苍南站（0.97km²）。

长三角地区高铁站点地区规划基本情况　　　　　　　　　　表 9-3

站点名称	城市	用地规模（km²）	规划定位	主要功能
南京南站	南京	6	城市商业副中心	商业商贸、商务、办公文娱、居住
镇江站	镇江	29.5	城市副中心	办公、居住、旅游、休闲、文化、体育
丹阳站	丹阳	2	齐梁文化城	现代商务信息服务、文化旅游、
常州站	常州	1.4	交通枢纽、京沪经济带平台、城市窗口	枢纽核心区、高档住宅区、商务商贸区
苏州站	苏州	1.8	交通引导型的发展区，苏州市北门户、城区未来经济活力中心	商务商贸、文化娱乐
昆山南站	昆山	2.03	城市门户、交通枢纽	商贸中心、混合社区
上海虹桥站	上海	26	上海面向长三角区域的交通枢纽地区和区域服务中心	商业、文化娱乐、商务办公、居住
松江南站	松江	2.29	花园商务城、创智传媒城、多元共享城	商务、传媒创意产业、总部经济区、旅游服务中心、上海大型综合社区
金山北站	金山	2.31	大型居住社区	居住
嘉善南站	嘉善	14.3	全国现代服务业产业新城典范、电商新都市、月色新西塘	电子商务为核心，数字内容、服务外包、高端应用电子研发为主导
嘉兴南站	嘉兴	9.8	区域性国际商务中心	商务服务、住宅、生态休闲
桐乡站	桐乡	11	沪杭城市群的交通新枢纽、现代服务业和高新技术产业的集聚区、长三角人居休闲宜居区和桐乡南部新城区	客流服务、商贸服务、旅游服务、总部商务、休闲购物娱乐、现代服务业和高新技术产业
余杭站	余杭	9.35	余杭副城	总部商务、商业金融、文化展示、旅游休闲、高端居住
宜兴站	宜兴	7.5	新兴城市综合片区	商业商务、旅游集散、文化休闲和居住
长兴站	长兴	12	城市门户	休闲旅游度假区、居住生活区、高新产业区

站点名称	城市	用地规模（km²）	规划定位	主要功能
杭州东站	杭州	9.3	城东新城	现代商务办公、商业休闲、旅游服务和居住生活
上虞北站	上虞	2.5	区域性交通新枢纽、智力经济增长极、运动休闲新平台	创意产业服务的智力经济和SOHO商务办公、休闲旅游
余姚北站	余姚	2	交通枢纽中心和城市综合体	购物娱乐、现代金融、创意产业、商贸服务商务会展、交通物流
临海站	临海	12.3	临海市重要交通枢纽、生态和谐山水特色的城市窗口	客运货运服务功能、人口集散
台州站	台州	4.5	城市副中心	山水宜居、客运枢纽、商务办公、休闲购物
温岭站	温岭	9.5	台州南部交通枢纽、温岭门户	现代产业服务区、富有山水特色的生态宜居新区
乐清站	乐清	1.5	乐清交通转换中心和物流交换中心、城市新组团	商务、商贸、生活居住、旅游服务
温州南站	温州	7.19	国家电子商务示范基地	网购批零一体商贸服务
瑞安站	瑞安	6.2	浙江省现代服务业集聚示范区	货运配载、商贸物流、多式联运、物流企业总部、城乡配送、物流金融、仓储服务、信息服务、展示展销和国际物流
鳌江站	平阳	3.3	城市副中心	商务商贸、文娱会展、交通物流和居住
苍南站	苍南	0.97	城市交通枢纽、城市门户和城市商圈	物流、商贸

资料来源：政府网站、百度、谷歌等搜索信息的系统整理。

　　从新城规划定位上来说（表9-3），主要包括：城市副中心，城市门户、城市新区、功能中心、功能示范区、功能区、功能平台、城市窗口、交通枢纽，居住社区。其中对高铁新城较高的定位是"城市副中心"，最常见的定位是"城市门户、功能示范区、功能区、功能平台"。整体上，高铁新城规划定位普遍立足于功能性要求，地方政府对高铁建设带来的影响持乐观态度。

　　从功能定位上来说（表9-3），多数高铁新城规划考虑交通节点对人流的强吸引效应，布局多种产业类型与功能。有研究表明，在长三角地区，高铁站点城市的金融业、租赁和商务服务业总体呈现增长趋势[74]。通过分析发现居住功能、商务商贸功能和休闲娱乐旅游功能是站点地区主要的规划功能（表9-4）。房地产业、休闲娱乐服务业、商务商贸业以及旅游业是高铁站点地区规划发展的主要产业类型，而高新技术产业、会展业、信息服务业、电子商务业、研发、外包与教育培训产业并未受到重视。会展业可以借助良好的人流集散功能，电子商务业可以借助良好的物流集散功能发展，高铁站点地区有这方面的优势，可在条件具备的情况下适当增加这方面的功能。

长三角地区高铁站点规划功能概况　　　　　　　　　　表 9-4

功能	配置站点个数	功能	配置站点个数
居住	15	金融	4
休闲娱乐	13	高新技术	3
商务	13	会展	3
商贸	12	信息服务	3
旅游	9	电子商务	2
物流	6	研发	1
总部经济	5	外包	1
文化创意	4	教育培训	0

从站点地区功能结构配置角度来说，宜兴站、长兴站和杭州东站有 4 种以上的功能一致，南京南站与常州站、上海虹桥站、嘉兴南站、宜兴站、杭州东站、台州站、鳌江站和苏州站有 3 种以上的功能配置相一致，余姚北站与瑞安站有 3 种功能配置一致（表 9-5）。这些站点之间功能结构相似度较高，体现出长三角地区高铁新城规划的产业与功能定位趋同现象较为严重。

长三角地区高铁站点规划功能定位梳理　　　　　　　　表 9-5

站点名称	城市	居住	休闲娱乐	旅游	总部经济	文化创意	教育培训	研发	外包	高新技术	电子商务	物流	商贸	金融	商务	会展	信息服务
南京南站	南京	○	○										○		○		
镇江站	镇江									○			○	○			
丹阳站	丹阳			○											○		○
常州站	常州	○											○				
苏州站	苏州		○			○							○		○		
昆山南站	昆山	○															
上海虹桥站	上海	○	○		○								○				
松江南站	松江	○		○	○	○									○		
金山北站	金山	○															
嘉善南站	嘉善							○	○		○						
嘉兴南站	嘉兴	○	○												○		

站点名称	城市	居住	休闲娱乐	旅游	总部经济	文化创意	教育培训	研发	外包	高新技术	电子商务	物流	商贸	金融	商务	会展	信息服务
桐乡站	桐乡		○	○	○					○			○				○
余杭站	余杭	○	○	○										○		○	
宜兴站	宜兴	○	○	○											○		
长兴站	长兴	○	○	○						○							
杭州东站	杭州	○	○	○											○		
上虞北站	上虞		○	○		○											
余姚北站	余姚		○	○		○						○	○	○		○	
临海站	临海											○					
台州站	台州	○		○								○			○		
温岭站	温岭	○													○		
乐清站	乐清			○									○				
温州南站	温州										○		○				
瑞安站	瑞安				○								○		○	○	○
鳌江站	平阳	○	○									○	○		○		
苍南站	苍南											○	○				

（四）长三角地区高铁站点节点功能和场所功能测算

以上文中提到的已出台高铁新城规划的 26 个站点作为研究对象，进行高铁站点地区节点功能和场所功能的测算。由于站点所在城市规模对站点的节点功能和场所功能会产生先导性影响，不同等级规模城市站点的节点功能和场所功能分别处于不同等级，不具备直接可比性，故将 26 个站点依据站点所在城市的规模等级分为两类分别进行数据处理和分析讨论：大城市站点（城镇人口规模大于 100 万）和中小城市站点（城镇人口规模小于 100 万）。

1、节点功能测算

根据上述节点功能测算公式计算得出站点的节点功能（图 9-5），发现大城市和中小城市的节点功能差异较大，大城市站点的节点功能远高于中小城市，从侧面证实大城市站点的可达性优于中小城市站点[75]。大城市站点间的节点功能分布不均衡，上海虹桥站和苏州站的节点功能显著高于其他站点；而且随着城市规模的减小，节点功能存在减小的趋势。中小城市中站点间的节点功能分布较为均一，不同规模城市的站点节点功能差异较小。

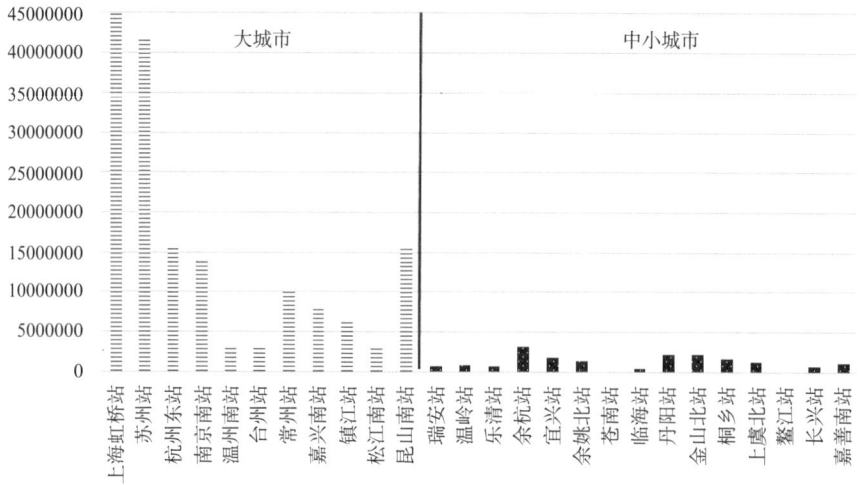

图 9-5　长三角地区高铁站点节点功能
注：图表横轴从左到右按照城市规模由大到小排列。

2、场所功能测算

结合站点的规划数据资料，根据上述场所功能测算公式计算得到站点的场所功能（图 9-6），发现大城市和中小城市的站点场所功能差异不显著，说明中小城市的高铁新城规划开发规模和强度不亚于大城市站点，地方政府需要警惕盲目跟随大城市步伐的规划开发模式。在不同规模城市的站点当中，镇江站和上海虹桥站的场所功能显著高于其他站点，其余站点的场所功能分布较为均衡，差异不显著。

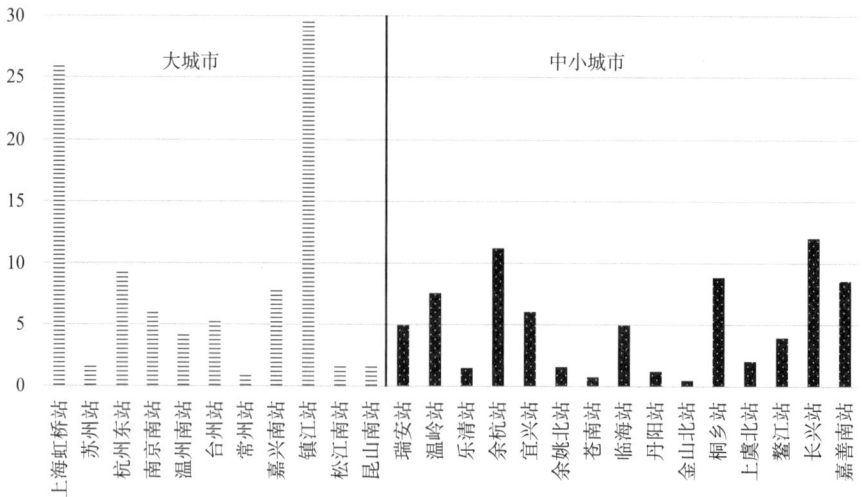

图 9-6　长三角地区高铁站点场所功能
注：图表横轴从左到右按照城市规模由大到小排列。

（五）长三角高铁站点地区规划评估与分析

将高铁站点地区的节点功能和场所功能数据分别按照大城市和中小城市类别进行无量纲化处理，建立"节点—场所"评价结果图（图9-7）。横轴代表场所功能，表示高铁站点地区新城规划的规模、强度；纵轴代表节点功能，表示高铁站点的可达性。

模型评估显示（图9-7），在11个大城市站点中，常州站、嘉兴南站、松江南站、温州南站、台州站处于低度发展区；杭州东站、南京南站处于可持续发展区；苏州站、昆山南站处于节点功能过高的不可持续发展区；镇江站处于场所功能过高的不可持续发展区；上海虹桥站处于过度发展区。大城市站点中有大约45%分布在"节点—场所"模型的低度发展区，即节点功能和场所功能都较低的区域。但这些位于低度发展区的站点，其节点功能和场所功能相互匹配、协调程度尚可，在未来实现站点可达性和地区功能同步提升的基础上，有望进入可持续发展模式。

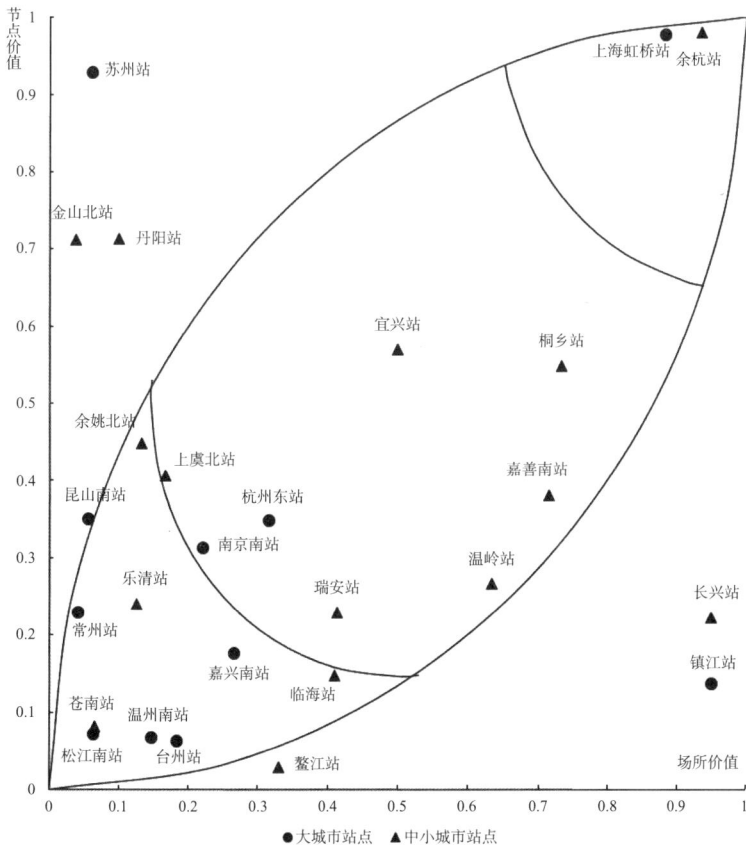

图9-7　长三角高铁站点地区节点—场所模型评价结果图

在 15 个中小城市站点中，宜兴站、桐乡站、上虞北站、嘉善南站、温岭站、瑞安站处于可持续发展区；余姚北站、乐清站、临海站、苍南站处于低度发展区；金山北站、丹阳站处于节点功能过高的不可持续发展区；长兴站、鳌江站处于场所功能过高的不可持续发展区；余杭站处于过度发展区。整体来说，中小城市站点的模型评估结果分布较为均衡，反映出中小城市的高铁站点的节点功能和场所功能差异不大，发展水平较为接近，导致中小城市站点发展同类竞争较为激烈。

1、少部分站点处于可持续发展区

模型评估结果显示（图 9-7），在选取的 26 个研究站点中，仅有 8 个站点（杭州东站、南京南站、宜兴站、桐乡站、上虞北站、嘉善南站、温岭站、瑞安站）规划功能与实际交通价值相匹配，处于相对可持续发展状态，反映出这些站点地区的规划较为合理。

Sands 认为站点地区规划建设如果有强大的区域经济支撑、政府部门的支持、与其他交通方式紧密衔接、与城市商业中心的良好衔接，可以产生强劲的发展动力 [76]。杭州东站和南京南站这两个大城市站点，在依托杭州、南京两个发达经济腹地和区域交通枢纽的基础上，向新城引入城市优势产业发展，例如杭州高铁新城规划将其定位为城东新城，重点围绕旅游服务业同时扩展商业、居住功能，南京高铁新城规划则定位为城市副中心，重点打造商贸、商务功能，两个站点均立足优势，实现良好的发展。

相较于大城市站点的背景优势而言，中小城市站点把握规划的适宜性和对人口的吸引力更为重要。人流是带动高铁站点地区开发的核心资源，高铁站点地区的规划与城市总体规划有效衔接，同时明确适合自身发展阶段和特点的具体定位，是高铁新城的可持续发展的前提 [77]。处于可持续发展区的小城市高铁站点地区规划具有方向明确、特色突出、符合实际的特征，例如嘉善南站新城规划致力于打造全国现代服务业产业新城典范，以电子商务为核心，高端应用电子研发为主导，借助功能平台增加对人才的吸引力；桐乡站的规划为长三角人居休闲宜居区和桐乡南部新城区，布局旅游服务、总部商务、休闲购物娱乐、现代服务业等产业，通过基础设施和环境实现人口集聚。

2、大部分站点偏离可持续发展区

在我国政府主导力较强的背景下，大部分高铁站点地区规划不能实现与站点节点交通价值良好地匹配，容易偏离价值均衡区，高铁站点地区的发展建设处于不可持续发展状态。评估结果显示，约 69% 的站点处于不可持续发展区，根据其节点功能和场所功能的相对大小，可分为 4 种类型：过度发展、低度发展、节点功能过高的不可持续发展、场所功能过高的不可持续发展。

（1）过度发展

上海虹桥站和余杭站的节点功能和规划的场所功能都很高，站点的交通功能和地区场所活动功能已达到发展利用的最大值，处于相互紧张状态，想要进一步发展将会困难重重，地区的交通条件和土地开发利用的协调性面临挑战。交通枢纽和中心车站容易形成过度发展的情形。在未来的发展中很可能由于过度开发造成拥堵、高地价等城市病。

（2）低度发展

模型评估显示，常州站、嘉兴南站、松江南站、温州南站、台州站、余姚北站、乐清站、临海站、苍南站这9个站点的节点功能与规划的场所功能都较低，站点的交通功能和地区场所功能处于相互依赖状态，无法形成良性循环促进作用，难以带动区域的实效性发展。这些站点的新城规划发展将处于低度发展状态，对区域推动作用较小，发展活力不足。在这些站点地区进行二次开发的难度大、效益性不强。

（3）节点功能过高的不可持续发展

模型评估显示，金山北站、丹阳站、苏州站、昆山南站的节点功能远高于规划的场所功能，导致新城规划处于不可持续发展状态。侯雪等对北京南站的研究发现，北京南站目前属于过多节点功能发展类型，过多的交通功能减弱了区域的城市功能，压制其场所功能的发展。上海金山区、松江区紧邻上海市区，苏州、昆山紧邻上海市，丹阳邻接镇江、常州两个交通枢纽，这些站点地区交通区位条件良好，高铁开通后，进一步增强了这些地区的节点交通价值。但在政府主导体制下，地方政府未能充分认识、正确预估到高铁对本地经济潜力带来的提升作用，导致对应的高铁站点地区的规划未能与现有的节点功能相匹配，造成良好交通价值的浪费，导致两者的不协调发展。金山北站地区的开发只引入了居住功能，单纯依靠居住功能带活区域发展有诸多弊端，形成"睡城"的可能性较大，同时也不利于盘活区域发展潜力。

（4）场所功能过高的不可持续发展

镇江站、长兴站和鳌江站的场所功能远高于节点功能，新城规划处于不可持续状态。一方面，这些站点的节点功能不够突出，高铁建设所带来的交通优势尚未凸显，不足以带动大规模、高水平的地区新城建设，而另一方面，既定的新城规划建设面积和开发强度过大，导致节点功能和场所功能难以平衡。

目前，高铁导向的新城发展模式被广泛应用，当地政府对高铁所带来的可达性改善盲目乐观，在高期望下，大规模建设高铁新城的现象屡见不鲜。一些高铁站点由于远离市区，与市中心的交通接驳条件差，这会使高铁的竞争力大打折扣，削弱了高铁站点带来的交通节点功能，使得带动站点地区发展的能力有限。同时，由于到达市中心的可达性较差，原本居住在市区的人群到新城的通勤就业意愿不高，造成经济活动的吸引力有限，高铁站点所具有的场所功能也受到挑战。过度规划开发造成场所功能虚高，中小城市的高铁站点更易陷入这样一种恶性循环中，站点地区的发展难度更大。

参考文献：

[1] 焦敬娟. 高速铁路网络的经济社会空间效应研究 [D]. 北京：中国科学院大学，2016.

[2] Castillo J M D，Cáceres N，Romero L M，et al. Models for the Hazardous Goods Railway Transportation in Spain Considering the Effect of the Catchment Area of the Station ☆ [J]. Transportation Research Procedia，2014（3）：584-591.

[3] Upchurch C，Kuby M，Zoldak M，et al. Using GIS to generate mutually exclusive service areas linking travel on and off a network[J]. Journal of Transport Geography，2004（12）：23-33.

[4] Schütz E. Stadtentwicklung durch Hochgeschwindigkeitsverkehr（Urban development by High-Speed Traffic）[R]Heft 6，1998：369 - 383.

[5] Sanchez-Mateos H M，Amparo M，Jose M. C，Maddi G. Catchment areas of high-speed rail stations：a model based on spatial analysis using ridership surveys [J]. European Journal of Transport and Infrastructure Research，2016，16（02）：364-384.

[6] Blainey S P. Forecasting the Use of New Local Railway Stations and Services Using GIS[J]. University of Southampton，2009.

[7] Cervero，R. Transit-oriented development's ridership bonus：a product of self-selection and public policies [J]. In Environment and Planning A，2007，39（09）：2068–2085.

[8] Guerra E，Cervero R，Tischler D. The Half-Mile Circle：Does It Best Represent Transit Station Catchments? [J]. University of California，Berkeley，2012，2276（2276）：101-109.

[9] Petheram S J，Nelson A C，Miller M，et al. Use of the Real Estate Market to Establish Light Rail Station Catchment Areas[J]. Transportation Research Record：Journal of the Transportation Research Board，2013，2357（1）：95–99.

[10] Blainey S P，Preston J M. A GIS-based appraisal framework for new local railway stations and services[J]. Transport Policy，2013（25）：41-51.

[11] Sung H，Choi K，Lee S，et al. Exploring the impacts of land use by service coverage and station-level accessibility on rail transit ridership[J]. Journal of Transport Geography，2014，36（2）：134-140.

[12] Givoni M，Banister D. Speed：the less important element of the High-Speed Train[J]. Journal of Transport Geography，2012，22（2）：306-307.

[13] de Jong M. European high-speed train araion areas：the renaissance of the rallway station：European Transport Conference，Noordwijkerhout，Netherlands，2009[C]. Association for European Transport，2009.

[14] Pagliara F，Delaplace M，Cavuoto R. High-speed rail stations as places to work：the case study of naples[C]. High- speed rail and the city：urban dynamics and tourism，

'Cité Descartes, 2015: Paris- Est University.

[15] Shen Y, Silva JDAE, Martínez L M. Assessing High-Speed Rail's impacts on land cover change in large urban areas based on spatial mixed logit methods: a case study of Madrid Atocha railway station from 1990 to 2006[J]. Journal of Transport Geography, 2014, 41: 184-196.

[16] Feliu J. High-Speed Rail in European Medium-Sized Cities: Stakeholders and Urban Development[J]. Journal of Urban Planning and Development-asce, 2012, 138（4）: 293-302.

[17] Albalate D, Bel G. High-Speed Rail: Lessons for Policy Makers from Experiences Abroad[J]. Public Administration Review, 2012, 72（3）: 336-349.

[18] Haynes K E. Labor markets and regional transportation improvements: The case of high-speed trains - An introduction and review[J]. Annals of Regional Science, 1997, 31（1）: 57-76.

[19] Willigers J, Wee B V. High-speed rail and office location choices: A stated choice experiment for the Netherlands[J]. Journal of Transport Geography, 2011（19）: 745–754.

[20] Bellet C. Peripheral High-Speed Rail Stations in Spain[J]. The Open Transportation Journal, 2016, 10（1）: 45-56.

[21] Hanna F, Kaufmann J. factors that influence the success of HSR STATIONS[J]. International Journal of Research in Engineering and Technology, 2013, 3（6）: 1-7.

[22] Nuworsoo C, Deakin E. Transforming High-speed Rail Stations to Major Activity Hubs: Lessons for California[J]. The 88th Annual Meeting of the Transportation Research Board, Washington, DC, 2009.

[23] Zacharias J, Zhang T, Nakajima N. Tokyo Station City: The railway station as urban place[J]. Urban Design International, 2011, 16（4）: 242-251.

[24] Trip J J. What Makes a City? Planning for 'Quality of Place': The Case of High-Speed Train Station Area Development[M]. IOS Press, 2007.

[25] Pol P. HST stations and urban dynamics: Experiences from four European cities[M]// Railway Development. Physica-Verlag HD, 2008: 59-77.

[26] 陈岚 . 高速铁路客站总体布局研究——以法国为例 [D]. 北京：北京交通大学管理学院，2010.

[27] 董二通 . 铁路枢纽中客运专线客运站的布局及站型选择研究 [D]. 重庆：西南交通大学交通学院，2010.

[28] 高祥 . 区域内高速铁路客运站布局优化研究 [D]. 重庆：西南交通大学交通学院，2010.

[29] 张本湧，郑猛，佘世英 . 武汉市高铁枢纽选址及铁路总体布局优化 [J]. 城市交通，

2015（06）: 37-45.

[30] 刘倬函.基于城市空间结构绩效评价的高速铁路客运枢纽选址研究 [D]. 长沙: 中南大学建筑学院, 2013.

[31] 冯振宇.基于旅客出行费用最小的高速铁路客运站选址研究 [D]. 重庆: 重庆交通大学交通学院, 2013.

[32] 郝之颖.高速铁路站场地区空间规划 [J]. 城市交通, 2008, 6（05）: 48-52.

[33] 李松涛.高铁客运站站区空间形态研究 [D]. 天津: 天津大学建筑学院, 2010.

[34] 孟繁茹.城市高铁站核心区域功能布局规划研究 [D]. 西安: 长安大学建筑学院, 2011.

[35] 窦迪.城市高铁客运站周边区域开发策略研究 [D]. 上海: 上海交通大学管理学院, 2012.

[36] 林辰辉.我国高铁枢纽站区开发的影响因素研究 [J]. 国际城市规划, 2011, 26（06）: 72-77.

[37] 林辰辉, 马璇.中国高铁枢纽站区开发的功能类型与模式 [J]. 城市交通, 2012, 10（05）: 41-49.

[38] 王丽, 曹有挥, 刘可文, 等.高铁站区产业空间分布及集聚特征——以沪宁城际高铁南京站为例 [J]. 地理科学, 2012, 32（03）: 301-307.

[39] 王兰, 王灿, 陈晨, 等.高铁站点周边地区的发展与规划——基于京沪高铁的实证分析 [J]. 城市规划学刊, 2014（04）: 31-37.

[40] 卢杰.城市高铁客运站地区公共空间规划设计策略研究 [D]. 天津: 天津大学建筑学院, 2014.

[41] 刘芳.高速铁路站点地区空间形态规划研究 [D]. 合肥: 合肥工业大学建筑学院, 2014.

[42] 郑德高, 杜宝东.寻求节点交通价值与城市功能价值的平衡——探讨国内外高铁车站与机场等交通枢纽地区发展的理论与实践 [J]. 国际城市规划, 2007, 22（01）: 72-76.

[43] 井维仁.高铁客运站周边地区城市设计研究 [D]. 西安: 西安建筑科技大学建筑学院, 2012.

[44] 洪世键, 姚超.高速铁路站点与城市空间演化: 述评与反思 [J]. 国际城市规划, 2016, 31（02）: 84-89.

[45] 侯雪, 张文新, 乔标, 等.高速铁路站点地区规划研究——以天津和荷兰兰斯塔德对比为例 [J]. 北京交通大学学报, 2016,（01）: 42-48.

[46] 陈昕.高速铁路站点周边城市建设与发展研究 [D]. 天津: 天津大学建筑学院, 2009.

[47] 殷铭, 汤晋, 段进.站点地区开发与城市空间的协同发展 [J]. 国际城市规划, 2013（03）: 70-77.

[48] 王兰. 高速铁路对城市空间影响的研究框架及实证 [J]. 规划师，2011，27（07）：13-19.

[49] 于涛，陈昭，朱鹏宇. 高铁驱动中国城市郊区化的特征与机制研究——以京沪高铁为例 [J]. 地理科学，2012，32（09）：1041-1046.

[50] 刘雨. 高速铁路站点对城市空间结构的影响研究——以长沙为例 [D]. 长沙：中南大学建筑学院，2011.

[51] 段进. 国家大型基础设施建设与城市空间发展应对——以高铁与城际综合交通枢纽为例 [J]. 城市规划学刊，2009（01）：33-37.

[52] 孙明正，潘昭宇，高胜庆. 北京南站高铁旅客特征与接驳交通体系改善 [J]. 城市交通，2012，10（03）：23-32.

[53] 牛玉，汪德根. 城市交通与高铁站接驳系统特征及模式——以苏州和上海为例 [J]. 旅游学刊，2016，31（03）：106-113.

[54] 余晋. 高铁客站新区交通综合网络规划研究 [D]. 武汉：武汉理工大学管理学院，2011.

[55] 王昭晖，张晋博. 基于 TOD 模式的高铁站区景观设计初探——以济南西客站为调研解析案例 [J]. 华中建筑，2015，（04）：54-57.

[56] 李胜全，张强华. 高速铁路时代大型铁路枢纽的发展模式探讨——从"交通综合体"到"城市综合体" [J]. 规划师，2011，27（07）：26-30.

[57] 索超，张浩. 高铁站点周边商务空间的影响因素与发展建议——基于沪宁沿线POI 数据的实证 [J]. 城市规划，2015，39（07）：43-49.

[58] 杨维. 高速铁路站区交通与土地利用协调发展研究 [D]. 重庆：西南交通大学管理学院，2011.

[59] 侯明明. 高铁影响下的综合交通枢纽建设与地区发展研究 [D]. 上海：同济大学建筑与城市规划学院，2008.

[60] 王丽. 高铁站区产业空间发展机制——基于高铁乘客特征的分析 [J]. 经济地理，2015，35（03）：94-99.

[61] 郑德高，张晋庆. 高铁综合交通枢纽商务区规划研究——以上海虹桥枢纽与嘉兴南站地区规划为例 [J]. 规划师，2011，27（10）：34-38.

[62] Bertolini L. Development Patterns and Public Transport：The Application of an Analytical Model in the Netherlands[J].Planning Practice & Research, 1999, 14（2）：199-210.

[63] Priemus H, Konings JW. Public Transport in Urbanized Regions：the MissingLink in the Pursuit of the Economic Vitality of Cities [J]. Planning Practice &Research，2000，15（3）：233–245.

[64] Cervero R. Transit-Oriented Development in the United States：Experiences，Challenges and Prospects[R]. TCRP Report 102，Washington DC，2004.

[65] Pol PMJ.A Renaissance of Stations, Railways and Cities: Economic Effects, Development Strategies and Organisational Issues of European High Speed Train Stations[M]. Delft University Press, 2002.

[66] Peek G J, Hagen M V.Creating Synergy in and Around Stations: Three Strategies in and Around Stations[J]. Transportation Research Record: Journal of the Transportation Research Board, 2002, 1793 (1): 1-6.

[67] Florida R.The rise of the Creative Class and How it is Transforming Work, Leisure, Community and Everyday life[M].Basic Books, New York, 2002.

[68] Haywood R. Coordinating urban development, stations and railway services as a component of urban sustainability: an achievable planning goal in Britain? [J].Planning Theory and Practice, 2005, 6 (1): 71-97.

[69] Kloosterman R, Trip JJ.Planning for Quality? Assessing the Role of Quality of Place in Developing High-Speed Railway Stations[Z]. Paper presented atthe International Conference on "Urban Conditions and Life Chances", Amsterdam, 2006.

[70] 张庭伟. 城市化作为生产手段及引起城市规划功能转变 [J] 城市规划,2002,26(4): 69-74.

[71] Cascetta E, Pagliara F. Integrated railways-based policies: the Regional Metro System (RMS) project of Naplesa sna Campania[J]. Transport Policy Review, 2008 (2), 15: 81-93.

[72] Gutiérrez, J.Location, economic potential and daily accessibility: an analysis of the accessibility impact of the high-speed line Madrid–Barcelona–French border[J]. Journal of Transport Geography, 2001, 9 (4), 229–242.

[73] Holl, A.Twenty years of accessibility improvements. The case of the Spanish motorway building programme[J].Journal of Transport Geography, 2007, 15 (4), 286–297.

[74] Bruinsma F, Rietveld P. Urban agglomerations in European infrastructure networks [J]. Urban Studies, 1992, 30 (6): 919-934.

[75] 刘剑, 孙华灿. 我国高速铁路影响效应实证研究——兼析长三角与武广沿线地区的差异 [J]. 城市规划, 2015(7): 30-37.

[76] 宋文杰, 朱青, 朱月梅, 孔翠翠, 史煜瑾, 顾永涛. 高铁对不同规模城市发展的影响 [J]. 经济地理, 2015, 10: 57-63.

[77] Sands B. The Development Effects of High-Speed Rail Stations and Implications for California[J]. Built Environment, 1993, 19 (3/4): 257-284.

[78] Vale D S. Transit-oriented development, integration of land use and transport, and pedestrian accessibility: Combining node-place model with pedestrian shed ratio to evaluate and classify station areas in Lisbon [J]. Journal of Transport Geography, 2015, 45: 70-80.

第十章　高铁时代的城市规划对策

一、高铁时代对城市规划的要求

随着高铁在全国范围内逐步的建设与开通，许多的城市已经或即将步入高铁时代。高铁的开通加速了城市之间要素的交流与交换，对城市的发展具有划时代的意义。高铁既给城市发展带来了新的机遇，同时也给城市规划带来了挑战，提出了新的要求。在宏观层面，城市规划需要找准城市在其所处的区域范围内的定位；在中观层面上，城市规划需要应对高铁对城市空间结构带来的改变，并让高铁与城市良好衔接；在微观层面，城市规划需要对高铁站点周边地区，特别是属于新建站点的周边地区的开发利用，做出科学合理的规划。

（一）宏观层面对城市规划的要求

从宏观层面，高铁改变了区域范围内社会经济要素的流动和配置，密切了城市间的社会经济联系，改变了城市间传统出行的时空概念，创造了新的生活和工作方式，扩大了生活和工作距离。高铁使商务圈和旅游圈扩大，高铁能够加快区域性人口流动和产业重新布局，对区域和城镇体系空间结构产生重要影响，需要对区域规划和城镇体系规划进行变革，需要在新的尺度上谋划区域发展，协调区域规划和城镇体系规划[1]。

高铁使得区域内的城市之间联系更加紧密，各种要素的交换速度也加快了，城市间的合作关系得到加强，这将打破原有的地区分工，进而形成区域的大分工局面，城市在特定区域内扮演的角色将更为专业化[2]。另一方面高铁使得各个城市的辐射能力增强，城市腹地扩张，这样区域内的各城市的腹地就会出现重叠，这无疑加剧了城市间的竞争，促使它们发展各自具有比较优势的产业，使城市间的专业分工得到发展。因此，高铁在促进城市间的交流合作的同时也加剧了城市之间的竞争，而这两者都使得城市向更专业化分工的方向发展。城市专业化这一发展趋势，要求城市规划在确定城市性质和城市的发展方向时，要分析城市在区域内所具备的比较优势以及所处的具体地位，尤其是高铁的开通可能会改变城市以往在区域内的地位和功能作用，若城市规划不能对城市的发展定位、功能甚至格局进行重新审视，城市的发展战略不能得到及时的调整，就很难发挥高铁建设为城市带来的正面效应[3]。

另一方面高铁大幅缩短了城市间的时空距离，这将加速城市圈的形成与发展，除了目前的珠三角、长三角城市群，新兴的城市群如山东半岛城市群、沈大都市圈、海西城市群等都有条件建成支撑未来我国经济高速增长的新的区域[4]。未来的城市发展将由过去单个城市之间的竞争更加转向以城市群为主体的群体竞争，这需要区域内的各城市的规划部门进行协同合作，统筹规划。

依托高铁的速度优势，通过人流、物流和信息流的快速流动，将强化沿线城市的"同城效应"，促进沿线城市的一体化进程。高铁带来的城际一体化和同城效应使产业布局、基础设施和公共设施布局、用地结构的平衡等不再局限于城市内部，需要与周边城市统筹协调[5]。

（二）中观层面对城市规划的要求

从中观层面的角度来看，高铁为沿线城市带来新的发展引擎，带来新的发展动力，但高铁对某个具体城市的影响因城而异，与城市的能级、规模、性质等密切相关。高铁对城市产业的影响主要是第三产业，高端产业向中心城市集聚明显，但旅游资源和其他特色资源丰富的小城市旅游业或其他特色产业发展迅速。一些大城市，高铁建设带来了更大的腹地，其城市整体商务功能会增加，比如北京、上海、南京等城市。高铁促进了人才的流动，中小城市可以利用大城市的智力资源发展自己。高铁对不同城市带来不同的影响，应该结合具体情况调整原来的城乡规划[1]。

国家在规划高铁布局时，往往较多地考虑高铁自身的运行规律和价值，而较少考虑具体每个城市的运行规律和价值以及对各个城市将会造成什么样的影响。高铁站点带来人流、物流、技术流和信息流等[6]，会迅速产生人口和经济的聚集，可能使高铁站点地区成为城市新的增长极，城市的经济中心偏移，而高铁站点地区形成新的城市副中心，改变城市原有的空间结构[2]。与此同时，城市的人口分布产生变化，城市空间的扩展方向也发生改变。这就给各个城市的规划部门在应对高铁带来的城市空间结构和城市功能结构带来的变化提出了新的要求。

高铁本身并不能直接带动城市的发展，必须使它与其服务的城市的各个产业部门良好的契合，使高铁与城市经济产生互动，为需要高铁服务的城市相关产业提供方便和良好的服务，这样高铁才能对城市的发展起到积极的作用[2]。由于考虑到征地拆迁等建设成本的问题，我国的许多高铁站点，都选择在城市的外围新建，而高铁的速度越快，乘客对旅途的"途外附属时间"的长度就越敏感，这就要求高铁站点与原有市区有便捷的交通联系，尽量做到到达或离开高铁站点"零换乘"[7]。因此，无论是希望高铁对城市的发展带动价值发挥到最大，还是要使新的高铁站点获得成功，都要求城市规划对整个城市的交通系统进行重新梳理与完善，来提高高铁站点的交通可达性和通达性，使高铁对于城市的服务范围最大化。

要充分发挥高铁枢纽的选址与建设给城市带来的正面效应，进行城市功能结构和空间结构的调整与优化。国内大部分新建的高铁站点距离老城区有一定的距离，需要通过聚集功能、梳理综合交通和优化城市布局体系来带动城市新片区的发展，从而促进城市发展模式由单中心、圈层式发展模式向多中心、组团式发展模式转变[5]。

（三）微观层面对城市规划的要求

在高铁站点地区，城市发展新的规划理念就是关注高铁的节点交通价值与城市功能价值的平衡发展[8]。节点交通价值是指交通枢纽本身作为重要的交通设施所反映的交通功能与设施属性，反映这一价值的一个重要指标就是该节点的日交通量；城市功能价值则是指枢纽地区对城市功能发展的影响和催化所产生的价值，比如围绕交通枢纽承担了城市多少商务功能等[9]。高铁站点及其周边地区不仅仅是单纯的交通集散空间，而被视为城市功能的新增长点。在高铁新城的规划中，其不再简单地依附于中心城市并形成功能——一对应的关系，而是普遍作为城市功能的有机组成部分和新增长极。高铁站点周边需要承担哪些主要功能，承担这些功能需要哪些相关的基础设施建设，站点周边地区的土地利用如何分配都需要城市规划做出详细的应对。

由于高铁客观上起到了提升区域地位、推动角色转变的重要作用，其往往承担着带动城市发展的责任，一些城市基于对高铁新区前景的乐观预期，对高铁新区的规模设计采取了超常规的尺度。虽然高铁站点周边地区承担着城市发展的重要职能，但它究竟能够承载多少城市功能要求城市规划者进行科学的验证和考量[2]。

高铁站点区应进行综合功能的统筹谋划，要考虑如何吸引那些对高铁具有强烈需求指向的人群、活动和业态[1]。应在保障交通集散这一根本功能的前提下，充分利用交通便利与大量人流优势，合理确定适合高铁站点地区发展的功能、业态及其规模大小[5]。

二、高铁时代城市规划对策

（一）充分发挥高铁效应，促进我国新型城镇化进程

高速铁路有利于完善我国综合交通运输体系，对沿线地区的产业发展和城镇化进程带来深刻影响，对沿线产业带和城市现代服务业的培育，以及沿线地区要素流动和集聚具有重要促进作用，能够有效地促进以"集约高效、绿色低碳、统筹协调、产城互动"为基本特征的新型城镇化进程[10]。城乡规划应充分发挥高铁经济效应，形成对产业转型升级与新型城镇化进程的有力支撑和引领。城乡规划要依托高速铁路所产生的效应，加强高铁对人口流动、聚集的服务能力。依托高速铁路所营造的空间区位优势，集聚优质生产要素，培育和形成一批高端服务业，带动城市现代服务业发展，促进产业结构调整优化[11]。依托高速铁路引发的"同城效应"，加快城市群发展。

（二）加强交通规划和空间规划的联系，完善区域规划和城镇体系规划

我国交通规划、城镇体系规划和城乡规划等是由不同管理部门牵头制定的，因而其衔接上存在一些问题，应探索一种统筹协调机制，打破行政分割，探索各种空间规划的优化组合方式，使高速铁路与区域经济、社会、空间协调发展。高铁改变了区域范围内社会经济要素的流动和配置，密切了城市间的社会经济联系，对区域和城镇体系空间结构产生重要影响，需要对区域规划和城镇体系规划进行变革。需要依托高速铁路所产生的"同城效应"，实现区域资源共享，促进沿线地区的产业协调互补发展[11]。需要结合各城市的特点，统筹考虑高速铁路设站城市对区域资源要素的极化效应、发展的互补性和网络化效应，发挥各地区的优势，调整与完善区域规划和城镇体系规划。如随着沪宁、沪杭、宁杭、京沪等高速铁路的开通，带动长三角地区各城市协同分工、错位发展，长三角地区的区域和城镇体系规划应根据新情况进行调整完善。

（三）找准城市定位，城市间协同规划

为应对高铁带来的城市专业化发展的趋势，城市规划要找准城市的定位，通过培养城市的核心竞争力使城市在变化的环境中立于不败之地。城市应当充分认识自身的区位、资源、人文、历史等因素，并考虑到与周边城市的协同关系，在此基础上确定合理的城市定位及城市发展战略，在加强原有特色的基础上，扬长避短，强化地域职能分工与合作[12]。在确定了城市的定位及发展方向后，规划部门要研究城市内部和外部的因素，力求合理地组织城市内外部的各种资源，以培养别的城市不易模仿的独特的竞争能力[13]。

高铁带来的高度密集的城市区域一体化和各城市专业化分工深入发展的趋势，要求各个城市在进行城市规划时协同合作，联合进行城市规划，避免城市之间不必要的重复建设，以免形成恶性竞争。区域内的城市应充分利用高铁时代优越的合作条件和空间，改善人为因素和行政限制，在城市之间形成经济信息上的互动关系，城市各项发展目标总规划、产业规划、基础设施建设规划等关键信息应透明化，从而促进城市战略合作关系的形成和巩固，促进城市间资源、劳动力、技术领域的优势合作，产生资源上的互补优势，为城市的发展和相互融合提供有效的支撑[14]。

（四）根据高铁对不同城市影响的差异性，提出有针对性的规划对策

高铁站点所在城市的规模与性质、站点的区位与规模等多种因素都影响着高铁效应的发挥，高铁对不同城市的影响具有差异性。城市规划应当对高铁给城市发展带来的实际影响进行系统评估，以明确规划应对的重点与内容[15]。对那些已经拥有很强竞争力的大城市来说，高铁的开通将吸引更多的要素汇集，高端产业向大城市集聚明显，要抓住机遇及时调整产业结构，转变发展方式，实现产业升级；高铁沿线的中小城市应结合自身禀赋，完善投资环境，发掘自身发展潜力，承接产业转移，发展特色产业。没有高铁的小城市（镇）要主动

对接高铁站点，以便发挥高铁站点的辐射带动效应。

（五）根据变化的城市空间结构合理布局，加强城市空间规划

高铁对城市空间结构带来重要影响，需要做好城市空间结构的调整与优化。城市空间规划要统筹考虑高铁站点与城市主城区、新城、组团、新区等空间单元的关系，合理布局城市功能区[15]。若高铁站点不是位于城市中心区，而是位于城市的边缘区或郊区，高铁站点将带动城市多中心发展、牵引城市空间的发展方向。乘坐高铁出行主要以商务和旅游活动为主，同时包含一些短途的通勤出行和长途旅行。由于商务、旅行、通勤等活动的需求，使得高速铁路与城市第三产业的服务业密切相关，包括商务、商业、公共服务、休闲旅游等，城市经济发展中能够直接受到高铁带动和影响的部门主要集中于这些方面[16]。因此，城市规划在重新考虑城市的布局时，应该以多中心的布局模式来进行规划，在高铁站点的这一中心应着重布局商业、服务业等以第三产业为主的设施和项目。

（六）做好城市交通系统对高铁站点的衔接

在区域层面，应充分考虑高铁与空中交通、水路交通、公路交通等多种交通方式的融合，强化高速公路、城际轨道与高铁枢纽地区的便捷衔接，积极构筑区域快捷交通网络，满足周边城镇居民高铁出行或换乘的需求，扩大高铁服务范围和区域效益[17]。在城市层面，要增强高铁站点在城市中的可达性，加强整个城市各个地点进入高铁网络的速度，城市轨道交通、公交汽车站、长途客车、私人小汽车等多种交通方式都需要与高铁站点相互联系。城市交通系统要建立以高铁站点为中心、向四周辐射的交通网络，组织开行密度高、速度快、停站少、直达率高的公共交通，并且为小汽车规划有效的进出道路和停泊设施。在高铁站点地区层面，要合理安排各种车流和人流的组织，构筑便捷、合理的公交网络和步行网络，将高铁站点建设成便捷的城市公共交通换乘中心，建立既能满足交通高效集散，又能支撑站点地区高强度开发的路网格局。不同高铁站点的运输功能和规模能级存在较大差异，交通规划建设中应针对站点特征，采用不同的交通接驳与集散方式[15]。

（七）高铁站点周边地区进行混合多功能的开发

高铁建设使得人们的出行时间大大缩短，铁路出行趋于便捷。城际间列车运行将出现公交化特征越来越突出的特点，这将为高铁站点带来每天几万到几十万的人流，临时来到这里的人聚散、消费、进行商务会谈等等，因此又会需要大量的劳务人员为他们提供各种服务，使得高铁站点不仅仅是一个进出城市的门户，还变成了一个充满各种城市活动的场所。因此高铁站点不仅仅承担了交通运输的功能，还承担着一部分城市的功能。其承担的城市功能不是单一的，而是功能丰富和具有城市特色的。高铁站点区应该将商业、休闲等各种相关功能有机组合到一起，形成具有丰富内部空间的车站综合体，从而成为区域居民

购物、聚会和活动的中心。

　　具体规划时应注意考虑城市的规模，大城市的高铁站点周边地区宜发展集聚度较高的商务办公、研发与高等教育、总部经济等高端产业；中小城市的高铁站点周边则需要根据自身特点来承接和发展大城市的"外溢产业"，如商业贸易、休闲娱乐、信息物流、会议展览和特色居住等。总体的策略是要充分利用高铁站点的辐射能力进行 TOD 模式的紧凑式、功能混合式的土地开发，以此促成更多元、更具活力的城市空间的形成。

　　传统上交通枢纽仅仅视为人流物流快速通过的场所，供人活动的场所少，人群聚集的条件差，只是将其作为消极空间来设计。对高铁站点的设计要摒弃这种思想，应该为其创造良好的公共活动空间和城市核心区形态，使其成为城市的门户地带。

参考文献：

[1] 王春，张京祥，郑德高，王慧芳，王兴平，彭瑶玲，王引，马向明，黄富民，唐凯，袁锦富．高铁与城乡规划应对 [J]．城市规划，2015，39（12）：101-105.

[2] 井维仁．高铁客运站周边地区城市设计研究 [D]．西安：西安建筑科技大学建筑学院，2009.

[3] 段进．国家大型基础设施建设与城市空间发展应对——以高铁与城际综合交通枢纽为例 [J]．城市规划学刊，2009，（1）：33-37.

[4] 郑瑞山．高速铁路建设对城市的影响及高铁站点地区规划 [C]．中国城市规划年会论文集，2008.

[5] 季松，段进．高铁枢纽地区的规划设计应对策略——以南京南站为例 [J]，规划师．2016，32（3）：68-74

[6] 冯长安．高铁建设对城市发展的影响研究 [C]．中国城市规划年会论文集，2009.

[7] 王缉宪，林辰辉．高速铁路对城市空间演变的影响：基于中国特征的分析思路 [J]．国际城市规划，2011，（1）：16-23.

[8] 郑德高，杜宝东．寻求节点交通价值与城市功能价值的平衡——探讨国内外高铁车站与机场等交通枢纽地区发展的理论与实践 [J]．国际城市规划，2007，（1）：72-76.

[9] 贾铠针．高速铁路综合交通枢纽地区规划建设研究 [D]．天津：天津大学建筑学院，2009.

[10] 骆玲．高速铁路对沿线城镇发展的影响 [J]．《西南民族大学学报》（人文社会科学版），2013，（5）：109-115.

[11] 陈东琪．充分发挥高铁经济支撑引领作用 [N]．中国改革报 /2016 年 /8 月 /3 日 / 第 004 版．

[12] 郭万清．城市定位理论与城市核心竞争力 [J]．江淮论坛，2011，（1）：13-17.

[13] 仇保兴．城市定位理论与城市核心竞争力 [J]．城市规划，2002，（7）：11-13.

[14] 姚莲芳，李翠军.高铁时代城市战略合作机制探讨 [J].经济纵横，2011，（11）:
87-90.

[15] 袁锦富.高铁效应下我国城市总体规划的应对 [J]，城市规划，2015，39（7）: 19-24

[16] 顾焱，张勇.国外高铁发展经验对中国城市规划建设的启示 [C].中国城市规划年
会论文集，2009.

[17] 何丹，杨犇.高速铁路对沿线地区可达性的影响研究——以皖北地区为例 [J].长
江流域资源与环境，2013，22（10）: 1264-1275.

附录 1.京津城际高铁对城际出行行为的影响研究调查问卷

答题说明：

1. 在所选项后的【 】内划√

2. 无特殊说明，每题只选一项

（一）出行交通方式的变化

1. 目前您往来北京与天津之间最主要交通方式是（单选）

①大巴【 】②城际高铁【 】③私家车【 】④普通火车【 】

⑤出租车【 】⑥其他_____（请写出）

2. 城际铁路开通前您往来北京与天津之间最主要交通方式是（单选）

①大巴【 】②私家车【 】③普通火车【 】④出租车【 】

⑤其他_____

（二）出行频率的变化

3. 您乘坐京津城际高铁的次数大约是（单选）

①每天通勤【 】②每周两到三次【 】③每周一次【 】④每月两到三次【 】⑤每月一次【 】⑥两个月一次【 】⑦半年一次【 】⑧其他_____（大约估计）

4. 京津城际开通后，相比过去您往返于北京 - 天津之间的次数是怎样的变化（单选）

①增加【 】②没有变化【 】③减少【 】

（三）出行需求的变化

5. 此次您乘坐京津城际高铁来往于北京—天津之间的目的是（单选）

①上班【 】②商务出行【 】③上学【 】④访友【 】⑤购物【 】

⑥旅游【 】⑦餐饮【 】⑧回家【 】⑨返程【 】⑩探亲【 】

6. 下列行为产生了怎样的变化？

京津高铁开通前	没有	偶尔	有时	经常	总是
您会专程乘车到北京 / 天津　购物					

京津高铁开通前	没有	偶尔	有时	经常	总是
您会专程乘车到北京 / 天津 商务往来					
您会专程乘车到北京 / 天津 娱乐					
您会专程乘车到北京 / 天津 访友					
您会专程乘车到北京 / 天津 就餐					
您会专程乘车到北京 / 天津 旅行					

京津高铁开通后	没有	偶尔	有时	经常	总是
您会专程乘车到北京 / 天津 购物					
您会专程乘车到北京 / 天津 商务往来					
您会专程乘车到北京 / 天津 娱乐					
您会专程乘车到北京 / 天津 访友					
您会专程乘车到北京 / 天津 就餐					
您会专程乘车到北京 / 天津 旅行					

（四）出行行为的空间分布

（北京方向问卷）

（北京）	东城	西城	崇文	宣武	朝阳	海淀	丰台	石景山	房山
您此次行程的出发地是（请在下方打√）									
	顺义	通州	大兴	昌平	平谷	怀柔	门头沟	密云	延庆

（天津）	和平	河东	河西	南开	河北	红桥	塘沽	汉沽	大港
您此次行程的目的地是（请在下方打√）									
	东丽	西青	津南	北辰	武清	宝坻	宁河	静海	蓟县

（天津方向问卷）

（天津）	和平	河东	河西	南开	河北	红桥	塘沽	汉沽	大港
您此次行程的出发地是（请在下方打√）									
	东丽	西青	津南	北辰	武清	宝坻	宁河	静海	蓟县

（北京）	东城	西城	崇文	宣武	朝阳	海淀	丰台	石景山	房山
您此次行程的目的地是（请在下方打√）									
	顺义	通州	大兴	昌平	平谷	怀柔	门头沟	密云	延庆

（五）出行方向的变化趋势

7. 如果京津城际高铁为您提供了快捷的服务,您是否愿意在一个城市上班,在另一个城市居住，依靠京津城际高铁每天通勤呢？（单选）

①已经是这样了【　】②愿意【　】③可以考虑【　】④不愿意【　】（若选此项请跳过第 8、9 题）

8. 请问您更愿意:（单选）

①在北京工作、天津居住【　】②在天津工作，北京居住【　】

请简要的说明这样选择的主要原因

9. 请问京津城际高铁会是您改变居住、工作地的主要因素吗？（单选）

①最主要因素【　】②次要因素【　】③无关紧要【　】

10. 请问您觉得京津城际高铁对您的工作、生活或经商重要吗？（单选）

①非常重要【　】②重要【　】③无关紧要【　】

11. 京津城际高铁的开通对您产生了怎样的影响？（若产生影响选择"是"，没有这方面影响选择"不是"）

高铁的开通可能对您产生的影响	增加	没有变化	减少
您工作地可选范围			
您居住地可选范围			
您购物娱乐地的范围			
您商务出行次数			
你回家的次数			
您与天津 / 北京的生意伙伴面对面交流的次数			
您到北京 / 天津购物娱乐的次数			

（六）您的基本情况

1. 您的性别?

①男【　】②女【　】

2. 您的年龄

① 18 岁以下【　】② 18-25 岁【　】③ 26-35 岁【　】④ 36-45 岁【　】

⑤46-55岁【　】⑥56岁以上【　】

3. 您的职业

①机关干部【　】②工人【　】③公司职员【　】④营业员、服务员【　】⑤教师【　】⑥企业管理人员【　】⑦科技人员【　】⑧文化工作者【　】⑨大、中学生【　】⑩退休【　】⑪待业人员【　】⑫农民【　】⑬个体业主【　】⑭执法（公安、工商、税务）人员【　】⑮其他

4. 您的月收入大约有多少（元）

①1500元以下【　】②1500-3000元【　】③3000-4500元【　】④4500-6000元【　】⑤6000-7500元【　】⑥7500-9000元【　】⑦9000-10000元【　】⑧10000元以上【　】

5. 您的文化程度是

①小学以下【　】②小学【　】③初中【　】④高中，中专【　】⑤大专【　】⑥本科【　】⑦研究生及以上【　】

6. 您目前工作的地点在

①北京【　】②天津【　】③其他

7. 您目前日常居住的城市是

①北京【　】②天津【　】③其他

8. 您的家庭所在地：

①北京【　】②天津【　】③其他

9. 请问您是在北京工作／上学，一般周五回天津，周日或下周一返回北京吗？

①是【　】②不是【　】

10. 您认为城际高铁对您还有哪些影响是我们没有提到的？

附录2.高铁对南京城市旅游的影响调查问卷

（一）旅行目的

1.您此次来南京的主要目的是?

①休闲度假【　】②参加会议【　】③探亲顺便旅游【　】④商务出行【　】
⑤观光游览【　】⑥文化交流【　】⑦ 其他＿＿＿＿＿＿＿（请填写）

2.请问乘坐沪宁高铁是您此次旅行想要体验的项目吗?

①是【　】②不是【　】

3.在您旅行活动期间，参观了哪些旅游景点，请在相应栏目划"√"，表
中没有的请补充。

玄武湖公园		夫子庙	
南京大屠杀纪念馆		中山陵	
栖霞山风景区		总统府	
秦淮河		明孝陵	
大报恩寺塔		明故宫	
雨花台		1912 艺术街区	

4.游览目的:（可多选）

①自然风光【　】②人文历史古迹【　】③休闲文化【　】④购物逛街【　】
⑤其他＿＿＿＿＿＿

（二）旅行形式及信息获得

5.您的旅游形式是?

①个人自助游【　】②旅行团游【　】③参加会议或学会调研游【　】
④其他＿＿＿＿＿＿

6.您如何获得旅游信息？

①旅游代理商【　】②广告宣传【　】③亲友介绍【　】④互联网【　】
⑤媒体宣传【　】⑥其他＿＿＿＿＿＿

（三）旅行路线及交通方式的选择

7.请写出您此次的出行路线及交通方式:(例如:沈阳 动车 北京 高铁→上海 高铁→南京XX)您的路线及交通方式:

8.您认为旅游中交通的重要性

①非常重要【 】②重要【 】③一般【 】④不重要【 】⑤非常不重要【 】

9.您选择旅游交通工具主要考虑的因素有:(可多选)

①费用【 】②安全【 】③便捷【 】④服务【 】⑤速度【 】⑥舒适程度【 】⑦其他_____

（四）旅行费用安排

10.此次您在南京的旅行时间是?

①1天【 】②2天【 】③3天【 】④3天以上【 】

11.您这次旅行花费大概是_____，其中用于购物的大约_____，用于餐饮的大约_____用于住宿的大约_____，用于交通的大约_____

（五）旅游接待服务能力

12.您对这次旅游车站、机场等交通节点的满意程度

①满意【 】②基本满意【 】③一般或不确定【 】④不太满意【 】⑤不满意【 】

13.您对这次旅游宾馆、服务街区等服务节点的满意程度

①满意【 】②基本满意【 】③一般或不确定【 】④不太满意【 】⑤不满意【 】

14.您这次来旅游是否跟着旅游团

①是【 】②否【 】

（六）京沪、沪宁等高铁对您旅游的影响

15、京沪、沪宁等高速铁路运行后，您的旅游次数

①增加【 】②不变,不受影响【 】③不确定【 】

16、京沪、沪宁等高速铁路运行后，您的旅游范围

①扩大【 】②不变,不受影响【 】③不确定【 】

17、京沪、沪宁等高速铁路运行后，您的旅游停留时间

①停留时间减少,当天去当天回【 】②不变,不受影响【 】③不确定【 】

（七）个人基本资料

1. 您的性别：

①男【　】②女【　】

2. 您的年龄：

①18岁以下【　】②18-25岁【　】③26-35岁【　】④36-45岁【　】
⑤46-55岁【　】⑥56岁以上【　】

3. 您的文化程度：

①小学以下【　】②小学【　】③初中【　】④高中,中专【　】⑤大专【　】
⑥本科【　】⑦研究生及以上【　】

4. 您的月收入

①1500元以下【　】②1500-3000元【　】③3000-4500元【　】④4500-
6000元【　】⑤6000-7500元【　】⑥7500-9000元【　】⑦9000-10000元【　】
⑧10000元以上【　】

5. 请问您常住地是＿＿＿＿省＿＿＿＿市，本次旅游目的地＿＿＿＿
（请填写景点名称）

6. 请问您乘坐沪宁高铁的次数　　　次（不包括这次）

7 请问您是否经常来此景区（这次不算）？

①从来没有【　】②一次【　】③两次【　】④三次【　】⑤三次以上【　】

8 您认为京沪、沪宁等高速铁路运行后，对旅游业有何影响？

＿＿＿＿＿＿＿＿＿＿＿＿＿＿＿＿＿＿＿＿＿＿＿＿＿＿＿＿＿＿

9. 请写下您对南京旅游景区的建议或看法

＿＿＿＿＿＿＿＿＿＿＿＿＿＿＿＿＿＿＿＿＿＿＿＿＿＿＿＿＿＿

非常感谢您热心的配合，祝您旅途愉快！

附录 3. 高铁站点地区调查问卷与访谈

一、站点基本情况调查

高铁站点规划审批时间_____年____月____日

高铁站点开工建设时间_____年____月____日

高铁站点建成时间_____年____月____日

高铁站点通车时间_____年____月____日

高铁站点占地面积_____平方米，建筑面积_____平方米，站台数__

_____个，停靠车次_____，日客流量_____万人。

二、站点附近开发建设情况调查

高铁站点附近各办公楼调查表   表 1

名称	主要用途	开工时间	建成时间	楼层数	占地面积	建筑面积	职工人数	选址主要原因（高铁因素作用大小）	建设前土地用途

高铁站点附近各住宅楼调查表   表 2

名称	档次（高级，普通）	开工时间	建成时间	楼层数	占地面积	建筑面积	可入住户数	选址主要原因（高铁因素作用大小）	建设前土地用途

高铁站点附近各商业餐饮设施调查表　　　　　　　表 3

名称	主要用途	开工时间	建成时间	楼层数	占地面积	建筑面积	职工人数	选址主要原因（高铁因素作用大小）	建设前土地用途

高铁站点附近各文化娱乐设施调查表　　　　　　　表 4

名称	主要用途	开工时间	建成时间	楼层数	占地面积	建筑面积	职工人数	选址主要原因（高铁因素作用大小）	建设前土地用途

高铁站点附近其他设施（工厂、仓储、宾馆等）调查表　　　　　　　表 5

名称	主要用途	开工时间	建成时间	楼层数	占地面积	建筑面积	职工人数	选址主要原因（高铁因素作用大小）	建设前土地用途

三、站点附近开发建设情况访谈

站点附近新建了哪些办公、住宅、仓储、饮食、商业等设施？业主来自哪里？发展与布局特点？

站点建设前土地利用格局？空间结构特点？

站点建设后土地利用格局？空间结构特点？

站点建设前后土地利用格局有何变化？建设密度是否增加？生产、办公、居住、商业、文化、娱乐等设施在多大程度上向站点地区集中？形成机制？

站点对原有空间结构产生哪些影响？空间结构有何变化？
站点对原有的地区功能产生哪些影响？功能有何变化？
站点地区规划建设存在哪些问题？对策建议？

谢谢您的配合和支持！